U0534577

校园安全事件风险分析

高 山　冯周卓　张桂蓉　著

中国社会科学出版社

图书在版编目（CIP）数据

校园安全事件风险分析／高山，冯周卓，张桂蓉著 . —北京：中国社会科学出版社，2019.6（2019.12 重印）

ISBN 978-7-5203-4300-8

Ⅰ.①校⋯ Ⅱ.①高⋯②冯⋯③张⋯ Ⅲ.①学校管理—安全管理—研究—中国 Ⅳ.①G474

中国版本图书馆 CIP 数据核字（2019）第 075140 号

出 版 人	赵剑英
责任编辑	王　琪
责任校对	夏慧萍
责任印制	王　超

出　　版	中国社会科学出版社
社　　址	北京鼓楼西大街甲 158 号
邮　　编	100720
网　　址	http://www.csspw.cn
发 行 部	010-84083685
门 市 部	010-84029450
经　　销	新华书店及其他书店

印　　刷	北京明恒达印务有限公司
装　　订	廊坊市广阳区广增装订厂
版　　次	2019 年 6 月第 1 版
印　　次	2019 年 12 月第 2 次印刷

开　　本	710×1000　1/16
印　　张	17.5
插　　页	2
字　　数	278 千字
定　　价	85.00 元

凡购买中国社会科学出版社图书，如有质量问题请与本社营销中心联系调换

电话：010-84083683

版权所有　侵权必究

前　言

进入21世纪以来,我国的教育事业得到了快速发展,高等教育进入大众化阶段,九年义务教育得到了全面落实,办学条件日益改善,教育质量不断提高。与此同时,全世界已进入风险社会,各种不稳定因素正在影响社会的各个方面,学校也不可幸免。《国务院办公厅关于加强中小学幼儿园安全风险防控体系建设的意见》【国办发〔2017〕35号】要求学校明确安全是办学的底线。面对层出不穷的校园安全问题,学校管理方不能仍旧停留在如何加强危机应急处置的阶段,更重要的是管理重心必须前移,加强风险防范,从源头上制止校园安全事故。同时,风险是危机在未来发生的可能性,面对未来的各种可能性,要提前将可能发生的灾害风险予以分散,减少未来灾难可能承担者的压力。

已有的关于校园安全的出版物主要有两类:一类是关于教学生如何在灾难发生时避险和自救的应急手册;一类是校园安全事故分析的教师读本。前一类书籍出版数量庞大,后一类书籍则数量很少,主要是叙述校园安全事件的主要类型,如何组织师生进行灾害预防和应急处置。

本书是面向教师和教育管理者的读本,有以下特点:(1)提出了兼顾学理逻辑和教育管理实践要求的校园安全事件新的分类;(2)侧重于校园安全事件的风险分析,重在让教育工作者掌握校园安全风险分析的方法、风险管理的框架,尽可能防止校园灾难事件的发生,把预防校园安全事件置于首要位置;(3)新的案例分析模式,本书从每一类校园安全事件中精心挑选案例,对每一个案例均进行环境维—事件维—管理维的复盘分析,使读者通过案例的复盘分析,掌握校园安全事件风险分析的方法;(4)努力实现风险理论与风险分析评估实务相结合。

本书共分为十章,第一章和第二章为总论,第三章到第十章分别对不同的校园安全事件进行风险分析。除总论外,每一章的第一节都要对此类校园安全事件做出定义(含满足该定义的条件),做出详细的子分类及其定义。第二节对每一子分类安全事件找一个案例,对每一个案例进行环境维、事件维、管理维的复盘分析。第三节做一个关于此类事件的风险管理方案(形成该类安全事件的风险管理系统:风险源排查、风险分析、风险评估、风险管控)。

本书的读者对象包括政府部门教育行政管理人员、各级各类学校管理人员、师范类专业的大学生,以及与校园安全工作相关的其他人员,如教育保险公司人员、校园安保设施研发制造的企业。

本书的写作得到了中国应急管理学会的大力支持,也得到了中南大学公共管理学院学科建设的鼎力支持,在此致以诚挚的谢意!同时感谢中国社会科学出版社的帮助,使本书得以顺利出版!感谢中国社会科学出版社相关编校人员对本书付出的辛勤工作!

本书作者
2019 年 2 月

目 录

第一章 风险防控是校园安全的基础 …………………………（1）
  一 导言 ……………………………………………………（1）
  二 风险与安全的基本概念 ………………………………（5）
  三 校园安全风险识别 ……………………………………（11）
  四 校园安全风险分析 ……………………………………（17）
  五 校园安全风险应对 ……………………………………（21）
  六 校园安全风险监控与沟通 ……………………………（23）

第二章 校园安全事件的特点及其规律分析 ………………（26）
  一 "校园安全风险"主题的学术聚焦情况 ……………（27）
  二 校园安全事件的特点分析 ……………………………（30）
  三 校园安全事件的规律分析 ……………………………（41）
  四 校园安全风险治理 ……………………………………（47）

第三章 校园自然灾害事件风险分析 ………………………（50）
  一 概述 ……………………………………………………（50）
  二 校园自然灾害事件的典型案例 ………………………（52）
  三 校园自然灾害事件风险评估 …………………………（66）
  四 校园自然灾害事件风险管控要点 ……………………（81）

第四章 校园公共卫生事件风险分析 ………………………（83）
  一 概述 ……………………………………………………（83）

  二　校园公共卫生事件的典型案例 …………………… (86)
  三　校园公共卫生事件风险评估 …………………………… (98)
  四　校园公共卫生事件风险管控要点 …………………… (111)

第五章　校园设施安全事件风险分析 …………………… (116)
  一　概述 ……………………………………………………… (116)
  二　校园设施安全事件的典型案例 ……………………… (117)
  三　校园设施安全事件风险评估 ………………………… (132)
  四　校园设施安全事件风险防控要点 …………………… (140)

第六章　校园意外伤害事件风险分析 …………………… (144)
  一　概述 ……………………………………………………… (144)
  二　校园意外伤害事件的典型案例 ……………………… (147)
  三　校园意外伤害事件风险评估 ………………………… (158)
  四　校园意外伤害事件风险管控要点 …………………… (168)

第七章　校园突发治安事件风险分析 …………………… (172)
  一　概述 ……………………………………………………… (172)
  二　校园突发治安事件的典型案例 ……………………… (174)
  三　校园突发治安事件风险评估 ………………………… (184)
  四　校园突发治安事件风险管控要点 …………………… (190)

第八章　校园欺凌事件风险分析 ………………………… (194)
  一　概述 ……………………………………………………… (194)
  二　校园欺凌事件的典型案例 …………………………… (197)
  三　校园欺凌事件风险评估 ……………………………… (207)
  四　校园欺凌事件风险管控要点 ………………………… (215)

第九章　校园个体健康事件风险分析 …………………… (223)
  一　概述 ……………………………………………………… (223)
  二　校园个体健康事件的典型案例 ……………………… (226)

三　校园个体健康事件风险评估 ………………………………（234）
　　四　校园个体健康事件风险管控要点 …………………………（245）

第十章　校园群体性事件的风险分析 ……………………………（248）
　　一　概述 …………………………………………………………（248）
　　二　校园群体性事件的典型案例 ………………………………（249）
　　三　校园群体性事件风险评估 …………………………………（256）
　　四　校园群体性事件风险管控要点 ……………………………（261）

参考文献 ……………………………………………………………（264）

后　记 ………………………………………………………………（269）

第 一 章

风险防控是校园安全的基础

一 导言

学校是教书育人的场所，学校的稳定安全是师生开展各项教育教学活动的基础，然而，学校又处在社会环境之中，学校自身的办学条件和社会上的因素都会影响到校园内学生和教育工作者的安全。媒体上也时有关于校园安全事件的报道，学校发生的校车事件、食物中毒、欺凌等直接危害学生的事件，更是引起社会舆情和家长们的普遍担忧。学校相对生产单位来说，难以发生较大的安全事件，因此一般来说，学校对安全危机的管理重点多是停留在如何应对安全事件，而对事件之前的隐患排查和安全风险防范不够重视。

人们从事任何活动都是有目标的，对学校来说，培养心智健全、身体健康的下一代和人才是学校的总目标，师生在教育教学活动中的安全是为这个总目标服务的，也是实现这个总目标的前提条件。然而，一旦安全事件发生，从事件的后果上来说，就已经偏离了学校的总目标，尽管学校及相关各方都尽快努力解决危机事件，但损失已经造成，应急响应做得再好，也不可能达到百分之百的危机管理效果。

因此，危机管理的重心应当前移，也就是尽可能不让危害事件发生，或者尽可能减少灾害造成的损失，这种针对未来危机事件的预先防范就是风险管理。预防是最好的管理，如果能通过预防而最终避免了危机的发生，就是达到了危机管理百分之百的效果。风险管理虽要投入，但与危机事件的处置和善后所需的花费要少得多，尤其是与因危机造成生命损害而无可挽回相比，风险管理更是重要得多。通过风险管理来避免危机事件的伤害和损失，既花费最少又最简便，显然是最好的危机管理。但是，平时的风平浪静，使得许多管理者将平和时期要投入人力和物力进行风险管理看作麻烦和浪费，因此，风险管理经常被管理者长期疏忽，甚至完全忽略，成为危机管理过程中最不受重视的一环。

虽然人类具有理性思维使得人们能够适应这个世界，但人的能力是有限的，而我们面临的未知世界是无限的，我们无法做到事事称心如意。通过风险评估和风险管理，我们可以在一定程度上增强我们的能力来克服我们的弱点。在我们下节专门考察风险概念之前，先来直观了解一下两类风险：固有风险和操作风险。我们生活在一个物理世界中，物体受到的重力和势能都会引起物体的运动变化，固有风险是由我们与物质世界的基础设施的相互作用引起的。在阳光明媚的日子里，走在大楼边是有固有风险的，例如一块瓷砖突然从建筑物的表面掉落砸到人；或者走在人行道上突然树上枯枝掉落人的头上，头皮绽开满脸是血。人们几乎不能避免这种风险，所以我们称之为固有风险，例如在人行道上散步并不是受伤的直接原因，枯枝受重力作用降落才是直接原因，但我们的行为一旦与固有风险源发生关联，事件或灾难就可能发生。山体滑坡是固有风险，由自然规律所决定，但如果山脚下没有人居住或活动，滑坡就只是一个事件（incident），而不是事故（accident）。

操作风险是由人们在主动追求某个目的时的决定和行动所带来的。我们通过衡量预期行动后果的潜在收益，心甘情愿地承担操作风险。我们可以选择采取比不采取行动更危险的行动。例如，组织学生去郊游，或者班级篮球赛，如果学校不开展这些活动，待在教室里固然不会有学生受伤害的危险，但学生的活动能力就得不到培养。虽然组织学生去郊游有风险，但我们可以严密规划活动方案，避开危险的地方，落实每一个环节安全措施，从而保证活动的顺利进行。总之，我们可以在更大程度上控制操作性风险。与固有风险不同，我们的决定和行动确实可以成为风险的潜在原因。

操作风险决定了风险是客观事件与主观感知相结合的产物，人们对活动目标的追求影响到风险的性质：当人们追求达到获利的目标时，风险的属性是双面性的，例如买股票的风险就在于既可能赚大钱，又可能蚀本；当人们只是希望避免事件或行动可能会造成的损失时，风险的属性是负面的,例如暴雨水灾的风险。

我们既不能消除风险,也做不到完美的风险管理,这并不奇怪,因为自然界能量的存在本身就是固有的风险。即使每个人都做了正确的事,也难以避免因固有风险所导致的事故。风险的存在意味着即使在最好的情况下我们也能看到不好的结果,风险是对人们的警示,如果不是这样,就会在大难临头时浑然不知所措。探明风险并认真防范,大多数事故是可以避免的。

风险评估和管理需要考虑的不仅是事件的影响,还需要考虑到事件在一个确定的时间范围内发生的可能性。我们用可能性和后果两个变量来定义事件边界(见表1—1)。

表1—1　　　　　　　　　　事件边界定义

后果 \ 可能性	大	小
严重	后果严重且可能性大	后果严重且可能性小
轻微	后果轻微且可能性大	后果轻微且可能性小

注:轻微的后果,不太可能发生,如突然一只鹰飞入教室抓伤了学生的手;

轻微的后果,很可能会发生,如春季游园时意想不到的大雨破坏了班级学生在公园的游乐;

严重的后果,不太可能发生,如小行星撞击地球;

严重的后果,很有可能发生,如行车发生交通事件。

在一个自媒体可以在线迅速传播信息的时代,校园安全危机这类话题很容易引起公众的关注,尤其是在学校中常见的威胁,如虐待幼儿、性侵、恶霸欺凌和网络欺凌、校车事故等。所有这些风险和损失还有可能伴随大量的诉讼,使得学校要付出相当昂贵的诉讼和赔偿费用,而且由于学校缺乏实际的保险覆盖,一旦出事,赔付费用飙升。学校开展安全风险管理,其目的就是要在学校防止人身伤害和财产损失造成的人身和经济损失,确保学生和教职员工的安全和福利。

学校安全的风险管理是一个相当复杂的概念,它是一个处理影响学校教育教学活动的不确定性的过程,涉及内部和外部、物理环境和人,因此需建立一个校园风险管理系统。而且,安全涉及每一个人,当然风险管理人人有责，不仅教职工要尽到安全管理的责任，学生也要受到教育主动避免不安全风险行为。

《国务院办公厅关于加强中小学幼儿园安全风险防控体系建设的意见》【国办发〔2017〕35 号】要求学校明确安全是办学的底线。以下是摘要该《意见》的两条重要规定。

（六）探索建立学生安全区域制度。在学生安全区域内，公安机关要健全日常巡逻防控制度，加强学校周边"护学岗"建设，完善高峰勤务机制，优先布设视频监控系统，增强学生的安全感；公安交管部门要加强交通秩序管理，完善交通管理设施。

（七）健全学校安全预警和风险评估制度。教育部门要会同相关部门制定区域性学校安全风险清单，建立动态监测和数据搜集、分析机制，及时为学校提供安全风险提示，指导学校健全风险评估和预防制度。要建立台账制度，定期汇总、分析学校及周边存在的安全风险隐患，确定整改措施和时限；在出现可能影响学校安全的公共安全事件、自然灾害等风险时，要第一时间通报学校，指导学校予以防范。

校园安全管理的目的是防止出现安全事件，事发时的应急响应救援已是尽量减轻损害的无奈之举。因此，校园安全管理是一个系统工程，重在风险防控，具体来说主要包括这几个方面：（1）风险识别；（2）风险分析；（3）风险应对；（4）风险监测与沟通。这四个环节之间的关系可以用图 1—1 来表示。

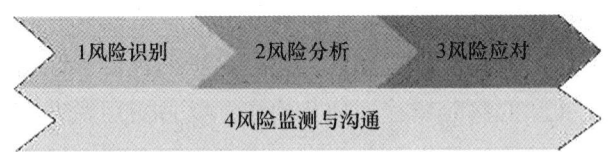

图 1—1　校园安全管理四个环节

其中前三个环节前后相继，第四个环节风险监测与沟通则是贯穿整个风险管理的全过程。

二 风险与安全的基本概念[①]

风险与危害既是来自外部力量对人们的威胁，具有客观性，又与人们的感知有关，具有主观性。由此可能带来对同一风险和安全问题不同的理解，这不利于相互协作共同应对风险和安全问题。因此，界定基本的概念有助于人们在实践中避免混乱，而且统一的内涵和对象界定能使人们在同一平台上交流沟通，避免各说各话产生的误解。

（一）危险与风险

从校园安全和建设平安学校的目的来说，危险和风险是我们必须重视的两个基本概念。但是在安全管理的实践中，这两个概念又常常被混淆在一起。

危险（hazard）是指潜在伤害的来源。任何可能对健康造成伤害（如烧伤、骨折）或不利影响（如火灾、爆炸）的物质、设备或活动都具有危险的属性。想一想，即使是教室里的课桌，学生在教室里追逐打闹都有可能因撞到桌角而受伤。

风险（risk）是不确定性对目标的影响。通常用事件的后果和事件发生的可能性的组合来表示风险。目标可以是不同方面或层面的，安全是学校教育教学活动的重要目标之一。根据前述危险的定义，危险是造成伤害的潜在事件，侧重指风险源，从安全的角度来说，风险就是造成伤害或不利影响的可能性。

没有危险就没有风险，但是，如果采取了合适的控制措施，那么即使存在严重的危险，也可能没有风险或风险很小。例如，学校开运动会存在学生受伤的危险，但如果安全和卫生措施保障严密，控制了受伤事件发生的可能性，就不会有严重的风险。这就是风险管理的重要作用。

危险是作为一种条件存在的，更多的是客观性方面。风险不仅跟风险的客体，也就是说风险事件本身所处的时间和环境有关，而且它跟风

[①] 除另有注明的之外，本节所述有关风险管理的基本概念主要依据《中华人民共和国国家标准：风险管理·术语》给出的定义来解释。

险的主体，也就是说，从事风险活动的人（条件、能力、态度）有关。风险评价衡量的是人们遇到危险的可能性，以及这种危险可能性会导致的坏结果。

随着风险和危险的区别得到澄清，我们需要解决另一个严重的误解。风险管理并不意味着在现实世界中消除风险，尽管这两者通常是混淆的。相反，我们的想法是认识风险，最大限度地减少潜在危险，并减轻无法避免的风险。请注意，尽最大努力去防范风险并不意味着从此再无风险。

关于风险，我们需要考虑的另一个方面的问题是，风险可以被公众感知放大。风险的社会放大是指："实际后果轻微的风险事件经常引致强烈的公众关切并产生非常严重的社会影响。"[1] 该理论描述了一些被专家评估为风险相对较低的灾害和事件可以籍由它们在一个社会中变成一个特别的关切和社会政治活动中心（风险放大），而另一些专家判断为更为严重的灾害相比之下却不那么受社会关注（风险弱化）的那些过程。[2]风险的社会放大具有主观臆想性、不可预测性、成因复杂性和危害多元性的特征。学校中受风险认知的社会放大影响的事例，如教师对学生的严格管理（有的教师的教育措施确实有些过度）会使个别学生难以接受，认为自己受到虐待甚至离家出走。这使得家长与教师的关系紧张，家长担心孩子在学校的安全风险，通过微信群和网络发帖，更会造成对学校的负面舆情。这样的风险放大加剧了公众的恐慌心理，影响了社会的和谐稳定；在给被放大对象——教师和学校造成形象和经济损失的同时，公众的道德伦理也受到扭曲。风险弱化的事例，如有的学生喜欢欺负较为弱势的另一些学生，像取笑、故意做使绊子之类的打闹动作，这些行为虽然不严重，但发展下去就会有校园欺凌的风险。虽然老师批评教育并告知家长，但家长并不以为意，反而指责教师报复学生，有时造成教师与家长的冲突。这既不利于学生的健康成长，也使学校的形象受损。

---

[1] Kasperson, Pidgeon, Slovic, et al., "The Social Amplification of Risk: A Conceptual Framework", *Risk Analysis*, Vol. 8, 1988, pp. 178–187.

[2] ［英］尼克·皮金等：《风险的社会放大》，谭宏凯译，中国劳动社会保障出版社2010年版，第3页。

（二）事件与事故

事件（incident）是一个中性词，可大可小，可好可坏，有意或无意。在风险管理中，事件是指未预料到的，可能导致组织的运作、服务或功能丢失或中断。

事故（accident）是由错误或偶然引起的不良事件。虽然事故总是无意的，但通常会造成人员伤亡或物品的损失。

所有的事故都是事件。当事件造成伤害的后果时，事件就是事故。没有造成后果的事件可称为"未遂事件"，或者称为"幸免"。例如，有人冲进校园行凶，若有人受到伤害，这就是事故，若凶手被及时制止没有人受到伤害，那么这就只是一起未遂事件。

（三）事故隐患与危险源

事故隐患是指生产经营单位违反安全生产法律、法规、规章、标准、规程和安全生产管理制度的规定，或者因其他因素在生产经营活动中存在可能导致事故发生的物的危险状态、人的不安全行为和管理上的缺陷。[1]

危险源是指可能导致人身伤害和（或）健康损害的根源、状态或行为，或其组合。[2] 风险具有事件性，一切风险都是由潜在的危险事件所触发。危险源就是诱发风险事件发生的载体。以教学楼发生踩踏为例，楼梯狭窄是危险源，而大量学生同一时刻无序下楼则是产生踩踏的原因。

在安全风险的管理中，不能将事件隐患与危险源两者混为一谈。危险源强调的是致因，即物理场所与设施的潜在危险点，是能量和危险物质集中的核心，在一定触发因素作用下其能量释放导致危险事件发生。隐患强调的是状态，即活动场所与设施的不安全状态，加上人的不安全行为和管理上的缺陷，属于潜在的危险源没有得到有效控制，物的不安全状态已是客观存在，极有可能发生安全事故。以常见的幼儿跌落窗户

---

[1] 《安全生产事故隐患排查治理暂行规定》（国家安全生产监督管理总局令第16号），第三条。

[2] 《中华人民共和国国家标准：职业健康安全管理体系·要求》（GB/T 28001-2011）。

为例，爬上窗户的幼儿具有位于高处的势能，重力作用会使幼儿跌落，因此，窗户对幼儿来说就是危险源。如果没有安装合格的防护网，幼儿在窗户旁就处于不安全状态，有可能爬出窗外而跌落，没有防护网的窗户就是幼儿跌落事故的隐患。

可以说，事故隐患的存在正是因为控制危险源的安全措施失效或缺少。例如，幼儿园活动室内的桌子如果是直角，对幼儿来说就是不安全的状态，是可能导致幼儿磕伤的危险源；学校宿舍里使用中的"热得快"是隐患，因为它不但容易使人触电，而且一旦人离开房间，"热得快"干烧就会引发火灾。

危险源属于固有风险，一旦与人发生关系，处于潜在的不安全状态，危险源就成为事故隐患。所以说，危险源可能存在事故隐患，也可能不存在事故隐患，但事故隐患一定是基于风险源，所以对事故隐患的排查首先是查找风险源，对于存在事故隐患的危险源一定要及时加以整改，否则就有可能导致事故。例如，幼儿园活动室内的桌子是直角，使幼儿在室内的活动处于不安全的状态，这就是可能导致幼儿受伤的隐患，把直角桌改成圆角桌并做软包处理，这种隐患就被消除了。

从校园安全隐患的角度，我们可以将校园安全风险定义为：暴露在安全隐患前导致伤亡或患病的可能性。

（四）安全与安保

安全是人们与生俱来的需求，无论古今中外，美国著名心理学家马斯洛所论述的人的五种需求中，安全需求就处于第二层次。安全首先是一种情境，维基百科将 safety 定义为"不受伤害或不遭受其他不意愿结果的状态"。在安全的情境下，能确保组织或个人只做他想做的事情。其次，安全是一种相对的情境，危险因素会导致不安全的事件发生，从这个意义上来说，安全是指风险可控的状态。

英语里有两个词表达安全，safety 与 security，虽然中文把这两个词都翻译为"安全"，但两者还是有不同的所指。本书把 safety 称为基本安全，把 security 称为安保安全。下面我们就从校园安全的视角来分析这两类安全。

基本安全（safety）：主要是指校园的教育教学活动、基础设施等能正常运行，不会发生造成人身危害、财产损失事件的状态。对基本安全状态的破坏，意味着发生了不安全事件，称之为基本安全事件。基本安全事件主要由自然因素发生作用，如洪水漫灌、地震等，或是准自然因素引发，如建筑物内发生火灾、实验室化学物泄漏。破坏基本安全事件的出现就是不安全，它将对学生和教职员工、基础设施和政治方面造成损失和负面影响。因此，学校一定要定期监测、维护、巡查，以保证其按规定的要求正常运作，也就是安全运作。

安保安全（security）：主要指发生人为破坏或攻击事件所产生的对安全的破坏，比如人为破坏、投毒、恐怖袭击、性侵犯、欺凌、大规模人群骚乱等。与基本安全相比，安保安全是人为的，所以更难以预防。而且，有的大规模人群骚乱事件是因不同人群利益冲突而引发的，因此在控制事态时无法像应对火灾或地震那样大家齐心协力，而是需要更多的耐心来调解。

需要说明的是，校园安全并不限于学校围墙封闭的范围内，校园安全事件包括因教育教学的需要组织学生在校区外的活动所发生的伤亡事件。例如，校车在校外道路上发生交通事故致学生或教师伤亡的事件，学校组织班级学生外出参观或春游等活动中发生的伤亡事件等。

【案例】2018年10月26日上午，一中年妇女在巴南区鱼洞巴县大道一幼儿园门口持菜刀行凶，致做早操返回教室途中14名学生受伤。学校保安和工作人员奋力将该女子制服。巴南警方接报警后迅速赶到现场处置，将受伤孩子送医救治。[①]

事发幼儿园因为没有户外活动场地，只好例行组织幼儿集体在园外活动。该事件是在幼儿园组织的教学活动中发生的，虽然在园外，但园方的安保措施不到位，因而该幼儿园要承担全部责任。类似这样的幼儿园因为缺乏户外活动场地，常有组织幼儿在园外活动的现象，风险极高，一旦发生暴力事件，极易造成伤亡。此案例表明，在安保措施不到位的

---

① 《重庆巴南一妇女砍伤十四名幼儿园儿童》，界面新闻（https：//www.jiemian.com/article/2569447.html）。

情况下，校（园）外的教育活动会面临很高的安全风险。虽然我国的社会治安状况好于世界上大多数国家，但毕竟还是存在极少数的泄私愤者，以及精神失常者，这类事件发生的概率虽低，但一旦发生，后果严重，因而风险的等级很高。

（五）风险与安全

风险是指潜在事件对目标的影响，安全主要针对目前的状况，当我们把安全定义为风险可控的状态时，风险管理就成为保证安全的手段。表1—2简要表达了风险与安全两个概念的不同含义。

表1—2　　　　　　　　　风险与安全概念比较

风险是关于	安全是关于
未来灾害的可能性	当前的危险状况
后果从轻微到严重的连续	危险状况的严重形式
校园活动的影响	达到危险水平的条件
决策不受时间限制（将来的任何时间）	基于现在到即将（接下来的短期）来做决策
对将来发生事件的负面影响的判断	对必然发生事件的严重影响的判断
事件从开始到严重后果的各种状况和表现	当前失控的状况和表现
对可能需要应对的状况和表现进行评估	对必须管理和控制的状况和表现进行评估
与伤害可能性相关的校园各个方面情况	仅仅与伤害相关的有限因素

风险管理与安全管理这两个概念既有相同基础又有不同的侧重点。首先，从时间上看，风险强调的是未来的可能事件，安全强调的是当下，例如，父亲酗酒对孩子不安全（当下及近期），老人带孩子过于溺爱则对孩子将来的成才是风险。其次，风险管理强调的是预防，通过合适的方式去除或减轻风险因素，安全管理强调的是当下如何改变受威胁的现状（条件）以及做好应急准备。

安全主要针对目前的状况，安全的目标简单明了，要从不安全来说明，是指危害生命和健康的状况或条件，处于不安全中的孩子需要得到保护或是控制干扰因素。当我们把安全定义为风险可控的状态时，风险管理就成为保证安全的前提工作。因此，我们把安全和风险管理结合起来，称为安全风险管理。对校园安全风险管理来说，风险管理是手段，是一个过程，安全是目标，是学校当下进行教育教学活动的基本条件。

三 校园安全风险识别

前面提到，从校园安全隐患的角度，我们可以将校园安全风险定义为：暴露在安全隐患前导致伤亡或患病的可能性。做好风险管理的前提是风险识别，只有了解了校园的风险源，掌握了事件隐患，我们才能采取精准有效的风险防控措施。进一步说，就是要找出校园内的安全隐患。例如：在体育馆的地板上找到朽烂的洞，或者在教学楼的楼梯拐角放有杂物，在最近的暴风雨中有漏水的屋顶，或者新换修的塑胶操场有浓烈的异味……这些都是在学校里发现风险的一部分。风险识别是一个耗时的过程，通常包括检查设施清单、建筑物、消防和实验室，这些检查常常还需要专业人员来进行。无论怎样，风险识别是有效理解和管理所有风险的首要步骤。

【案例】2018年10月23日，广州市增城区香江学校一名四年级学生在上体育课期间，被倾倒的足球门砸中，后经抢救无效，不幸离世。25日，校方发布通告称将负全部责任。[1]

这个悲剧的发生，就是由于校方对学校体育设施安全隐患的排查不到位所导致。足球门的倾倒是物理能量的作用，但足球门的安装及保持牢固是管理的问题，这个事例表明风险管理能帮助学校避免很多安全问题。

（一）什么是风险识别

风险识别就是发现、辨认和描述风险的过程，如图1—2所示。

---

[1] 《广州增城一小学生体育课受伤死亡，校方：被倾倒的足球门砸中》，澎湃新闻网（http://www.edushi.com/zixun/info/2-9-n4597789.htm）。

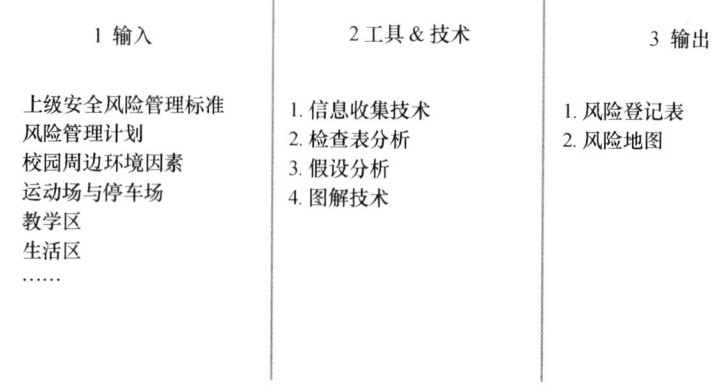

图 1—2　风险识别过程

在风险管理中，进行风险识别的目的在于：识别可能存在什么危险隐患，可能会发生什么危害事件。这些隐患和可能的危害事件将会导致人受伤害或患病。风险识别包括以下内容：风险源、事件及其原因和潜在后果。例如，某次地震的"震源"与产生地震的原因是不同的。又例如校门外精神病人砍人事件，精神病人是风险源，校园周边环境治理不足是原因。风险识别从分析环境开始。

学校在识别危害事件、风险源、风险原因、潜在后果及其影响的范围、性质以后，应立即识别对该风险事件的控制措施。包括两个方面：第一，对该风险是否已制定了控制措施，控制措施是什么；第二，如已制定了控制措施，该措施是否还在执行。

校园安全的风险识别就是要尽可能地找出危害安全的隐患，可以逐一列出学校正开展和拟进行的活动或项目，确定可能影响活动或项目的风险因素，表明这些风险因素的特征，检查是否有相应的控制措施。

从学校内部管理来说，风险管理的主体是学校的管理者，但从更广泛的利益相关者来说，校园的安全应当是多主体的治理。校园安全治理应包括以下各方面的参与者：风险管理团队、教职工、学生、家长、社区管理者、外部专家以及其他利益相关者。

(二) 风险识别的方法

根据学校的特征,本章介绍几种在学校风险管理中常用的风险识别方法,主要有:头脑风暴法、问卷调查法、访谈法、列表法、文档信息法、流程图法。

头脑风暴。这是风险识别最常用的方法,该方法的实施是非结构化的,也就是说,主持人鼓励来自参与者的随机输入,小组成员可以口头上提出所识别出的风险。为了达到预期的结果,必须选择熟悉所讨论的主题的参与者,提供相关的文档,以及富有经验的小组主持人。小组的主持人应该指定一个记录员来记录正在讨论的想法。一个有组织的头脑风暴会议,要求每个小组成员轮流提出一个想法,确保所有小组成员的参与。当然,在风险识别的阶段,并不要求通过头脑风暴法对风险进行深入的分析。

问卷调查法。这是运用预先设计的书面问卷向被选取的调查对象了解情况或征询意见的调查方法。在风险识别中,问卷调查通常采用开放型问答的方式,运用问卷调查法可以获得问题列表,进而找出特定领域的风险。这种方法的局限性在于,人们天生不喜欢完成调查,也可能无法提供准确的信息。调查的价值可能难以确定,因为答案是主观的,或者是由于问题本身的焦点使得被调查对象反感。

访谈法。这种方法是指通过访谈员和受访人面对面地交谈来了解受访人的态度、观点和行为的调查方法。分为结构性访谈、非结构性访谈、半结构性访谈,小组访谈和个别访谈,以及面对面访谈、电话访谈、网络在线访谈。在风险识别中常用到小组访谈,这是一种集体参与的方式,由一名或数名访谈员召集一些风险调查对象就需要识别的风险征求意见的调查方式,它可以帮助确定学校或项目风险的基本情况。访谈过程本质上是一个提问的过程,它受到主持人的能力和所提出的问题的限制。访谈法可以在头脑风暴会议之前或之后进行。然而,如果在头脑风暴会议之前完成,那么在他们向风险列表提供输入之后,结果应该与小组共享。如果访谈在头脑风暴会议结束后完成,那么在将风险列表添加到风险列表之前,应该向所有参与者提供风险列表。

列表法。这是根据过去的专项经历收集的信息来开发风险清单。清单是一种快速识别新项目风险的方法，例如组织学生外出活动，开设新的体育项目等。由于所列风险清单只是源于过去的记录或经验，因此不应将检核清单视为完整的反映了该项活动的全部风险，应进一步了解因情况变化而产生其他风险的可能性。风险清单通常是在类似的地区或类似情况下发现的风险列表，在使用这类信息时必须谨慎，以确保它与当前情况相关并适用。

文档信息法。这是收集关于某一特定风险主题的信息或数据的集合，即通过阅读与项目或学校环境相关的文件、报纸、杂志、图书、资料等，从中获取有关的风险信息。这些文档信息来源能帮助我们初步了解某一特定领域的风险，但由于文档信息只是过去发生事情的记录，因此在使用任何基于文档知识的信息时，必须谨慎使用，以确保它与当前的情况相关并适用。例如，某校新建一校区，安全小组主动到当地的地质、气象等部门去查找有关的地质和气象灾害的信息，结果得知该选址每年都多发雷击现象。针对这一雷击的风险，安全小组建议学校除高层建筑物加装避雷针外，在有雷电发生的天气，避免在户外开展体育活动。

流程图法。这种方法着眼于项目或工作，根据不同的活动过程，对每一阶段和环节，逐个进行调查分析，找出风险存在的原因。学校常常要组织各种活动，还有各种后勤工作，都可以针对其过程，将过程的每一阶段和环节分解形成流程图，再针对流程图中的阶段或环节查找风险源。

（三）风险识别的过程

了解学校环境因素。调查学校周边的地理环境和社会环境，可以通过走访社区、消防部门和应急管理部门，了解到本地环境可能会受到哪些自然灾害的侵袭，是否周边有容易引发火灾的商业建筑，校园周边的交通状况，校园周边的居民状况等。

查阅学校历史资料。查阅学校建立以来的档案，获得相关的历史信息。档案中所保留的以前事件的记录，可以用来识别风险，而且它们也可能包括描述问题和解决问题的经验教训。

召开教育教学研讨会。通过教育教学研讨会，可以头脑风暴或工作组的方法，提出教育教学过程中可能出现的危险事件，例如，体育课中的受伤,课间学生追逐造成的伤害,等等。

开展校园安全隐患排查。以下地点是常见的风险源:学校校门,门卫接待室,运动场和游乐场地设施,窗户,室内顶部和墙壁上的悬挂装置,储物柜,楼梯和楼梯间电梯出口通道,舞蹈房,实验室,商店,办公室,餐饮服务领域,卫生间,图书馆,礼堂,室内运动设施,应急通信,电力、燃料、水安全监视系统,火灾警报系统,保管室和设备室等。

在进行风险识别时,可以按表1—3分类来进行学校常见安全风险描述:火灾、自然灾害、公共卫生、安保、环境污染、教学设施、教学活动、食品卫生、校车或校内交通。

表1—3　　　　　　　　常见危险源及其伤害

危险源	伤害后果
物体高空坠落、跌落、滑倒、绊倒	瘀伤、撕裂、脱臼、骨折、脑震荡、永久性损伤或死亡
车辆、设备、器材	瘀伤、撕裂、脱臼、骨折、脑震荡、永久性损伤或死亡
生物(细菌、病毒)	急性肠道病、感染
噪声(电动工具、交通)	听力损伤
闯入施暴	受伤或死亡、心理创伤
欺凌	身体伤害、心理创伤
危险物质(实验室原料、不合格塑胶跑道)	烧伤、皮肤受损、呼吸道受损

(四) 风险识别的输出

风险登记是登记风险管理过程结果的记录,通常包含以下信息:风险名称、风险事件的描述、已有的风险控制措施、风险的根源。

校园安全的风险登记可以采取风险地图和风险清单两种方式。

制作校园风险地图是在校园平面图的基础上,根据危险类型和危险程度将重点风险点标出,风险图标如图1—3所示。

风险识别过程的主要输出为"风险清单",包含表1—4、表1—5内容。

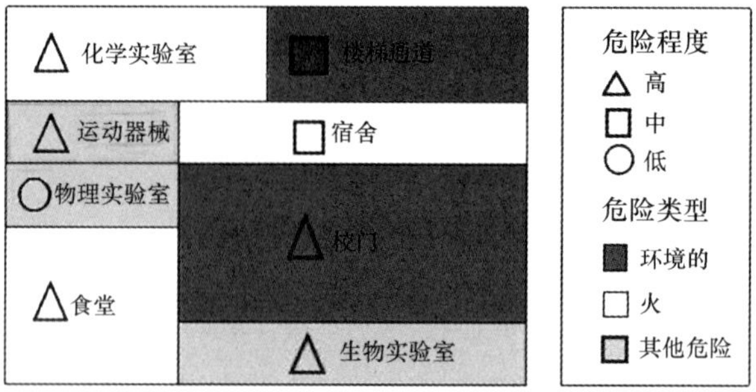

图 1—3　风险图标示例

表 1—4　　　　　　　　　　风险清单

①	②	④	⑤	⑥	
风险名称	过程或活动	后果的形态	负面的影响	控制措施	
				有	无
风险 1					
风险 2					

表 1—5　　　　　　　　　　风险因素排查清单

序号	活动	危害因素	状态正常（√）状态不正常（×）	危害后果	现有控制措施	备注
1	校车出勤	交通事件		身体伤害	严格执行管理制度	
2	实验操作	有害气体		中毒、火灾	采取排风措施，执行实验室操作规程	
3	食堂天然气使用	天然气泄漏		中毒、爆炸、火灾	执行天然气使用操作规程	
4	食堂就餐	食物变质		中毒	严格执行食堂采购和食物管理规定	

续表

序号	活动	危害因素	状态正常（√）状态不正常（×）	危害后果	现有控制措施	备注
5	宿舍使用电器	私拉乱接电线，不合格电热水器		火灾、触电	禁止使用不合规定的电器	
6	打扫卫生	往窗户外抛物		身体伤害	开展教育	
…						

四　校园安全风险分析

在识别风险和对风险分类之后，我们就要进一步对风险进行分析。风险分析，就是考察每一个风险因素的可能性和后果，以便确定我们的活动和项目的风险水平。风险分析将决定哪些风险因素潜在地对我们的活动或项目具有更大的影响。因此，风险分析这个环节特别值得校园安全风险管理者的重视。

（一）什么是风险分析

确定了风险源，只是说明我们了解有哪些危险因素会影响到校园内人员，但并不明确这些危险的特性，也就是危害事件发生的可能性有多大、后果有多严重。理解风险特性、确定风险等级的过程就是风险分析。通过风险分析过程可以理解具体风险的特性，确定风险等级，做出总体风险评价，决定是否有必要进行风险应对，以及如何选择最恰当的风险应对方法。

风险分析的主要内容是：（1）分析风险后果；（2）分析危害事件发生的可能性；（3）确定风险等级；（4）评价控制措施。主要输出：风险的可能性或概率，后果严重程度，该项风险的等级。通常以 L 表示风险事件的可能性（或者以 P 表示风险事件的概率），以 C 表示后果严重程度，R 表示风险等级。

由于风险的大小取决于风险事件的可能性和风险事件的后果，也就是说风险值 R 是风险事件可能性 L 与风险事件后果 C 的函数，于是有下式：

$$风险等级值\ R = f(L, C)$$
$$或者\ R = f(P, C)$$

风险分析是在风险识别的基础上，基于对风险来源的考虑，在没有控制的情况下估算内在或未受保护的风险的可能性和后果。此外，风险分析还涉及对已有风险控制措施的识别、对控制措施有效性的估计，以及由此产生的风险水平（受保护的、剩余的或可控的风险）。定性的、半定量的和定量的技术都是可以接受的风险分析技术，这取决于风险类型、分析的目的以及可用的信息和数据。

风险矩阵等分析工具可以定性或半定量地估计风险，在校园安全风险管理中常被用到。应用风险矩阵，需要用可能性和后果标准来定义每个风险的等级配置。可能性和结果的典型定义包含在风险矩阵中，见表1—6。

表1—6　　　　　　　　　　风险矩阵

程度		后果				
		1 微弱影响	2 对少数人轻微影响	3 对多数人中等影响	4 对少数人重大影响	5 对多数人重大影响—毁灭性
可能性	1 极小可能	低	低	中等	高	高
	2 不太可能	低	低	中等	高	很高
	3 中等可能	低	中等	高	很高	很高
	4 很可能	中等	高	高	很高	极高
	5 非常可能	中等	高	很高	极高	极高

通过可能性测量（或预估）和后果标准，我们可以风险矩阵的形式确定事件发生的可能性和后果，当然，此时的风险分析是参照当前控制活动的有效性进行的。为了确定每种风险的程度，我们可以参考风险矩阵，风险等级是通过风险矩阵的可能性和结果水平相交来确定的。风险

矩阵可用来根据风险等级对风险、风险来源或风险应对进行排序。风险矩阵作为一种筛查工具，可以确定哪些风险需要更细致的分析，根据其在矩阵中所处的区域，此类的风险矩阵也被广泛用于决定所面临的风险应当如何应对。作为一种筛查工具，根据风险矩阵我们可以挑选哪些风险此时无须进一步考虑，应首先处理哪些风险，将它们提到一个更高层次的管理水平。

(二) 风险分析方法

在分析风险决定风险等级时有三类方法可以采用，分别是定性方法、半定量方法和定量方法。

定性方法是指管理者根据他们的判断力、经验和直觉来决定风险的等级。这些方法可以在风险等级较低时使用，并且不需要进行数据全面分析所需的时间和资源。学校安全风险大多与管理问题密切相关，许多情况下可用的数字数据不足以进行更多的定量分析，因此校园安全风险分析会较多地用到定性方法。定性方法具体又分为以下几种：（1）头脑风暴法。我们在前面已经介绍过，头脑风暴是一种最普遍运用的方法，当主持人鼓励小组成员自由发挥时，参与者的积极性和创造力更容易激发。在风险分析中，头脑风暴有助于更好地了解风险的后果。当然，为了达到预期的结果，头脑风暴小组必须选择熟悉所讨论的主题的参与者，提供相关的文档，而且小组的主持人要有相关的主持风险问题讨论的经验。（2）德尔菲法。这是一种利用书面函咨询形式的团体匿名思想交流过程，实质是专家集体判定。这种方法是邀请专家就某一主题，例如学校实验室风险，达成一致意见的一种方法。其大致流程是：在对所要预测的问题征得专家的意见之后，进行整理、归纳、统计，再匿名反馈给各专家，再次征求意见，再集中，再反馈，直至得到稳定的意见。协调员使用问卷征求重要项目风险方面的意见。然后将意见结果反馈给每一位专家，以便进行进一步的讨论。这个过程经过几个回合，就可以在主要的项目风险上达成一致意见。德尔菲法有助于减少数据方面的偏见，并避免了个人因素对结果产生的不适当的影响。（3）名义小组法。这种方法是指，在确定风险等级的决策中，如对风险的性质不完全了解且意见分歧严重，可以像召开传统会议一样，小组成员都出席会议，但各成员是独立思考的。使用这种方法，小组成员互不通气，也不在一起讨论、协商，小组只是名义上的。这种名义上的小组可以有效地激发个人的创造力和想象力。小组成员各自先不通气，独立思考，要求每个人尽可能把自己的风险分析意见写下来，然后再按次序让他们一个接一个地陈述自己的意见。在此基础上，由小组成员对提出的全部备选结论进行投票，根据投票结果，赞成人数最多的备选结论即为所要的风险评定结论。当然，管理者最后仍有权决定是接受还是拒绝这一结论。

半定量方法。这是指使用层次分类词，如高、中、低，或更详细的分类词，来描述可能性和后果。在校园安全风险分析中，通常将前述的定性方法与半定量方法相结合，获得具体的风险矩阵。

定量方法。运用统计方法对收集来的风险信息数据进行分析，计算风险的数值并得出风险等级的方法。在校园安全风险分析中，在确定总体风险的等级时，可以根据具体情况，以数值来表达单个风险的可能性和及其后果的严重性，再根据公式 $R = P \times C$，得出单个风险事件的风险值，进而将总体风险中的所有单个风险事件的风险值求和再除以风险事件个数，得出各个风险事件的权重，最后计算出系统总体风险等级的数值。定量方法可以精确描述系统的总体风险，特别是在某个区域的若干单位进行风险评估比较时，可以通过精确的数值比较来区分不同单位之间的风险水平。

一旦对风险进行了分析，就可以将其与先前记录的和经安全权威部门批准的可容忍风险标准进行比较。当使用风险矩阵时，这个可容忍的风险通常被记录在风险矩阵中。如果在现有控制措施下的风险大于可容忍的风险，那么具体的风险需要新增控制措施或改进现有控制措施的有效性，见表1—7、表1—8。

表1—7　　　　　　　　风险评价登记表1

序号	问题	后果描述	概率（P）	影响（C）	风险等级（R = P×C）	预防措施
1						
2						

续表

序号	问题	后果描述	概率（P）	影响（C）	风险等级（R = P×C）	预防措施
3						
4						
5						
6						
7						
8						

注：概率分为1（低）、2（中）、3（高）；影响分为1（低）、2（中）、3（高）；等级1—9。

表1—8　　　　　　　　　　风险评价登记表2

序号	潜在危险	谁处于危险中？	现有的控制手段	风险等级	防范措施	责任人
1						
2						
3						
4						
5						
6						
7						
8						

五　校园安全风险应对

经过风险分析的阶段，我们获得了风险矩阵，也确定了不同风险的等级，对那些不能容忍的风险我们需要采取适当的方法来应对。风险应对这一阶段的目标是为风险的处理做出合理与有效的选择。风险应对方式主要有：避免风险，减少（减轻）风险，转移（分担）风险，保留（接受）风险。这些风险应对方式在所有情况下都不一定相互排斥或适宜，具体的选择应当由采取措施后的结果是否满足风险标准来决定，如图1—4所示。

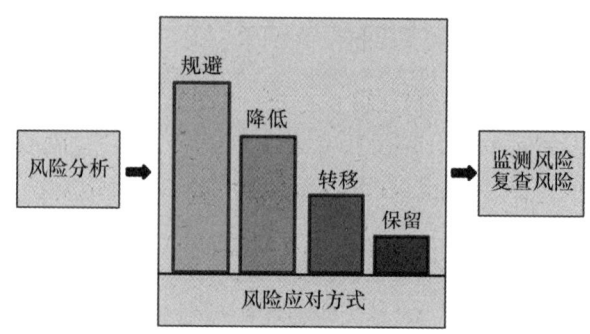

图1—4 风险应对方式

避免风险——不进行可能引发风险的活动。例如，在雷电频发的季节不组织学生进行室外体育活动。对校车司机进行严格筛选和考核，避免因为司机的原因发生车祸。

减少风险——控制风险发生的可能性，或者控制风险后果的影响。这一风险处理策略需要考虑的因素包括：风险发生的可能性是否会降低；如何减轻事件的后果程度。例如，可以通过预防性维护、质量保证和管理、业务系统和流程的变更，来降低风险发生的可能性。通过尽量减少对风险源的接触、加强对风险活动的管控，以及重新布置和调整位置，或者是应急计划的抢救措施，来减轻事件的后果程度。

完全或部分地转移风险——这一策略可以通过将责任转移到另一方或通过合同、保险或合作伙伴分担风险来实现。学校是群体活动的场所，难免发生意外，如果所有在学校发生的损害事件都要由学校一己来承担，那么学校因为赔偿不断很有可能会办不下去，保险能够使学校通过责任分担来减少自己因风险事件带来的损失。采用合作伙伴分担风险这一方式时我们应该意识到，风险转移的一方可能无法充分管理风险，这将带来新的风险。例如采取第三方承包学校食堂，承包者可能因自身管理不严格而导致发生食物中毒的风险。中毒事件一旦发生，学校也逃不了责任。

保留风险——这一策略是指自己承担风险可能带来的损失。对于学校来说，这种处理风险的方式常常用于必须进行的活动但风险损失不大的情形，风险损失的大小在自己的承受能力范围内。保留风险需要确定当前控制措施所导致的风险目标水平。风险应对的目的是降低预期的不可接受的风险水平。使用风险矩阵可以确定风险的结果和可能性，并确定预期的目标风险水平。例如体育课和运动会是学校不可或缺的活动，通过加强场地设施安全，并且体育和运动会活动项目不超出学生身心承受范围，防止不可接受的风险事件，即便偶尔会发生不严重的小伤害，配好校医即可解决。

六　校园安全风险监控与沟通

（一）校园安全风险监控

风险是指向未来的，因而要从动态理解风险。每一次风险评估都只是针对特定时期的，从风险的来源看，一方面是有害物质的出现和能量意外释放，另一方面则是管理不当，我们的风险防控措施会因为执行人员的疏忽而出现漏洞，因此需要定期的监测。而且，一旦发现新的风险及其对学校的影响就要考虑修改校园安全风险管理计划。同时，随着时间的进展，校园安全风险管理也需要检验其成效，确定成功的基准，以及失败的经验教训。

校园安全风险监控的任务主要有三个方面：第一，由于学校所处的社会环境处在不断变化中，例如外部是否有新建的具有风险的建筑，内部新购置的学生桌椅是否有异味等，监控风险实际是监测校园周边环境的变化，以及学校项目的进展；第二，检查既定的风险管理制度和措施的实际效果，这项工作需要根据学校情况定期进行；第三，对监控中发现的问题，及时解决问题，改善和优化风险管理计划。

风险监控的目标有以下几点：（1）努力及早识别风险；（2）努力避免风险事件的发生；（3）积极消除风险事件的消极后果；（4）充分吸取风险管理中的经验与教训。风险监控应当渗透在整个风险管理过程中，包括风险环境的确定、风险识别、风险分析、风险应对。

（二）校园安全风险沟通

风险监控意味着发现问题和持续改进，以确保风险实际上被控制在既定的标准上。要做到这一点，有效沟通是前提。

清晰的沟通对于风险管理过程是至关重要的，即明确沟通目标、风险管理过程及其要素，以及结果和所要求的结果。在校园中的每一个人，既可能是安全风险的受损对象，也可能是安全风险的责任者，因此都是校园安全风险的利益相关者，都属于校园安全风险的沟通对象。此外，学生的家长、学校的上级管理方、学校所处的社区，都是校园安全风险沟通的对象。沟通手段可以采取会议、通告、手册、宣传栏、网络公众号等方式。

风险管理的过程同时也是风险沟通的过程，风险管理的各个环节都应当留下记录，这些记录就是沟通的内容。上述各节（风险识别、风险分析）的记录输出是对所考虑的地点、场所、设施或活动的风险登记。这些记录对于执行校园安全管理的各个部门和教学单位与正在进行的监测和审查过程的沟通是至关重要的。一旦发生安全事件，在分析事件原因以及责任追究方面，这些沟通的记录都具有重要的作用。

沟通也包括建立校园安全制度，建议学校分类制定安全指南，让师生员工都知道自己的职责和应该遵守的安全行为规范。

平安校园建设需要规范化。由于学校的类型和教育教学活动的不同，应该根据教育行业的最佳实践来制定校园安全政策。学校运作的所有方面的政策、程序、规章和制度都应根据学校实际情况制定和更新。所有教职员工都应该获得书面的规章和程序，并且应该有纸质副本和电子副本可供审查。

平安校园建设应当满足基本的制度和程序要求，特别是不能忽略以下方面：（1）教室制度；（2）校外活动制度；（3）体育赛事制度；（4）就餐制度；（5）实验室制度；（6）房屋打扫规定和程序；（7）探访和访客身份识别制度；（8）教职工背景调查制度；（9）零容忍管制刀具、毒品和暴力政策；（10）房屋及设施维护、检查指南和安全程序；（11）防止未经准许进入校园；（12）消防演习；（13）防灾（地震、洪灾、风暴）演习；（14）防止校园暴力政策；（15）校园安全政策与制度汇编。

由于学校有不同部门、不同的功能，因而需要有不同领域的专家来制定相应的规章制度，例如房屋及设施维护、检查指南和安全程序，就与实验室制度有很大的专业区别。分项规章制度制定完成后，由一个安全委员会或指定专业人员编制成一本功能性手册。

(三) 校园安全事故调查

校园安全事故的调查应当成为校园安全监控的一部分，只有通过对无论大小的安全事故的调查，发现事故的原因，总结经验教训，才能避免今后再发生类似的事故。

校园安全管理通过风险监测，在任何功能性的教育教学活动计划中，按程序的过程性，留下相应的记录。除人工记录外，还有监控设施所留下的影像，要对这些监控影像及时进行编辑归档。通过准确的记录和监控资料，可以迅速调查事件、伤害和突发疾病。此外，即使没有发生伤害，也应该调查这类"准安全"事故。事故调查和伤害分析会让管理者意识到每个部门中最普遍的事故原因。至少，事故调查人员必须确定以下事实：(1) 谁受伤了，他/她受伤的根本原因是什么？(2) 当事件发生时，受伤的人在做什么？(3) 在这一事故中直接或间接涉及的其他人员有哪些？(4) 事故发生的时候，他们在做什么？(5) 涉及什么物理因素，有无设备丢失、缺陷？或者没有使用安全设施？为什么？(6) 是否违反了工作程序？由谁在做？如何操作的？为什么？

总之，这些问题的设计是为了确定哪些因素导致校园安全事故发生，如果这些因素被消除，就能避免事件发生。在调查中，学校可以使用专门设计的表格来收集事故或受伤后的事实，也可以选择让一个安全主管与受伤的一方讨论事故的事实，并完成一份包含调查报告基本要素的叙述来解释。事件调查的目的不应是确定受害方或其他当事人的过失，或是确定谁来担责接受惩罚。准确的事件调查程序的最终目标是防止未来发生类似事件，并为保险公司或索赔调查员提供一个开始处理索赔其他方面的依据。

调查的结果，可以根据不同利益相关者的需求采取合适的形式来进行发布。对上级部门需要呈递完整的调查报告，对校内教职工可以采取内部文件或会议通报的形式，对校外的其他利益相关者可以采取简明的情况通报的形式。

第二章

校园安全事件的特点及其规律分析

校园安全稳定作为社会稳定的重要组成部分，历来受到社会各界的高度重视。近年来，中央先后发布的《国务院办公厅关于加强中小学幼儿园安全风险防控体系建设的意见》【国办发〔2017〕35号】以及《教育部办公厅关于深入开展教育系统安全生产大检查工作的通知》【教发厅〔2017〕9号】等重要文件均指出要加强校园安全管理，提高防范和化解校园安全风险的能力。特别是习近平同志在党的十九大报告中明确指出，将防范化解重大风险置于三大攻坚战之首，体现了党中央"把防控风险放在更加突出位置"的忧患意识和底线思维。而当下，我国校园安全危机仍呈现出事件频发、种类多样、诱因复杂、方式多变的特点，尤其是在"融媒体"的参与推动下，危机事件更易迅速升级发酵，社会影响恶劣。据统计，我国18岁以下3.67亿未成年人中，每年非正常死亡中小学生有1.6万多名、受到意外伤害的学生达4000万人次。[①] 因此，随着各类校园安全事故的频发，校园安全已经成为全社会关注的公共问题，关系到数以亿计青少年学生能否健康成长，也关系到整个社会的长治久安、教育事业的发展和科教兴国的大计。2010年，国家发布的《国家中长期教育改革与发展规划纲要（2010—2020年）》第七十条指出：加强师生安全教育和学校安全管理，提高预防灾害、应急避险和防范违法犯罪活动的能力。基于此，我们以为在全面建成小康社会时期，校园安全管理由后发处置型向风险防控型转变已经成为防范和化解校园安全风险的必然选择和基本方向。因此，正确把握我国校园安全事件的特点及其规律，

---

① 《2012年校园安全风险管理理论与实践座谈会综述》，《中小学校长》2012年第10期。

对识别、分析以及监控当前校园安全风险具有重要的现实意义。

一 "校园安全风险"主题的学术聚焦情况

随着我国校园安全事件频繁发生，校园安全问题已经引起了社会各界的广泛关注，并逐步成为学术界讨论的话题，我们以"校园安全"及"学校安全"为主题在知网中进行高级检索，发现有关校园安全的全部文献有10095条之多。因此，可以说学术界对"校园安全"给予了相当的关注且成果非常丰富，但大多数文献要么仅仅陈述某特定校园安全事件的现状及事后的对策建议，要么属于报道性质的，文献往往不具有很强的普适性。因此，我们以"校园安全风险"及"学校安全风险"为关键词在知网中进行高级检索，发现具有研究性质的"主题"文献只有261条，"篇名"文献只有19条，"关键词"文献只有2条。从研究成果的量可以看出，相比"校园安全"主题的研究成果，学术界很少从风险的角度去探讨校园安全管理。

（一）"校园安全风险"的研究成果数量总体较低、趋势向好

当前我国"校园安全风险"主题研究成果数量呈现出"总体较低、趋势向好"的态势。"总体较低"是指我国"校园安全风险"研究成果水平总体来说比较低。自20世纪50年代起，虽然我国的"校园安全"问题的研究已经出现零星成果，但在21世纪才真正经历一个快速的发展期。而关于"校园安全风险"主题的研究起步就更晚，致使目前我国"校园安全风险"主题的研究成果较少。"趋势向好"是指我国"校园安全风险"主题的研究成果数量总体上处于上升的态势。图2—1中数据显示，在2005年以前，学界几乎没有关注"校园安全风险"的问题，但自2005年以来，关于"校园安全风险"的研究开始逐步发展，特别是近5年来，"校园安全风险"的研究呈现快速的增长趋势。

（二）"校园安全风险"的研究层次集中于基础研究

当前我国"校园安全风险"的研究层次集中于基础研究，应用研究

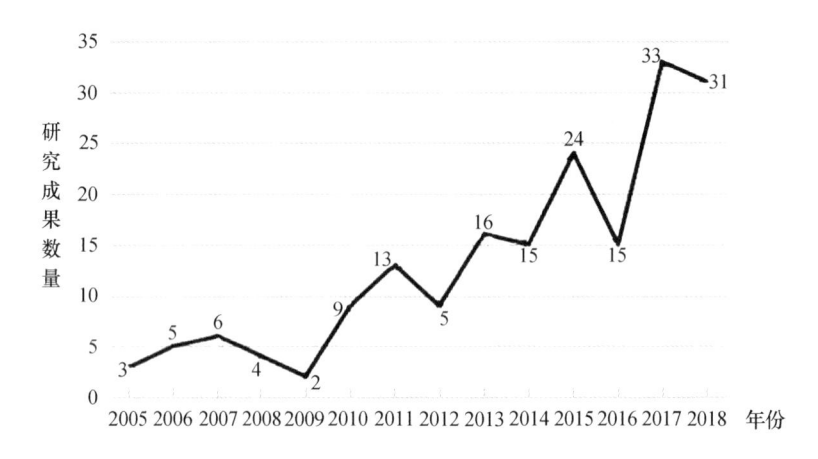

图 2—1 "校园安全风险"主题的研究成果趋势

偏少。数据表明：关于"校园安全风险"的研究层次主要涵盖基础研究、工程技术、基础与应用基础研究、行业指导、政策研究、高等教育、专业实用技术、基础教育与中等职业教育、行业技术指导以及职业指导等（见图 2—2），其中基础研究占整个"学校安全风险"主题研究成果数量的 50%。此外当前绝大部分的研究都是出自人文社科领域，占 71%，涉及专业应用型占 29%。

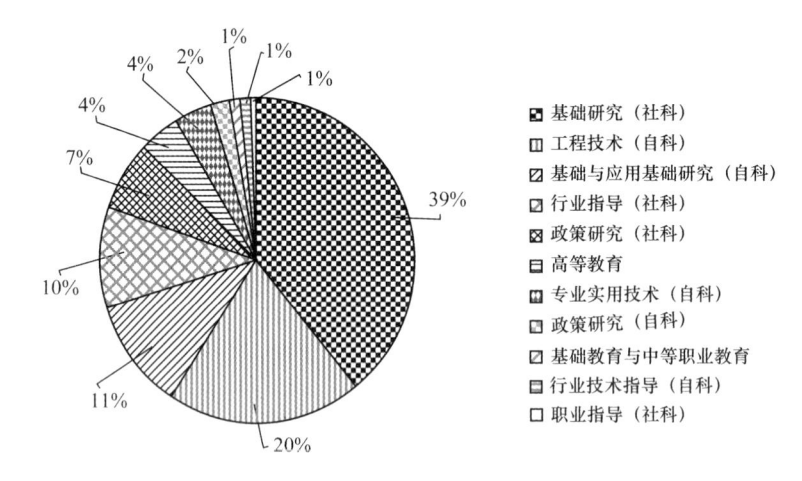

图 2—2 "校园安全风险"主题的研究层次分布

（三）"校园安全风险"的研究资助层次分明，总体数量较少

当前我国"校园安全风险"主题研究资助呈现出"层次分明，总体数量较少"的特征。"层次分明"是指其研究资助既有国家层面上的大力倡导，又有地方省市的不断支持，其中国家层面有国家自然科学基金、国家软科学研究计划、国家社会科学基金、全国教育科学规划等项目的支持，地方层面上有湖南、浙江、云南、四川、河北 5 省（市）设立专项科研基金的支持。"总体数量较少"是指当前国家、地方总体上支持的基金项目较少，尚未形成全国各学校全面的共识（如图 2—3 所示）。

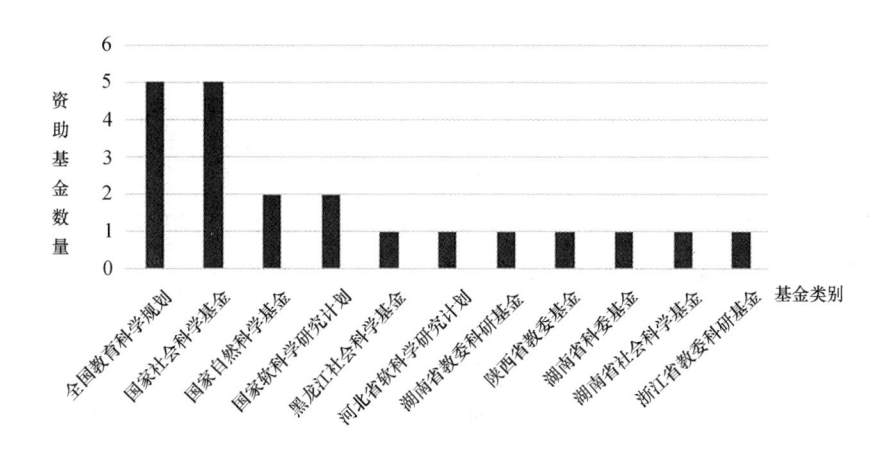

图 2—3　"校园安全风险"主题研究资助分布

（四）"校园安全风险"的研究内容分布相对集中

当前我国"校园安全风险"主题的研究成果分布相对集中，研究发现，关于"校园安全风险"主题研究主要集中在风险理论对校园安全管理的启示、影响及意义；校园安全风险源的识别、分类以及原因分析；校园风险评估体系的构建；校园风险管理、预防措施；校园风险监控体系的构建；校园安全风险的责任性质预计归责原则、风险治理的相关研究以及国际校园安全风险管理的借鉴等方面。通过归纳总结，我们以风险识别、风险评估、应急管理以及风险监控四要素为主要脉络对"校园安全风险"研究成果进行分析，发现大部分研究性成果主要集中在风险

识别、风险评估及应急管理阶段,很少涉及风险监控。而对于风险源的识别大多数学者都是以事件类型出发对风险源的界定,缺乏一定的科学性与普适性;风险评估绝大多数学者采用定性的方式对风险进行主观把控,缺乏科学的评价体系;应急管理大多数学者均是从宏观上给出应急管理的对策建设,缺乏可操作、可落地性。

二 校园安全事件的特点分析

(一)资料来源

我国目前暂无专业的校园安全事件的数据库,且现实中也存在学校等责任方封锁事件消息而导致的事件统计不准确的现象。因此,本章以新华网、人民网、中国安全教育网、全国校园安全网、腾讯网以及搜狐网等网站公开综合报道的校园安全事件作为研究数据来源。其中新华网、人民网具有官方媒体性质,具备权威性和代表性;中国安全教育网、全国校园安全网由学术协会创办成立的,具有较强的学术性以及可分析性。腾讯网以及搜狐网作为商业集团,具有广泛性和持续性。由上述来源构造的典型案例库,事件的来源都来自公开的报道,具有真实性;事件的地域分布是全国性的,并不存在对某地区的侧重记录;事件的类型是全方位的,不存在对某一事件类型的侧重;每一类事件尽管未完全穷尽,但能有效反映各类事件的特点和规律。因此,本研究选取的数据具有客观性、真实性,能够反映我国校园安全问题的总体情况。

为保证样本抽取的科学性,本研究采用合成周抽样法[①],即将2012—2015年间的208周抽取8个构造周作为研究样本。具体方法:将一年的52周中,从第1—6周中随机抽取一个周一作为构造周的周一,从第47—52周中随机抽取一个周天作为构造周的周天,然后从第7—14周随机抽一个周二作为构造周的周二,以此类推,分别构造周三、周四、周五、周六,组合形成一个完整的构造周。反复两次,得到一年的两个构造周样本,最终筛选出2012—2015年间的校园安全事件样本共902个,其中

---

① Riffe Daniel, et al., "The Effectiveness of Random, Consecutive Day and Constructed Week Sampling in Newspaper Content Analysis", *Journalism Quarterly*, Vol. 70, 1993, pp. 133 – 139.

中国安全教育网 172 个，全国校园安全网 165 个，新华网 165 个，人民网 168 个，腾讯网 114 个，搜狐网 117 个。

（二）指标构建

本研究旨在研究校园安全事件的特点，根据新闻六要素（5W+1H 模式）的理论框架，剖析并分解典型案例库中的每一条校园安全事件的记录，形成了事件时间、事发地点、事件主体、事发诱因、事发内容以及事件后果六个方面的变量。其中事件时间以事件发生的时间（精确到小时）为准；事发地点宏观上以省份进行划分，微观上以教学楼、寝室、食堂、操场以及校门口等地点进行划分；事件主体主要包括学校、教职工、学生以及校外人员等；事发诱因主要包括人员诱因、管理诱因以及环境诱因[①]；事件类型主要包括自然灾害、公共卫生、设施安全、意外伤害、突发治安、校园欺凌及个人健康七类；事件影响主要记录事件造成的人员伤亡情况。

本书借助 R、Excel 等统计软件，对我国目前校园安全事件的特点与规律进行了初步的定量、定性分析并对其进行相应的统计检验，以便为各类校园安全风险进行风险源识别、风险分析以及风险监控提供科学的依据。

（三）我国校园安全事件的现状

通过对上述构建的校园安全典型案例数据分析，并根据社会风险管理的相关理论和方法分析得出近 5 年来我国校园安全的整体状况。数据表明：现阶段，我国校园安全事件呈现"总体趋势向上，周期性明显，个别领域突出"的态势。

1. 我国校园安全事件总体趋势向上

"总体趋势向上"指当前我国校园安全事件频发，且整体上呈逐年上升的态势。图 2—4 中数据显示，自 2012 年起，校园安全事件报道的数量逐年上升，且增长趋势有加快的势头。在 2015 年以 50.6% 的速度增长，明显高于 2013 年（4.8%）、2014 年（30.5%）的增长速度。

---

① 参考《生产过程中各种主要危险和有害因素的分类和代码》中有害因素分类标准。

因此，在我国校园安全的严峻形势下，加强校园安全风险管理工作应该是各学校今后的重点工作，做到从源头上消除风险，从管理机制上预防风险。

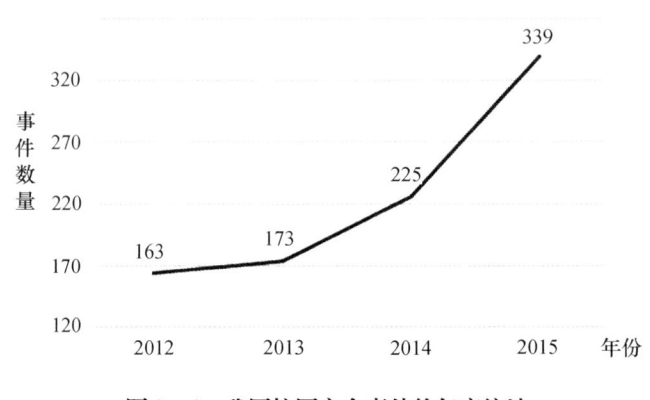

图2—4　我国校园安全事件的年度统计

2. 我国校园安全事件周期性明显

"周期性明显"指我国校园安全事件发生具有一定的规律性。根据图2—5的数据显示：校园安全事件集中发生在3—6月以及9—12月，且每年下半年（上学期）校园安全事件的发生频率整体要高于上半年（下学期），突出表现在下半年校园治安事件远高于上半年。由于我国学校在校学习的时间区间在3—6月及9—12月，出现校园安全事件的概率较高；而7—8月以及1—2月期间，学生正处于寒暑假时间，出现校园安全事件的概率极低。这符合我国校园安全事件整体特点。需要注意的是在夏季特别是暑假来临，由于正处夏天，往往是学生溺水事件的高发时段，而本书认为校外溺水事件不属于校园安全事件，所以未将此类事件纳入。

从全年的整体趋势来看，上半年学生在校期间的校园安全事件发生频率相对稳定，下半年的9月是每年校园安全事件发生的峰值，而这个时候恰恰是每学年开学的时候，校园治安等各类事件也是在这段时间发生比较频繁。除了每年9月这个高点外，每年年后开学前后以及寒暑假前后也是校园安全事件的多发期，因为临近开学、放假，学生处于一种燥热的状态，容易出现校园安全事件。因此，从时间维度来看，学校应该重点关注事件的频发期，做到从人、物、环境以及管理四个维度出发，锁定风险源，做到防患于未然。

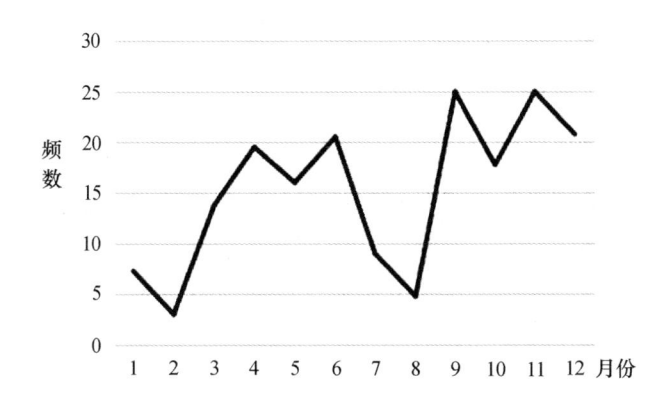

图 2—5　我国校园安全事件的月度趋势

3. 我国校园安全事件在个别领域突出

"个别领域突出"指当前我国校园安全事件多发生于几个领域。根据图 2—6 的数据显示，我国校园安全事件频发于突发治安（33%）、设施安全（16%）、个体健康（16%）、公共卫生（12%）、校园欺凌（12%）、意外伤害（10%）等领域。中国学校安全行为风险评估委员会发布的《学校安全风险评估 2015 年度报告》，根据 2015 年官方媒体报道的 172 个学校安全典型案例，以网络热门词汇排列的方式，将师生间暴力、同学间暴力、学校意外伤亡、学生自杀、食物中毒、校外暴力入侵、学生遭性侵、校车事件、校园集群事件、踩踏事件列为学校安全的十大频发风险事件。[①] 该结论与我们的统计分析结论大体是一致的，也从侧面印证本书数据的合理性。而本书在国家突发事件分类的基础上，根据校园安全的特点，将校园安全事件类型分为自然灾害、公共卫生、设施安全、意外伤害、突发治安、校园欺凌及个人健康七大类，《学校安全风险评估 2015

---

① 中国学校安全行为风险评估委员会：《学校安全风险评估 2015 年度报告》，2016 年。

年度报告》中的师生间暴力、同学间暴力、遭性侵、校外暴力入侵等统归于校园突发治安事件,即在初等学校及其周边或其负有一定管理责任的区域、设施内,群体或个人为了满足某种特殊需要,选择适宜场所时机和环境,采取不正当手段实施违法犯罪,导致事态加剧、扩大,从而扰乱、破坏社会治安秩序的群体越轨行为。①

图2—6数据显示,校园突发治安事件占整个校园安全事件总和的33%,居于校园安全事件的首位,并且与校园设施安全问题(如教学设施坍塌、校车事件等),校园公共卫生事件(如食品安全问题、环境污染问题等)以及校园个体健康问题(如心理失范自杀或故意伤害等)等安全事件占到总数的89%。显然,上述领域均属于校园安全事件的高发领域。因此,从校园安全事件类型来看风险源,对安全事件高发领域(如突发治安事件)应重点预警预防、防止危机发生,减少危机损失。尽管自然灾害事件在校园安全事件中的占比不是很高,但是由于自然灾害的突发性以及破坏性大等特点,各学校特别是自然条件比较差的地区(如台风易发区、地震带、洪水泛滥区等区域),更应该针对各学校独特的地理环境识别出主要的风险源,分析、评估以及定期风险监测,做到对风险精准的把握,从而将事件消除在萌芽期。

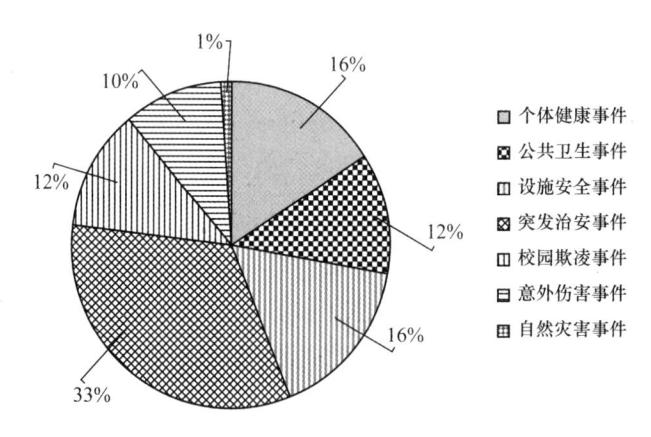

图2—6 校园安全事件类型分布

---

① 刘颖、周琴:《美国学校危机应对模式探析》,《外国教育研究》2014年第9期。

4. 我国校园安全事件的基本特征

上一节主要从宏观的视角探讨了校园安全事件的特点，本节顺从上一节的研究思路，拟从校园安全事发学校特征、事件类型以及伤亡特点等微观视角探讨校园安全事件的基本特征，以便更为具体地把握校园安全事件的特点。

（1）我国校园安全事件的事发学校特征

本小节以事件发生所在学校类型、学校性质、事发地点为统计维度来分析近5年来的校园安全事件的特点。从图2—7、图2—8、图2—9可以发现，现阶段我国校园安全事件主要集中在初级阶段的学校；且城市学校校园安全事件频发；安全事件地点主要以教学楼、寝室、食堂、校车以及操场为主。

第一，校园安全事件事发学校集中分布于初级阶段的学校。从事发学校类型来看，根据图2—7数据显示：幼儿园、小学以及中学阶段学校的校园安全事件总和占校园安全事件总数的77%，其中中学、小学、幼儿园分别占26%、27%、24%。由此可见，我国校园安全事件事发学校类型分布较集中，主要集中于初级阶段的学校（包括幼儿园、小学和中学阶段）。

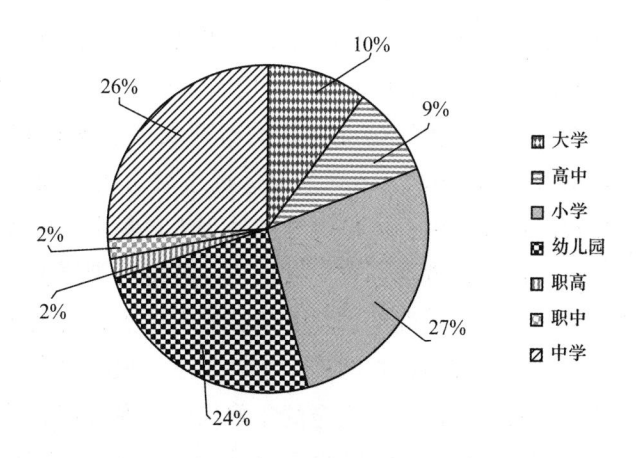

图2—7 校园安全事件学校类型分布

究其原因，首先，从宏观上来看，我国正处社会转型的加速期，各种价值观涌进校园，作为世界观、人生观还未形成的初级阶段的在校学生而言，很容易受社会不良风气影响，从而阻碍青少年的身心健康成长。这也是校园欺凌事件发生的重要原因之一。中观上，家庭和学校充当着中小学生重要的知识传递桥梁以及管理责任方。家庭扮演着初级阶段的学生第一所学校，家庭生活对中小学生的影响是深刻与久远的。比如家庭的规模结构、家庭教育培养方式、家长的人格品行和家庭经济条件均会影响中小学生的发展。而学校作为中小学生学习的地方，老师的言行举止深深影响着学生的行为方式。其次，学生处于弱势群体，校园安全事件发生，往往存在于校园管理者可以主导的权限范畴内，这是老师虐待幼童、恶意殴打、性侵学生、食品安全以及交通安全事件频频发生的重要原因。所以校园管理制度的缺失、校园管理人员的失职等校园管理的内部不足是导致安全事件发生的重要的中观因素。微观上，初级阶段的学生自我保护意识较差、社会阅历少、辨别是非能力弱，遇到问题不能很好地控制自己等个人因素，导致许多恶性的校园安全事件（如斗殴、被侵害不能有效自救）的发生。

因此，就学校类型来看，遏制校园安全事件的频繁发生最有效的方法就是重点预防初级阶段学校校园安全风险，从风险源头预防校园安全事件的发生。

第二，校园安全事件事发学校集中分布于城市学校。从事发学校的性质来看，根据图2—8数据显示：我国校园安全事件的事发学校主要集中在城市类学校，占总数的67%，从城市到农村呈现出递减的趋势，其中县城、乡镇分别占17%、16%，远远低于城市类学校的校园安全事件的发生频数。究其原因：城市类学校处于人口集中、经济贸易较为发达的地域，往往这些地方都具有交通繁忙、环境污染严重、人员流动性大、人口密集、治安相对混乱以及竞争激烈等特点，而这些风险因素通过相互交织、不断集聚使得校园安全事件发生的概率更大。因此，就事发学校的性质来看，我国校园安全的主要风险源在城市类学校，应重点对城市类学校内外部环境的风险源重点排查，将危机消除于萌芽阶段。

第三，校园安全事件事发地点集中分布于校园活动频繁的地点。就事件事发地点来看，图2—9中的数据显示：我国校园安全事件事发空间

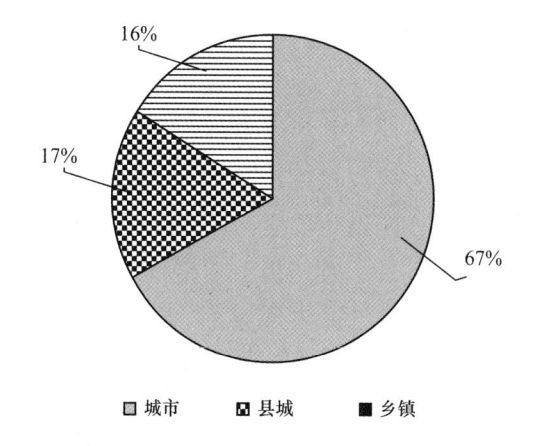

图 2—8　校园安全事件学校性质分布

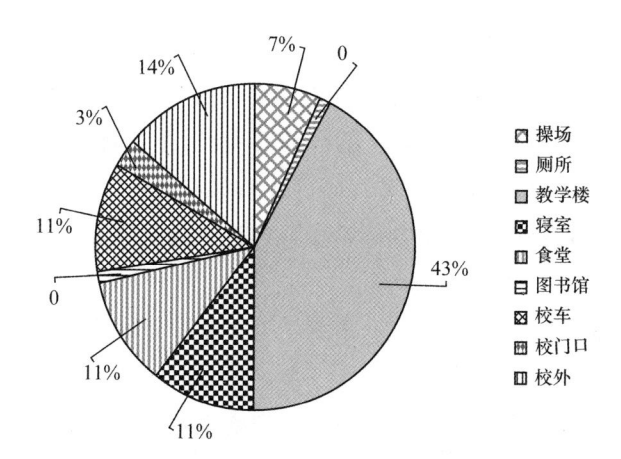

图 2—9　校园安全事件事发地点分布

分布地点主要以教学楼（43%）、寝室（11%）、食堂（11%）、校车（11%）、操场（7%）为主。具体来说，事发地点教学楼主要发生校园突发治安、校园个体健康以及校园设施安全等问题，其中校园突发治安主要以老师对学生的虐待、殴打以及过度体罚等人身攻击行为为主；校园个体健康表现为学生学习压力的增大、青春期少年失恋以及受凌辱致使心理承受不了而产生的心理失范问题；校园设施安全问题集中表现在建筑设施的坍塌与故障（如教学楼塌陷、电梯故障以及实验室器材质量问题等），有毒污染的侵害（如室内甲醛气体中毒、毒校服、毒跑道）等。

寝室是校园欺凌、个体健康事件的主要事发地点，其中校园欺凌事件主要表现在强势同学对弱势同学的殴打、扇耳光等身体欺凌以及侮辱、谩骂等人格欺凌。食堂主要以公共卫生事件为主，其中校园公共卫生事件主要表现在食堂因购买劣质或过期产品，致使学生就餐时发生大范围的食物中毒。校车主要以校园设施安全为主，其中校园设施安全问题主要表现在"黑校车"恶意超载，致使事件发生概率变大。操场主要是以校园欺凌、意外伤害以及个体健康事件为主，其中校园欺凌主要表现在强势同学对弱势同学的殴打、扇耳光等身体欺凌以及侮辱、谩骂等人格欺凌；校园意外伤害事件主要表现在体育活动中同学间的无意举动，引发的校园安全事件；校园个体健康事件主要表现在学生因个人健康问题，造成的猝死现象。

因此针对事发地点的不同特点，应该有效地识别出各自主要潜在风险源，同时做好相应的预防措施。比如对于教学楼这一频发事件地点而言，学校应该从人（老师、学生的行为），教学设施的质量（如风扇、电梯、实验室器材等），教学环境（硬件环境如有毒污染、软环境如师生间关系）以及管理制度（如定期巡检、合理教学制度等）四种风险源出发，逐一排查，力争风险从源头消除。

（2）各阶段学校的校园安全事件主要类型差异性较大

本节以事件发生所在学校类型、伤亡率为统计维度，分析近年来各阶段学校的校园安全事件的主要类型。需要说明的是，由于职中、职高、培训机构等样本少，本节只考虑幼儿园、小学、初中、高中以及大学等阶段的校园安全事件的主要类型。从图2—10的数据可知：现阶段，我国各阶段学校易发的校园安全事件类型呈现出较大的差异性。

第一，从校园安全事件的发生率看，校园安全事件随着学生年龄增长整体呈现减少的趋势。从整体校园安全事件发生的数量看，随着学校层次的不断提高，学校易发的安全事件数量呈现逐步减少的趋势，并且伤害的规模也在下降。究其原因是由于随着学生年龄的增大，其自我安全意识增强，社会阅历增多、辨别是非能力提高。因此，从各事件类型易发的学校类型出发，我国初中级阶段学校是重点防范的校园安全风险源，同时对不同类型的学校应有不同的预防策略。

第二，从学校类型来看，各阶段学校的校园安全事件主要类型差异

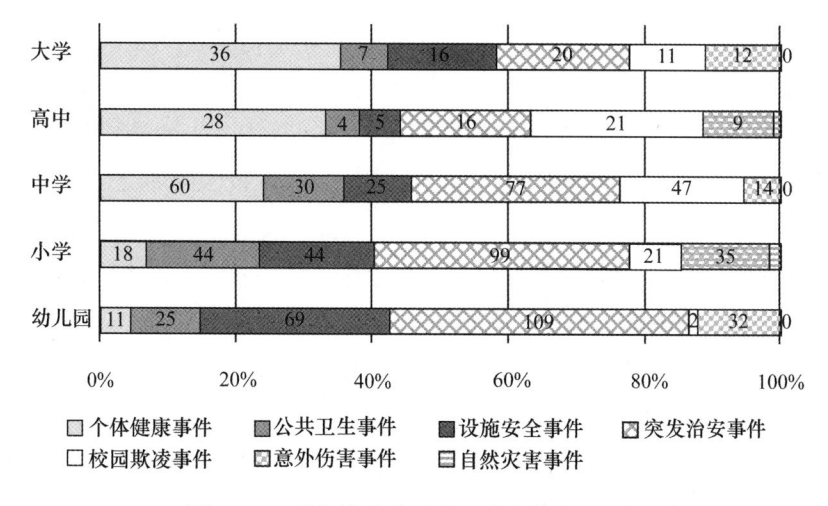

学校	个体健康事件	公共卫生事件	设施安全事件	突发治安事件	校园欺凌事件	意外伤害事件	自然灾害事件
大学	36	7	16	20	11	12	0
高中	28		4	5	16	21	9
中学	60	30	25	77		47	14 0
小学	18	44	44	99		21	35
幼儿园	11	25	69	109		2	32 0

图 2—10 校园安全事件各层次学校发生一览

性明显。从学校类型来看，幼儿园阶段易发生校园突发治安、校园设施安全、校园意外伤害等事件；小学阶段易发生校园突发治安、校园设施安全、校园公共卫生、校园欺凌以及校园意外伤害等事件；中学阶段易发校园突发治安、校园欺凌、校园个体健康、校园公共卫生等事件；高中阶段易发生校园欺凌、校园个体健康等事件；大学阶段易发生校园个体健康、校园意外伤害以及校园突发治安等事件。具体来说，幼儿园阶段易发生校园突发治安、校园设施安全、校园意外伤害等事件，其中校园突发治安问题主要是由于处于幼儿园阶段的学生自我保护能力低下以及很多老师缺乏相关经验，采取相关不当措施使幼儿处于危险状态，如老师无意将幼童遗落车内、老师对幼童实施暴力伤害以及老师对幼童的不当照顾而猝死；校园设施安全问题主要是由于幼儿园设施质量不达标以及室内有毒污染，如新装修的幼儿园出现室内甲醛气体超标，致使幼儿中毒；意外伤害问题主要是由于学校管理制度不完善，造成幼儿出现意外事件。小学阶段易发生校园突发治安、校园设施安全、校园公共卫生、校园欺凌以及校园意外伤害等事件，其中校园设施安全事件主要是由于学校设施存在安全隐患，如教学楼塌陷、楼道堵塞等；校园欺凌事件主要是由于校园气氛不和谐，存在以大欺小、以强欺弱等现象；而校园公共卫生事件主要是由于食品安全问题。中学阶段易发校园突发治安、校园欺凌、校园个体健康、校园公共卫生等事件，其中个体健康问题主要是由于中学生生活、学习压力变大以及青春期因感情困惑，造成的心理问题。高中、大学阶段易发生校园欺凌、校园个体健康、校园意外伤害以及突发治安，其中个体健康往往是由学习压力、失恋造成的心理失范引起的，而大学中的校园意外伤害主要来自大学校园内的交通问题。

第三，从伤亡率来看，受伤型与死亡型的安全事件类型差异较大。从图2—11和图2—12的数据可知：现阶段，校园安全事件中伤亡率远远大于死亡率，且受伤型与死亡型的安全事件类型差异较大。具体来说，从图2—11可知，我国校园安全事件中受伤率远远大于死亡率，其中校园公共卫生事件受伤率与死亡率之比超过700∶1。这是由于公共卫生事件造成的伤害往往会事发时有症状，能够及时发现及时治疗。意外伤害、校园欺凌、设施安全、突发治安、自然灾害等事件中，受伤率均比死亡率高。而个人健康事件中出现死亡率比受伤率高，这是由于个人健康事件主要表现为心理失范以及突发疾病猝死。其中心理失范，往往是个人有预谋的一种行为，使事件发生具有隐蔽性、突然性，且死亡的方式比较暴力，以致死亡的可能性往往很大；突发疾病猝死，由于往往属于先天疾病且事先毫无征兆，致使突发时抢救不及时死亡。

图2—12中数据显示，校园安全事件中受伤主要集中于公共卫生事件、设施安全事件，突发治安事件，校园欺凌事件；而导致死亡主要集中于设施安全、个体健康以及意外伤害事件等。究其原因：由于校园设施安全以及公共卫生安全事件往往涉及面广、危害严重，致使受伤人数多。而两者的死亡人数却存在较大的差异，这是因为校园公共卫生事件发生，大多以腹泻、发烧以及其他症状为主，往往易于发现并得到及时、有效的治疗。而校园设施安全事件常常致使外部身体的伤害（如车祸致使身体被碾压、建筑物倒塌致使头部被严重撞击等），往往很难进行及时抢救。而突发治安事件虽然受伤的人数较多，但是往往伤害程度有限，很少造成死亡。因此，从校园安全事件的伤亡视角看，我国校园安全风险管理应重点排查导致死亡以及大面积受伤的安全事件风险源，做到重点监测，降低风险。

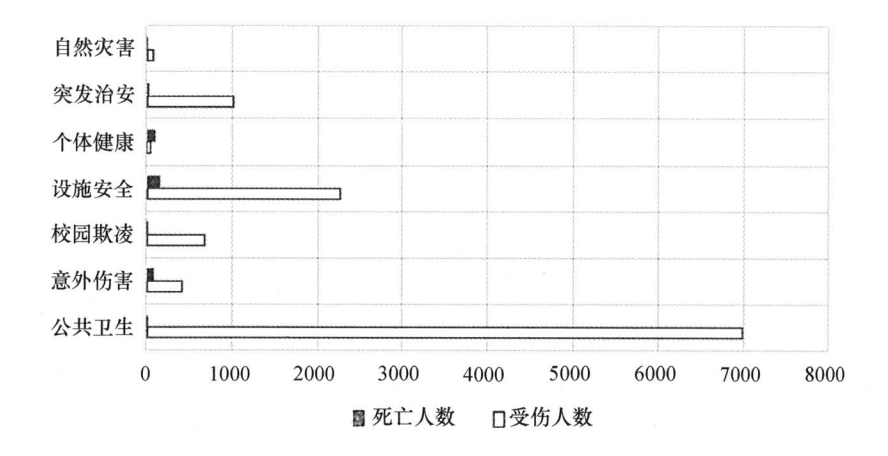

图 2—11　校园安全事件中受伤人数与死亡人数之比

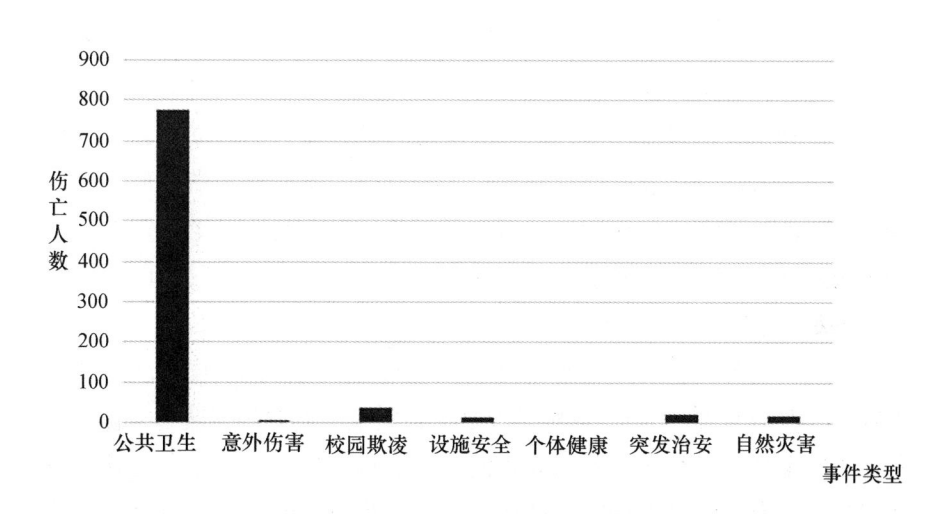

图 2—12　校园安全事件伤亡人数统计

三　校园安全事件的规律分析

校园安全事件的规律往往侧重于事件的历时性特点，本节主要从风险叠加以及风险放大两个方面来探讨校园安全事件的规律。

(一) 校园安全事件的风险叠加规律

风险叠加主要强调的是若干个风险因素之间的相互叠加、相互作用，本书在综合现有的资料和研究经验的基础上，将风险叠加定义为：当两个或两个以上风险同时存在，由于它们之间存在复杂的相关关系，从而导致风险之间产生相互叠加效应，这种相互叠加效应会使得叠加以后的总风险值与各个风险值之和并不一致的风险效果，即为风险叠加。

影响校园安全事件的因素往往具有综合性和复合性等特点，即引发校园安全事件往往是多种风险因素的相互影响、相互重叠的结果。进一步，根据曼彻斯特大学心理学教授 James Reason 提出的复杂系统事件因果模型，单一、孤立的风险因素并不能致使事件的发生，事件的发生是多种风险因素如组织影响、不安全的监督、不安全行为的前提条件和不安全行为等相互叠加、共同作用的结果。[①] 因此，校园安全事件可以看成是组织、监管、不安全行为的前提条件、不安全行为四个层次的风险因素相互叠加和公共作用的结果，四个层次之间具有相对的独立性，基于校园安全事件风险因素多样性、复杂性的特点，为能够更清晰地总结出校园安全事件的风险叠加规律，我们在充分研究案例的基础上，进一步综合国内外专家学者对事件致灾因子的研究成果，将这四个层次的风险因素进行了适度的调整，如图2—13所示。

首先，校园安全的监管涉及两个层级的监管主体：学校和政府及有关部门（如教育部门等）。其中学校是校园安全事件的主要监管主体，往往由于安全管理体系存在漏洞而致使安全事件发生，如未定期巡检校内各设施以及未按要求进行校内巡逻等。由于我国校园安全危机呈现出事件频发、种类多样、诱因复杂、方式多变的特点，尤其是在"融媒体"的参与推动下，危机事件更易迅速传播到社会的各个角落，造成极大的负面社会影响。因此在对管理风险因素进行全面分析时，必须考虑到政府监管的维度，将监管层面由学校层面的监管向外延伸，补充政府的监管因素，即政府及有关部门也是校园安全事件的重要监管主体。其次，

[①] James Reason, "Human Error: Models and Management", *Bmj*, Vol. 320, 2000, pp. 768–770.

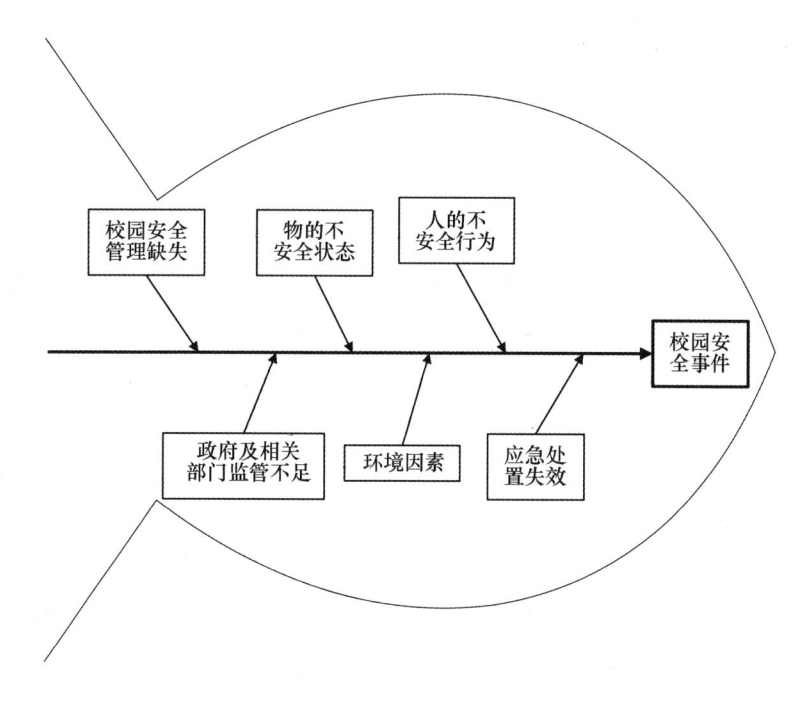

图 2—13　校园安全风险叠加示意图

将不安全的前提条件层细化为环境因素和物的不安全状态因素，便于对风险进行更为细致的归类。其中物的风险因素特指校园安全中各类设施、材料等方面存在危险和有害因素，如建筑物质量不合格、实验设备故障等，而环境因素主要指自然环境风险和社会环境风险，其中自然环境风险主要是指在校园安全事件中不可抗拒的因素，如地震、洪水等，而社会环境风险主要体现为，一方面由于学校的自我保护能力相对有限，致使学生长期在校内活动缺乏安全感，如校外人员闯入滋事、盗窃，食物中毒，环境污染等。另一方面，互联网的快速发展在给学生提供诸多便利的同时，也带来一些不良影响，如虚假、色情等不良信息。再次，人的不安全行为主要是学生或老师在校园内学习和生活过程中，违反学校相关规章制度，可能造成人身伤害的行为，如上下楼梯推搡、高空扔杂物、在教室里激烈打闹、打架、玩弄电器以及带危险玩具到学校玩等。最后，从近年来发生的校园安全事件的典型案例中可知：处于事件发生前夕或事件发生初期的应急管理对缓解事件严重程度具有非常重要的作用。因此，在分析校园安全事件的风险叠加因素时，应该增加应急管理这一个特殊的风险叠加项。

因此，所谓校园安全风险叠加，主要就是学校监管风险、政府监管风险、物的风险、环境风险、人的不安全行为以及应急管理等因素的叠加。也就是说，校园安全风险因素叠加的数量越多，叠加的程度越高，校园安全事件发生的可能性越大，且破坏力也越大。例如，2009年12月7日，湖南省湘乡育才中学晚自习下课，学生们在下楼梯的过程中，因一人跌倒引发踩踏事件。这起事件导致了该校34名学生受伤，其中8人在送往医院途中死亡，26人住院治疗。据事件调查组调查，导致这次事件的原因并非仅仅来自于人的不安全行为，而是学校的安全巡查制度不健全、现场管理不到位、政府监管不足、学生安全意识不强、天气恶劣以及应急演练缺失等多重风险叠加和相互作用的后果。[①] 具体来说，导致此次踩踏事件的主要原因有如下原因：一是学校的安全管理缺失。如在事件的楼道中，学校仅仅安排一名工作人员进行安全巡查与现场管理，难以监控全部下楼梯学生；此外，学校并未针对踩踏事件开展过相应的应急演练。二是政府及相关部门对学校安全管理工作的监管不足。如政府及相关部门并未对学校的楼梯间安装应急灯与警示标志等设施进行安全检查。事实上，这也在一定程度上纵容了学校在安全管理方面的"不作为"。三是环境因素也进一步催生了校园踩踏事件的发生，如事件发生当天大雨倾盆，大部分学生不得不涌向与宿舍楼靠近的一号楼梯回宿舍，造成一号楼梯人流量增加。四是学生的不安全行为，这是导致此次事件发生的直接原因。如学生们在下楼梯的过程中，因一人跌倒，后面经过的学生不知前面发生什么情况继续向前拥挤。

（二）校园安全事件的风险放大规律

由于校园往往处于某一特定的环境中（包括自然环境、社会环境），校园安全事件一旦发生，往往涉及的不仅仅只是责任人与受害者之间的纠纷，更多的是学校、家长、教育管理部门、媒体甚至社会公众等利益主体之间的关系。也就是说，在一过程中，各种利益主体不断地进行博

---

① 《血的教训 湖南湘乡市育才学校发生踩踏事件》，搜狐新闻（http://news.sohu.com/20091209/n268791909.shtml）。

弈，造成校园安全风险呈现放大的趋势。事实上，根据卡斯帕森的"风险的社会放大"框架①（如图2—14所示），校园安全事件的生成过程就是风险的社会放大过程，即校园安全事件的风险放大过程主要包括两部分，第一部分为校园安全风险在信息传播过程中通过个人、社会组织、媒介等相互作用而被多种放大的过程，这也是校园安全事件酝酿和生成的过程；第二部分则是经过社会放大的风险所产生的涟漪效应，即对各利益相关者的影响，这也是校园安全事件爆发以及次生风险生成的过程。

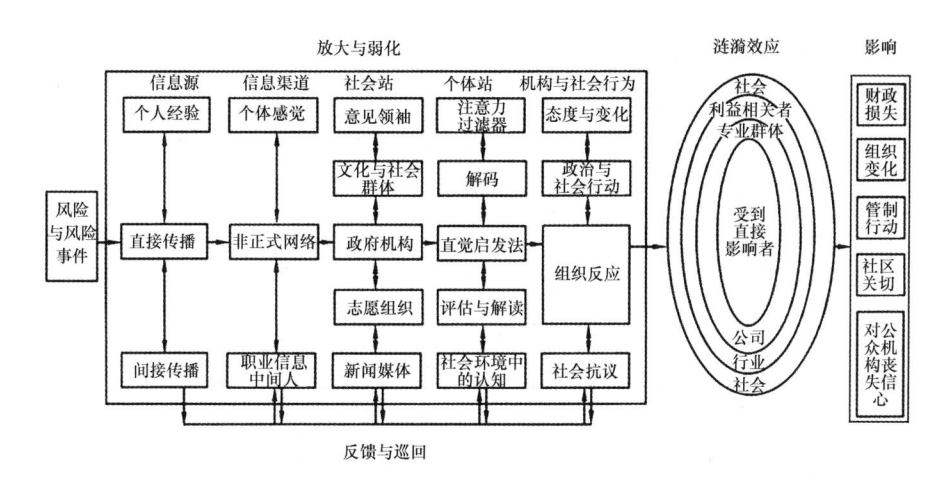

图2—14 校园安全事件的风险放大示意图

1. 校园安全事件的产生：风险放大的信息机制与社会反应机制

校园安全事件的起因往往源于校园中某一特定的小事件，然而这些小事件在媒体的传播过程中被越来越多的网民所关注，最终形成社会事件。事实上，校园安全事件的风险放大蕴含着某种必然性，是我国的教育体制以及社会环境的影响使然。具体来说，起初校园安全事件的发生使潜在的安全风险转化为现实风险，随后事件信息在个体、社会组织以及媒体等"放大站"的传播中，不断地被放大，并引发各利益主体的反应，最终形成校园安全事件，这就是一个风险社会放大的过程。其中主

---

① R. E. Kasperson, O. Renn, P. Slovic, et al., "The Social Amplification of Risk: A Conceptual Framework", *Risk Analysis*, Vol. 8, 1988, pp. 177–187.

要包含两个部分,即信息机制和社会反应机制。

(1) 风险放大的信息机制

纵观近年来的校园安全事件典型案例可知:一旦校园安全事件发生,事件往往会迅速引起媒体(特别是以腾讯、新浪、搜狐、新华、人民网等为主体的新媒体)的关注,并经由其广泛的传播,进而迅速传播到社会的各个角落,形成一种"一石激起千层浪"的情形。据统计,典型案例库中事件报道的源头达 260 家左右的新闻媒体,意味着平均每 4 例事件被同一家新闻媒体报道。究其原因,一方面,媒体,特别是商业媒体,或多或少受制于市场和消费者,具有眼球经济的特点,往往容易放大风险。另一方面,媒体也为各利益主体围绕校园安全事件发生提供了一个便捷的交流平台,风险信息在网络传播过程中往往由于各利益主体之间的博弈导致议题的扩散,使得问题指向与校园安全事件本身发生背离。

(2) 风险放大的社会反应机制

对信息的理解和反应构成了社会的反应机制。风险在传播的过程中被不断放大之后,社会公众对于放大的风险信息进行认知和把握,并且在此情况下基于自身判断做出对风险的反应。例如,2018 年国庆假期进入尾声之际,"一少女遭多名男女围殴"的视频引起广大网友的关注。然而海南省文昌市官方对此事件通报称,参与围殴的 8 名男女系未成年人,不属于校园欺凌。与此同时,官方对此事的处理结果称,依据《治安管理处罚法》,对参与打人的已满 14 岁的陈某等 3 人行政拘留 15 日并处罚款 1000 元,因这 3 人均未年满 16 周岁,且系初犯,不执行行政拘留处罚。对未满 14 周岁的林某等 5 人不予处罚,责令其监护人进行严加管教。① 此事一经公布,一石激起千层浪,引起网民跟帖质疑。如一些网友认为"处罚过轻,难以在社会上起到警示作用","建议修改未成年人保护的相关法律,出台校园法规。这种校园暴力现在不治,出了社会还得了",等等。一些专家则指出"事件处理要强化教育功能","处理校园欺凌事件首先要多方联动,综合治理"以及"完善法律法规多元共治"等。

---

① 《"少女遭围殴"处理结果引议 校园欺凌处置重平息?》,环球网(https://3w.huanqiu.com/a/96194f/7GR3oapRal8? agt = 8)。

2. 校园安全事件的影响：社会风险放大的涟漪效应

事实上，校园安全事件的发生是风险的社会放大的结果，网络当前已经成为风险集聚、传播以及放大的平台。也就是说，校园安全事件一经网络进行传播，其带来的危害往往远远超过事件本身带来的危害，这种危害如同一粒石子被投入水中所产生的涟漪波纹一样，由近及远给各利益主体带来各种影响。如对于事件受害者及其家人来说，校园安全事件不仅仅会给当事者带来肉体上伤害，更多的是心灵上的创伤；而对于学校来说，校园安全事件的发生，往往给学校带来一定程度的"污名化"，如一些家长或者社会公众甚至一谈到某校就"色变"，潜意识里就认为他们的孩子放在这样的学校安全不能得到保障。对于当地的教育部门来说，一旦发生校园安全事件，教育部门如果对应不及时、发布信息缓慢，最终会使政府的公信力大幅下降，形成"塔西佗陷阱"。

四 校园安全风险治理

在我国校园安全趋于严峻的形势下，科学引入校园安全风险理念，将我国校园安全从"被动式"管理转化为"主动式"安全风险管理工作应该是各学校今后安全工作的重中之重，力争做到在校园安全风险识别中精准识别，评估过程中科学评估风险，在危机防范上有效应对风险，在危机监测中全面监测风险。其中，风险识别就是要收集有关风险事件，风险损失等方面的信息，发现潜在的风险因素，为风险评估提供基础。校园安全风险的识别采取头脑风暴法、问卷调查法、访谈法、列表法、文档信息法、流程图法等方法，通过定期收集整理风险分析调查表，定时更新校园安全风险清单，实现风险的发现、认知和预见。风险评估是在风险识别的基础上对风险要素进行定性或者定量分析，进而对风险进行排序处理，以开展针对性的风险控制。其目的就是准确把握学校安全事件爆发的时间、人群以及伤亡等要素的规律特征，识别出相应的风险源，同时结合当地实际情况进行风险排查，并在风险识别的基础上，通过对所收集的大量的详细损失资料加以分析，运用概率论和数理统计等方法，估计和预测安全风险发生的概率和损失程度。风险控制作为安全风险管理的重要一环，是指在风险评估的基础上，为校园安全管理者提供各种措施和方法，消灭或者减少安全事件发生的可能性以及减轻安全事件发生时造成的损失。校园安全管理者可以根据风险评估的结果，确定安全风险控制策略（包括风险回避、风险减少、风险分担、风险自留），从而达到防止危机发生、减少危机损失的效果。风险监测作为安全动态风险管理的工具，其目的在于针对易发、高发、损害大的风险开展专门性的风险监测机制，明确监测主体、对象，制定方案，编制监测指标，通过走访调研、问卷调查等方式，明确风险演化，确定防治方案策略。不断识别新的风险源，补充风险清单，同时跟踪危机处置结果，防治次生风险。

因此，根据对我国近年来发生的校园安全事件的特点及其规律的分析，有必要采用风险管理策略，不断地适应新的风险状态，防范新的安全隐患，从而提高校园安全风险管理能力。

从事发时间维度来看，加强我国校园安全风险管理力度，针对校园安全事件的周期性、季节性的特征，合理安排各种资源，重点关注、监测事件频发期的校园安全风险源，控制风险进一步扩大，减少危机的发生。

从事发地点维度看，对校园安全事件高发区域，要加强对安全重点地点、重点事件类型、重点人群以及重点时段等的监管，定期将不符合校园安全标准、危及师生安全的设施进行整改或淘汰。具体来说，首先，针对校园的外部环境，从人的因素出发，应加强安保工作，密切注意闯入校园滋事、故意破坏以及偷盗的外来危险分子；从物的因素出发，强化校园安检工作，认真检查流入校园内潜在危险的物品；从环境的角度出发，积极搜索校外风险源，如外来污染物、自然条件等；从管理的角度出发，反复推敲相关校园安全的管理制度。其次，针对校园的内部环境，从人的因素出发，应密切关注老师、学生以及工作人员的动向，防止老师殴打学生、学生之间的欺凌等校园安全事件；从物的因素出发，强化校园安检工作，认真排查校园内潜在危险的设施（如教学设施、运动设施）等；从环境的角度出发，加强对校内软硬环境的排查，做到前瞻性识别，规避风险；从管理的角度出发，查看学校相关的管理制度是否存在漏洞，从制度上消除安全风险。最后，从内外部两个方面形成学校关于校园安全的风险源表，并对相应的风险源做好逐一排查，以便有效的预防危机造成的损失。

从事发主体维度看,针对事发主体的特点,应重点加强对学生群体的保护以及学生安全意识的培养,防止安全事件频繁发生于学生之间;同时加强对教职工的职业素养,防止教职工的不当行为对学生群体造成伤害;最后执行校外人员入校管理制度、定期巡逻,有效遏制校外不法分子对师生进行侵害。

从事件内容维度看,针对事件类型的特点,首先,各类学校应对安全事件高发领域(如突发治安事件)应重点预警预防、防止危机发生,减少危机损失。其次,自然灾害等类型事件在校园安全事件中的占比虽然不是很高,但其突发性以及破坏性大等特点往往会造成重大的损失。例如自然条件相对较差的地区(如台风易发区、地震带、洪水泛滥区等区域)应针对各学校独特的地理环境识别出其风险源(包括自然风险),并对各类风险源逐一排查,采用合适的风险分析方法、评估手段以及定期风险监测,做到对风险精准的把握,从而将危机消除在萌芽期。针对事件的事发学校类型的特点,加强幼儿园、小学、初中阶段学校校园安全风险,从宏观、中观以及微观三个层次对风险源进行识别、排查,进而制定好相应的校园安全事件预防对策。针对事发学校性质的特点,重点对城市类学校内外部环境的四类风险源重点排查,评估其风险程度,并根据其风险程度,运用合适的风险控制工具,将危机消除于萌芽阶段。

第三章

校园自然灾害事件风险分析

一 概述

校园内人口分布密集,自然灾害往往具有高突发性和强危害性,如果没有事前的"未雨绸缪",面临危机就只能"束手无策"。从学生群体的特征来看,学生在生理体魄和心理素质上较为薄弱,不经应急培训和知识学习则难以具备逃生自救能力。应对校园自然灾害事件,不可任听"天命"而不尽"人事"。应对校园自然灾害的前提在于明确它的概念,重点在于明晰它的条件、损害和类别。

(一)校园自然灾害事件的概念

"自然灾害是指给人类生存带来危害或损害人类生活环境的自然现象。"[1] 校园自然灾害事件是指发生在校园内的对学校的人员、物质、教学秩序等造成损失的自然灾害。

(二)校园自然灾害事件的条件

一般而言,校园自然灾害事件的发生可用如下公式表示:

$$Event = Hazard \otimes Vulnerability$$

其中,Event 表示自然灾害事件,Hazard(H)表示自然灾害风险,Vulnerability(V)表示承灾体脆弱性。构成自然灾害事件的条件有自然

---

[1] 国家质量监督检验检疫总局、国家标准化管理委员会:《自然灾害灾情统计第1部分:基本指标》,中国标准出版社2009年版。

灾害风险与承灾体脆弱性两个因素，自然灾害事件的损失程度与自然灾害风险成正比，与承灾体脆弱性成正比，各因素具体内容如图 3—1 所示。

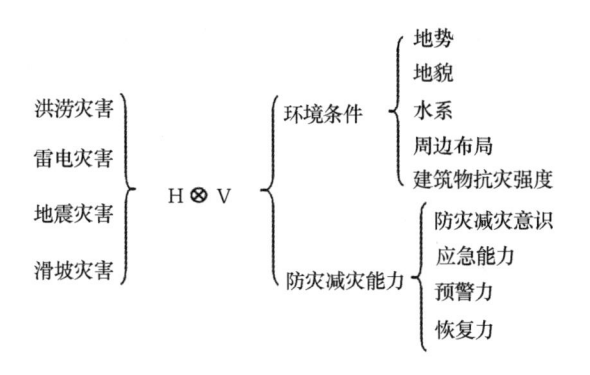

$$
\left.\begin{array}{l}\text{洪涝灾害}\\ \text{雷电灾害}\\ \text{地震灾害}\\ \text{滑坡灾害}\end{array}\right\} H \otimes V \left\{\begin{array}{l}\text{环境条件} \left\{\begin{array}{l}\text{地势}\\ \text{地貌}\\ \text{水系}\\ \text{周边布局}\\ \text{建筑物抗灾强度}\end{array}\right.\\ \text{防灾减灾能力} \left\{\begin{array}{l}\text{防灾减灾意识}\\ \text{应急能力}\\ \text{预警力}\\ \text{恢复力}\end{array}\right.\end{array}\right.
$$

图 3—1　自然灾害条件构成

（三）校园自然灾害事件的损害

校园自然灾害事件发生后，将产生多种类型的损害：一是造成校内人员伤亡，例如黑龙江宁安市沙兰镇中心小学洪灾造成 105 名学生死亡；二是设施损坏，如云南景谷 6.6 级地震中景谷二中大部分教学楼、宿舍楼被损毁；三是教学活动遭到破坏，云南彝良油房村田头小学滑坡事件造成学生停课十余日。

（四）校园自然灾害事件的分类

我国自然灾害种类繁多，通过总结近年来的校园自然灾害事件，发现造成校内人财物损失较大且发生频率相对较高的自然灾害类型主要有以下几种。

"洪涝灾害——因降雨、融雪、冰凌、溃坝（堤）、风暴潮等引发江河洪水、山洪、泛滥以及渍涝等，对人类生命财产、社会功能等造成损害的自然灾害。"[①] 校园洪涝灾害是指发生在校园内的由于强降雨引发山

---

① 《自然灾害分类与代码》（国家标准 GB/T 28921-2012）。

洪暴发、河水暴涨、学校内涝等，对校园内的生命财产、正常教学秩序等造成损害的自然灾害。

"雷电灾害——因雷雨云中的电能释放、直接击中或间接影响到人体或物体，对人类生命财产造成损害的自然灾害。"[①] 校园雷电灾害是指发生在学校操场等空旷地、教学楼电线杆等孤立凸起建筑物、计算机机房、实验室等现代化电子电器设备密集地，对学校的人员、设施、环境造成损害的自然灾害。

"地震灾害——地壳快速释放能量过程中造成强烈地面振动及伴生的地面裂缝和变形，对人类生命安全、建（构）筑物和基础设施等财产、社会功能和生态环境等造成损害的自然灾害。"[②] 校园地震灾害是指地震灾害影响到学校，对校内师生安全、建筑设施、校园环境造成损害的自然灾害。

"滑坡灾害——斜坡部分岩（土）体主要在重力作用下发生整体下滑，对人类生命财产造成损害的自然灾害。"[③] 校园滑坡灾害是指学校周围的山坡岩石或泥土失稳，发生下滑，造成校内人员伤亡、建筑物被掩埋的自然灾害。

二 校园自然灾害事件的典型案例

（一）沙兰镇中心小学"6·10"特大山洪灾害事件[④⑤⑥]

2005年6月10日12时50分，黑龙江省宁安市沙兰镇沙兰河上游局部地区突降200年一遇的特大暴雨。这次暴雨降水强度大、历时短、雨量集中、成灾迅速，平均降雨量123.2毫米，可能最大降水点的雨量达200

---

① 《自然灾害分类与代码》（国家标准GB/T 28921-2012）。
② 同上。
③ 同上。
④ 《黑龙江突发洪水逾百名学生遇难》，新浪网（http://news.sina.com.cn/z/heiljwater/index.shtml）。
⑤ 《黑龙江宁安市沙兰镇"6.10"特大山洪灾害》，辽宁省人民政府（http://www.ln.gov.cn/zfxx/yjgl/dxal/201004/t20100422_520516.html）。
⑥ 《沙兰镇水灾一连串错误导致的悲剧》，南方周末（http://www.infzm.com/content/21438/）。

毫米，引发特大山洪，坡面受到强烈冲刷，大量水土流失。当日下午2时许，沙兰河河水出槽淹没沙兰镇中心小学，校内最高水深达2.2米，当时正有351名学生在上课，最后造成了117人死亡的重大损失（其中学生105人）。灾害发生后，牡丹江市委成立了"05·6·10水灾"事件联合调查专案组，对相关责任人员进行调查。

1. 环境维度

与事件发生相关联的环境因素主要包括以下两个方面。

（1）校址邻河靠山且地势较低

沙兰镇又名"沙兰坑"，本身所处位置地势较低，沙兰镇中心小学又建在全镇低洼地区，使学校的地势更低。学校位于丘陵地区，四周被山包围，后方靠山。学校紧邻沙兰河，并处于沙兰河的弯道处，距离河岸仅20余米。

（2）通道设计与建筑规划不科学

学校前方的沙兰河上有两座桥，中心桥桥面距离河面10米左右，下方的矮桥桥面距离河面不到5米，洪水在下方矮桥处被堵塞而暴涨出槽。2003年学校准备翻修盖成楼房，最后盖成了平房，导致地基过低。沙兰河从沙兰镇中间穿过，两岸是民宅、学校建筑物等，这些建筑物挤占了沙兰河的行洪区，缩窄了行洪面，壅高了水位。

2. 事件维度

事件按发展演化顺序可分为洪水暴发、校园浸没、责任追究三个阶段。

（1）洪水暴发阶段

2005年6月10日12时50分，沙兰镇西北沙兰河上游突降特大暴雨，暴雨汇集成洪水，沿沙兰河迅速冲往下游的沙兰镇。

上游和胜村支部书记、村主任和王家村支部书记向镇政府和镇派出所拨打报警电话，由于次日是端午节，镇政府只有值班人员，很少有人接听电话，镇干部王某接听了王家村支部书记的报警电话，表示镇政府只有自己一个人在，走不开，随后挂掉了电话，之后镇政府再无人接听电话。

13时45分，一位老太太赶到沙兰中心小学，带走了她的两个孙女。当时她向一位老师发出了警告，但未被重视。

14时15分，洪水到达沙兰镇，暴涨出槽，短时间内形成高水头，并夹杂着大量泥沙、树枝和杂物冲向沙兰镇中心小学，片刻之后洪水直接冲破学校围墙，迅速进入教室。

（2）校园浸没阶段

仅几分钟时间，教室水位就高达2.2米，导致当时正在上课的351名学生和31名教师，全部被困水中。学校立即组织学生到高处躲险。

镇卫生院院长听到河水出槽的消息后，立即向上级卫生局汇报情况。

后操场内安排铲车清除淤泥，武警战士清理洪水冲留的木料、杂物，并在校园各个角落搜寻失踪人员。

搜救工作一直持续到6月21日。当天，宁安洪灾现场救灾指挥部召开新闻发布会，最终确定宁安沙兰镇洪灾的死亡人数。

（3）责任追究阶段

牡丹江市委成立了"05·6·10"水灾事件联合调查专案组，对相关责任人员进行调查。依据调查结果和《监察部关于对黑龙江省宁安市"05·6·10"特别重大突发山洪灾害有关责任人处理意见》，有关部门对10名违法违纪人员进行责任追究，分别给予党纪政纪处分或追究刑事责任的决定。

3. 管理维度

参与事件的管理行为主体可分为学校、政府相关部门、医疗系统和社会组织四类。

（1）学校

洪水冲进教室后，学校积极组织班主任和其他老师进行营救。一方面立即组织学生到高处进行暂时避险；另一方面稳定秩序，努力让学生不要慌张和盲动。

（2）政府相关部门

宁安市政府为实施救援，及时组织机关干部、老师、部队官兵、公安干警等2000多人，20多艘船只，20多台车，对受困学生进行紧急营救。当地森警、武警官兵和公安干警立即前往现场抢救。宁安市政府于6月11日又调集了1000名官兵拉网排查，核实伤亡人数。

当地干部按照黑龙江省抢险救灾指挥部的要求，加强对上游地段降雨量的监控和上游水库的防范措施，防范灾害再次发生。

中央相关领导前往现场听取受灾情况的汇报、详细了解遇难和受伤学生的情况，看望被安置在帐篷里的受灾群众，并赶往医院看望正在接受治疗的小学生，对当地受灾的广大人民群众予以慰问。牡丹江市和宁安市的一批干部紧急赶到灾区对遇难学生家长开展各项安抚工作。

黑龙江省政府为确保汛期中小学生生命安全，于2005年6月11日上午下发了《黑龙江省人民政府关于确保汛期中小学生生命安全的紧急通知》，要求各地、各部门要高度重视，认真排查、消除各种安全隐患，减少影响中小学生及人民群众生命和财产安全的事件发生。教育部在2005年6月15日，颁布了保护中小学、幼儿园安全工作的六条措施。

宁安洪灾现场救灾指挥部召开新闻发布会，通报宁安沙兰镇洪灾的具体情况。

（3）医疗系统

医疗系统开展了及时救治和消毒防疫等工作。哈尔滨医科大学附属第一医院派出17名专家赶赴牡丹江、宁安参加抢救工作。饮用水消毒防疫工作进入农户。医护人员在救灾现场建立了一个受灾居民临时居住小区，重灾农户全部入住；设立了5个就餐救助站，保障灾区群众的基本饮食。卫生部和国家疾病防疫中心等相关部委同志赶到现场开展救治工作。

（4）社会组织

社会各界对黑龙江宁安市沙兰镇洪灾表示极大关注，以各种形式表示对灾区人民的慰问。如世界华侨华人社团联合总会专程致电宁安市人民政府表示慰问。牡丹江市社会各界为洪涝灾区宁安市沙兰镇捐款153万元。

4. 案例启示

沙兰镇中心小学"6·10"特大山洪灾害事件有如下启示。

（1）加强科学选址工作，有效规避自然灾害

学校建在地势较低处或者靠河岸较近处，洪水来临时学校就会有危险；学校建在山脚下，就可能面临滑坡和泥石流的风险。因此，学校在进行选址时，要尽量避免各种可能发生的自然灾害，从源头上减少发生自然灾害的风险。

(2) 提高突发洪涝灾害的风险意识

洪水从沙兰河暴涨出槽到距离 20 余米外沙兰镇中心小学需要一段时间，但直到洪水冲破学校围墙，进入教室，学校才开始组织营救。如果学校能够早些发现灾情，洪涝灾害造成的损失可能就会大幅减少。

(3) 做好安全教育与定期演练

在黑龙江宁安市沙兰镇山洪灾害事件中，死亡的学生大部分是低年级学生，不会在洪涝中自救。安全教育和定期演练能够有效提高学生的风险意识和逃生能力，这对于中小学生来说更为重要。

(二) 大连长海县四块石小学"6·15"雷击事件[①]

2012 年 6 月 15 日 7 时 10 分，辽宁省大连市长海县大长山岛镇雷雨交加。四块石小学操场上，5 名四年级学生突然遭遇雷击，其中两名学生倒地昏迷，身上衣服冒起青烟，多处灼伤，另外三人身受轻伤。事发后，学校老师迅速将 5 名学生送到医院进行检查和抢救。该校副校长表示，雨伞或是学生遭遇雷击的元凶。

1. 环境维度

与事件发生相关联的环境因素主要包括以下两个方面。

(1) 四块石小学操场位置不合理

四块石小学的操场位于校门与教学楼之间，致使校门与教学楼之间毫无遮挡、十分空旷。一旦发生雷击，在空旷学校操场、运动场等场所撑铁质的雨伞很容易成为引雷导体，造成撑伞学生遭遇雷击。

(2) 学校缺乏应急预案和防雷安全教育

学校教学楼安装有防雷安全装置，但防雷安全装置有防雷区域限制，操场大部分不在防雷区域内，学校对于防雷区域外的操场路段缺乏雷电灾害应急预案。事件中没撑铁柄伞的 2 名学生伤势较轻，撑铁柄伞的 2 名学生伤势较重。雷电天气不能打铁柄伞是防雷知识中的常识，可见学校缺乏相关的安全教育。

---

① 《大连 5 名小学生操场遭雷击》，网易新闻网（http://news.163.com/12/0617/00/845NQLB700014AED.html）。

2. 事件维度

事件按发展演化顺序可分为雷电暴发、应急处理、伤员治疗三个阶段。

(1) 雷电暴发阶段

2012年6月15日早上，天色昏暗，雷雨交加。在校门口，5名学生相遇后一起朝教学楼走去。雷击发生前5名学生已走到道路中间，距离教学楼还有40多米。

(2) 应急处理阶段

7时10分，一道闪电划过，雷声轰鸣，一团火球直扑向操场边，5名学生应声而倒。事发后，学校老师迅速把5名学生送到医院进行抢救和治疗。

(3) 伤员治疗阶段

9时30分，医院表示2名学生的伤势较重，但生命体征比较稳定，另外3名学生是轻伤，留院观察。伤势较重的2名学生在逐渐稳定后，家属要求转院治疗。

13时，转院后院方组织专家准备会诊。

14时30分，两人被送去做全身检查，发现两人身体大面积烧伤，并且有电流贯穿伤。

17时50分，主任医师为两人做完各项检查，结果显示两人的脏器都有一定损伤的迹象。全院各科室主任进行会诊，表示未来一段时间是重点观察期。

【相似案例】

2005年9月14日15时，湖南省第一师范学校新校区操场上，大一新生军训时发生雷击，导致1死5伤，其中包括1名教官。[①]

2007年5月23日16时34分，重庆市开县义和镇兴业村小学突遭雷击，正在教室里上课的两个班级有7名小学生死亡、44名小学

---

① 《湖南一师范学校新生军训遭雷击致1死5伤》，新浪网（http://news.sina.com.cn/s/2005-09-15/14256952957s.shtml）。

生受伤，其中5人重伤。①

2011年6月22日下午，河南驻马店市驿城区古城村村小一名学生在教室里上课时被雷电击昏。②

2012年9月19日13时45分，鹤壁山城区市师范附小的4名学生在校门口被雷电击中，造成1死3伤。③

3. 管理维度

参与事件的管理行为主体可分为学校、政府相关部门和医疗系统三类。

（1）学校

事发后，学校老师迅速将5名学生送到医院，进行检查和抢救，并将事件告知学校领导。2012年6月15日下午1时，学校向媒体公布学校操场5名学生遭雷击的消息。

（2）政府相关部门

雷击事件发生后，长海县各级领导极为重视，主管县长与应急部门、安检部门、气象部门赶到四块石小学，查寻雷击原因。学校楼顶安装有一圈防雷装置，但气象局领导表示，防雷装置有防护区域限制，一般防护半径与建筑物层高相同，遭雷击的5名学生在这个区域外。

（3）医疗系统

长海县人民医院为5名学生做了应急检查和治疗。在两人逐渐稳定后，应家属要求，转至大连大学附属中山医院治疗。长海县人民医院与大连大学附属中山医院联系，开辟绿色通道，将孩子转到大连治疗。救护车抵达大连大学附属中山医院时，院方已安排好房间，并组织专家准备会诊。医院为两名重伤学生做了各项检查，显示脏器都有一定损伤，全院安排各科室主任进行会诊。

---

① 《雷击学校上课小学生7死39伤》，搜狐网（http://news.sohu.com/20070524/n250201689.shtml）。

② 《小学女生教室内正上课莫名被雷击晕》，新浪网（http://sc.sina.com.cn/news/s/2011-07-04/259-50193.html#dfz-app-PanelMediaMblog）。

③ 《鹤壁小学校园遭雷击 10岁男孩抢救无效不幸死亡》，新浪网（http://henan.sina.com.cn/news/s/2012-09-20/1402-24125.html）。

4. 案例启示

大连长海县四块石小学"6·15"雷击事件有如下启示。

(1) 做好防雷安全装置的安装、检测工作

2007年重庆开县雷击事件造成了7死39伤的严重后果,后经专家查明,最主要的原因是学校没有安装防雷装置,雷电电流遇到金属窗生成高电压后产生放电。在2011年6月22日河南驻马店市驿城区古城村村小雷击事件,造成1名学生受伤,驻马店市防雷中心检查时发现该生所在教学楼安装的避雷入地线早已断裂,起不到防(避)雷作用。因此,学校要做好防雷安全装置的安装、检测工作。

(2) 重视防雷安全教育工作

大连长海县四块石小学"6·15"雷击事件中,2名撑铁柄伞的学生重伤。雷雨天气里不能撑铁柄伞,这是防雷教育中的常识。因此,学校要大力加强防雷安全教育,增长师生防雷安全知识。

(3) 制定雷电灾害应急预案

防雷装置有防护区域,对防护区域外要有一套完整的雷电灾害应急预案。大连长海县四块石小学"6·15"雷击事件中5名遭雷击的同学所在位置不在防护区域,学校对于防护区域外如何防范雷电没有措施。做好雷电灾害应急预案:一是做好雷电天气的预报预警工作;二是做好雷电天气现场的人员监督工作,尽量避免人员在雷电活动期间外出,对外出者做好防雷安全设施准备。

(三) 云南景谷地震中景谷二中地震灾害事件[1][2][3][4]

2014年10月7日21时49分,云南省普洱市景谷傣族彝族自治县发生6.6级地震,震源深度5.0公里,地震造成震中地永平镇景谷二中教学

---

[1] 《震中永平镇》,新京报 (http://epaper.bjnews.com.cn/html/2014 - 10/09/content_539428.htm?Div = -1)。

[2] 《景谷地震致100所学校停课 13日开始有望陆续复课》,中国新闻网 (http://www.chinanews.com/gn/2014/10 - 11/6665815.shtml)。

[3] 《云南景谷大地震小灾情》,人民网 (http://politics.people.com.cn/n/2014/1009/c1001 - 25792255.html)。

[4] 《10·7景谷地震》,百度百科 (https://baike.baidu.com/item/10%C2%B77%E6%99%AF%E8%B0%B7%E5%9C%B0%E9%9C%87/15872549?fr = aladdin)。

设备大部分损毁，校舍受损10栋，14名学生和1名老师受伤。

1. 环境维度

与事件发生相关联的环境因素主要包括以下两个方面。

（1）景谷二中位于地震多发区

云南景谷县位于地震带，属于地震多发区。景谷在历史上一共发生过3次7.0—7.9级地震，11次6.0—6.9级地震，16次5.0—5.9级地震。景谷6.6级地震位于澜沧江以东，距离澜沧江34千米。地震发生于澜沧江断裂以东的思茅—普洱地震带和以西的耿马—澜沧地震带之间，距离思茅—普洱地震带较近。

（2）景谷二中定期举行地震演练

景谷二中多次举行地震逃生演练，信号响后全体同学在上课教师及疏散人员的指挥下向操场紧急逃生，学生逃生时间最短15秒，最长为2分35秒。因此，此次地震对景谷二中没有造成大的伤亡，仅有14名学生和1名老师受伤。

2. 事件维度

事件按发展演化顺序可分为学校处置、部队救援、复课筹划三个阶段。

（1）学校处置阶段

2014年10月7日21时40分，景谷二中和往常一样下晚自习。9分钟后，景谷县发生6.6级地震，震中位于景谷二中所在的永平镇，学校紧急组织学生撤离教学楼、宿舍楼。

隔天，校方通知距离较近的家长接走学生，剩余2000余名学生留校，学校准备在操场搭帐篷安置剩下的学生。

（2）部队救援阶段

10月8日凌晨3时，来自临沧的救援部队相继到达景谷二中进行救援工作。部队官兵连夜奋战，在车灯、手电照射下快速搭建30顶救灾帐篷，向45个班级各发放225条军用棉被，安置景谷二中教职工住进救灾帐篷。

次日灾区伤员搜救工作结束，武警和解放军救援部队开始拉网排查危房。景谷二中警务室、疾病预防监控室相继建立。

（3）复课筹划阶段

10月11日，景谷二中内开始建造活动板房。

10月16日，景谷二中校长介绍，板房预计在24日搭建完毕，确保27日能够复课。森警官兵冒着生命危险，走进可能会随时垮塌的教学楼，将2000多个学生的教科书背出来。

10月21日，景谷二中召开了教职工大会，对开学准备工作明确分工，学校各部门各负其责，对相关工作进行全面检查和落实，确保学生到校后和震前一样学习生活。

10月23日，景谷二中活动板房教室搭建完毕，实验室、阅览室、图书室等配套齐全，课桌椅、学生的书本也搬进教室。

10月26日上午9时，景谷二中复课仪式开始。参加仪式的除了师生，还有为学校搭建临时板房教室、平整场地的云南建工集团工作人员、在地震中救师生于危难的消防队员。

2015年9月1日，景谷二中举行秋季开学典礼，几千名学生告别板房，搬进新建的永久性教学楼。

3. 管理维度

参与事件的管理行为主体可分为学校、政府相关部门和医疗系统三类。

（1）学校

2014年10月7日21时49分地震发生时，学校紧急疏散学生。老师迅速赶到学生宿舍，通知学生撤离宿舍。地震后，校园全部断电，老师打手电筒按照平常的避震措施把学生有序地朝教学楼前的操场上疏散。学校上百名老师参与组织疏散学生、在操场上维持秩序，按班级清理住校学生人数，部分老师到各学生宿舍先后搜寻了四遍，直到住校学生们全部疏散出来。

地震中，有14名学生和1名老师受伤，学校为救治受伤学生和老师，及时组织老师、学生将伤者送到永平镇卫生院救治。

疏散到操场后，学校着手安排学生的撤离和安置工作。各班班主任给离学校近的学生家长打电话，通知接学生回家避震。直到凌晨1时，学校滞留了部分学生，校方安排老师准备物资，在草坪上搭建简易临时帐篷，安置学生。

景谷二中为隔离危险区域，在学校门口贴通知，提醒大家不要靠近。

对于复课工作安排，学校一方面联系专家评估校内教学设施的损坏程度，另一方面联系活动板房提供方，尽快让学生复课。

（2）政府相关部门

地震发生后，省教育厅、市教育局及时启动应急预案，安排老师24小时轮流值班，严防余震造成新的伤亡。市委、市政府迅速成立普洱景谷"10·07"地震抗震救灾指挥部，市委书记任指挥长，市长任第一指挥长。武警云南总队快速响应，2500余名官兵连夜紧急驰援地震灾区，投入抗震救灾工作。

2014年10月7日10点45分，昆明消防接到出动命令，立即启动跨区域地震救援预案，共调派2批救援力量携带救援器材装备赶赴灾区增援。隔天，1支重型搜救队66人15犬乘坐专机抵达普洱思茅机场，前往永平镇。

教育部为了做好安全排查、撤离、心理疏导工作，采取了两条措施：自10月8日起，景谷县所有学校暂时停课，进行全面校舍安全排查，将学生有序撤离到安全地点，在情况未明之前，一律不准在学校宿舍住宿；安排专人做好学生的心理疏导和思想安抚工作，避免发生恐慌或其他意外。

（3）医疗系统

地震后，省卫生计生委派出8支医疗队伍赶赴景谷，开展卫生救援工作。此外，景谷县卫生局派出县人民医院40人、县中医院18人分别深入重灾区救治伤员。10月8日，云南省疾控中心启动救灾预案，13名省级防疫专家组成防病工作组赶赴灾区。

防疫队在景谷二中搭建疾病预防控制中心服务帐篷，工作人员每天带领志愿者开展消毒杀菌工作，保障安置点良好的卫生防疫环境。防疫队为做好地震后的防疫任务，保障大家安全，进行了安置点卫生防疫的隐患排查、饮用水卫生排查、环境消杀、学校传染病防控以及健康教育工作。

4. 案例启示

云南景谷地震中景谷二中地震灾害事件有如下启示。

（1）加强防灾减灾工作，完善应急预案

此次事件中，加强防灾减灾工作的决策部署，健全主动防灾、科学减灾、有效救灾的工作机制，不断完善应急预案，为景谷地震减轻伤亡起到了重要作用。景谷县在财政困难时期，安排1000万元资金用于中小学危房改造。[①] 景谷二中为提高师生对地震灾害来临时的防震自救紧急避险意识，普及地震疏散等应急避险知识，为提高紧急避险、自救自护和应变能力进行了地震逃生演练。学校在地震发生时，反应迅速及时、应急处置得当，使得全校近3000名学生在地震中仅14人受伤。

（2）提高震区校园建筑物的抗震强度

景谷6.6级地震对景谷二中的人员损失较小，但对校内教学楼、宿舍楼等建筑物的损失较大，大部分的建筑物都不能重新使用，可见学校建筑物的抗震强度太弱，未能达到抗震要求，须提高抗震强度。

（四）云南彝良"10·4"山体滑坡灾害事件[②][③][④]

云南彝良"10·4"山体滑坡灾害发生于2012年10月4日上午8时10分。滑体长约80米，宽约76米，厚约5—10米，体积约4.5万立方米。滑坡造成18名学生遇难，3间教室被损毁。

1. 环境维度

与事件发生相关联的环境因素主要包括以下两个方面。

（1）学校地理位置靠山靠河靠震区

田头小学位于后山半山腰处，山脚下是一条河流。后山山坡高陡，主要由松散岩石和泥土构成。彝良县位于地震多发区，2012年9月7日11时19分，彝良县与贵州省毕节地区威宁彝族回族苗族自治县交界发生5.7级地震，震源深度14公里；12时16分，彝良县发生5.6级地震，震

---

① 《云南普洱如何创造地震救灾史奇迹》，人民网（http://unn.people.com.cn/n1/2018/0123/c14748-29781339.html）。

② 《云南公安民警众志成城投入彝良山体滑坡救援》，中华人民共和国公安部网站（http://www.mps.gov.cn/n2255079/n2256165/n2256166/c3823556/content.html）。

③ 《云南彝良发生山体滑坡阻断小河形成堰塞湖》，中国天气网（http://www.weather.com.cn/zt/tqzt/725303.shtml）。

④ 《云南彝良山体滑坡消息》，搜狐网（http://news.sohu.com/s2012/5545/s354315712/）。

源深度10公里。

（2）田头小学重新启用未进行风险隐患排查

田头小学本是被废弃的学校，由于2012年9月7日的地震导致上坝小学校舍严重受损，不能再使用，所以学校将学生安排在田头小学作为临时校舍，但未对田头小学进行风险隐患排查工作。

2. 事件维度

事件按发展演化顺序可分为事发救援和隐患排查两个阶段。

（1）事发救援阶段

事发第二天云南省昭通市彝良县龙海乡镇河村田头小学发生突发性山体滑坡，田头小学全部被掩埋。

2012年10月4日9时16分，彝良县公安消防大队接到县政府调动命令后，大队教导员立即带领2车8人赶赴现场，山体滑坡导致道路中断，救援官兵徒步携带轻型救援装备于12时25分到达现场，展开搜救工作。搜救工作一直持续到5日14时50分，最后一名失踪人员遗体被发现。

期间，成都军区驻滇某工兵团紧急出动50人，携带两个作业面的专业救援器材，急赴灾区，彝良县20名武警前往救援。

灾区设立指挥部1个、临时医疗救助点2个，现场成立交通秩序维护组、维稳工作组，县乡干部群众1300余人，医务人员60余人，"党员先锋队"和"民兵突击队"400余人，公安民警、武警官兵、应急民兵200余人和1台装载机、4台挖机在现场紧张有序进行搜救工作。

（2）隐患排查阶段

山体滑坡造成的堰塞湖有15米宽、7米深，相关人员组织对堰塞湖实施爆破疏浚作业。

2012年10月4日23时47分，有关部门要求做好地质灾害隐患点的排查、监测、预警，对每个隐患点逐个进行排查和落实，确保人民群众生命财产安全。

【相似案例】

2010年4月2日上午8点20分左右，达州宣汉县东林乡中心小学旁边发生山体滑坡，2万方土石冲进校园。事发后，达州市和宣汉县委、县政府积极组织抢险排危。由于巡查发现险情，近700名师生和周边农户撤离及时，没有发生任何伤亡，学校次日恢复上课。①

2016年4月21日11时30分左右，融安县浮石镇六寮村小学旁边发生一起山体滑坡地质灾害，造成该小学一、二年级教室墙体倒塌，正在上课的21名小学生不同程度受伤。②

3. 管理维度

参与事件的管理行为主体可分为政府相关部门和医疗系统两类。

（1）政府相关部门

10月4日上午，有关部门接到彝良县滑坡灾情的报告后，当即启动三级应急响应，派出专家组赶赴灾区。

当地政府组织干部群众和民兵应急分队等2000余人，公安民警、解放军、武警、消防官兵390余人，党员先锋队和民兵突击队400余人，医务人员60余人，就近调集了装载机、挖掘机等工程机械和消防车16台（辆），保通机械10余台去现场进行搜救和排危除险工作。

云南省军区迅速启动抢险救灾应急预案，机关相关人员组成救灾指挥组赶赴灾区现场指挥救援行动。昭通军分区迅速启动救灾应急预案，官兵和民兵共100人奔赴灾区救援，彝良县30名应急民兵也在第一时间赶赴灾区救援。当时昭通军分区官兵和民兵有400多人进行紧张救援和疏散转移群众工作。

昭通市政府要求全面排查地震灾区地质情况，严防次生灾害发生，确保群众生命财产安全。省领导做出批示要求省教育厅等省级有关部门、昭通市委市政府并驻当地公安、消防、武警部队全力紧急救援，尽一切力量抢救学生和群众。

有关部门提出几点要求：积极救治伤员，及时转移安置周边群众；采取科学有效措施尽快疏通堰塞湖，防止引发次生灾害；切实维护当地社会稳定，保障群众生命财产安全和正常生产生活；进一步加强当地地

---

① 《学校旁山体垮塌2万方土石冲进校园》，新浪网（http：//sc.sina.com.cn/news/sc/dz/2010-04-09/091661705.html）。

② 《广西融安山体滑坡造成21名正在上课的小学生受伤》，新华网（http：//www.xinhuanet.com//local/2016-04/21/c_1118695193.htm）。

质活动监测预警，避免发生新的灾情。

（2）医疗系统

由于田头小学为复课安排的临时校舍，学校没有医护人员及时开展救治工作。10月4日上午，当地医疗部门迅速组织了60余名医护人员赶往灾区。

4. 案例启示

云南彝良"10·4"山体滑坡灾害事件有如下启示。

（1）加强风险源排查工作

彝良"9·7"地震发生后，由于上坝小学校舍严重受损被拆除，不能在原址上课。所以学校将上坝小学三年级19名学生和五年级18名学生安排在田头小学作为临时校舍解决复课问题。田头小学原是一所被废弃的学校，因学生复课需要场所而重新被启用。田头小学在重新启用前没有进行风险排查工作，为事件发生埋下了隐患。因此，学校在启用前应进行风险源的排查工作。

（2）做好风险预警工作

事发地从9月7日到10月4日一直下着小雨，田头小学后方山坡高陡，斜坡的主体坡角50—60度，上段约80度，学校方面没有任何风险监测和预警。达州宣汉县东林乡中心小学发生山体滑坡，2万方土石冲进校园，由于学校巡查发现险情，700名师生和周边农户及时撤离，没有发生任何伤亡。因此，学校要引以为戒，密切关注当地可能发生的自然灾害，做好风险预警预报工作。

三 校园自然灾害事件风险评估

（一）风险识别

根据自然灾害事件的构成条件，校园自然灾害风险因素可分为致灾因子危险性、环境条件脆弱性与防灾减灾能力三类。

1. 致灾因子危险性

致灾因子危险性是衡量致灾因子对承灾体的致险程度，其强度和频次是决定灾害危险程度的重要内容。[①]

(1) 自然灾害强度

自然灾害强度表示灾害体或成灾环境的异常变化程度。不同自然灾害异变程度的表示方法不同,如降雨大小用暴雨强度表示,地震强度用里氏地震等级表示,台风用风力等级表示。一般来说,自然灾害强度的大小与灾害损失程度成正比。

(2) 自然灾害频次

自然灾害频次表示单位时间(一般用一年)内灾害活动的次数,它能反映灾害发生的概率大小。通常自然灾害频次越高,表示自然灾害出现越频繁,造成的损失越大。自然灾害频次是进行灾情调查、统计以及灾害监测、预测、预报的重要内容。

2. 环境条件脆弱性

环境条件脆弱性是指学校在其自然环境条件与社会环境条件方面与易于受到相关灾害影响的特性。

(1) 自然环境条件

地理位置关系着自然灾害的种类,不同地理位置有其特殊的灾种。地势是洪涝灾害一个重要的诱因,地势较低的学校易造成内涝,一旦发生洪水,地势较低的学校首当其冲。气象水文情况是雷电灾害、洪涝灾害、滑坡灾害的关键诱因,不同的地理位置有着不同的气象水文。土壤松散的山坡易发生滑坡灾害。森林覆盖率低的地区易发生泥石流、滑坡灾害等。

(2) 社会环境条件

建筑物的抗灾强度在地震灾害中体现尤其明显,在汶川地震中,建筑物倒塌成为造成伤亡事件的最主要因素。按照原建设部1989年11月发布的《建筑抗震设计规范》,建筑物要达到"小震不坏,中震可修,大震不倒"[②]的要求,我国每次大型地震都有大量建筑物倒塌,建筑物抗震强度是社会环境条件中的重要因素。

[①] 牛海燕、刘敏、陆敏等:《中国沿海地区台风致灾因子危险性评估》,《华东师范大学学报》(自然科学版) 2011年第6期。

[②] 温家洪、尹占娥、孟庆洁、叶欣梁等:《中国地震灾害风险管理》,《地理科学》2010年第29期。

3. 防灾减灾能力

防灾减灾能力主要包括灾害发生前的防灾减灾意识、预警能力、灾害发生时的应急能力和灾害发生后的恢复力。防灾减灾能力越高，可能遭受的损失就越小，灾害风险也越小。

(1) 防灾减灾意识

防灾是指防止或减少灾害的发生，减灾是指减少灾害和减轻灾害破坏损失，防灾减灾意识是指对如何防止或减少灾害发生与如何减少或减轻损失的认识程度。例如洪涝灾害，若做好防范措施，能防止洪涝灾害的发生；对于地震灾害，我们很难防止其发生，若做好应急演练与建筑抗震工作，则能大大降低灾害造成的损失。

(2) 预警能力

自然灾害的预警是指对即将发生的灾难进行紧急警告，其内涵既包括对可能即将来临的自然灾害发出紧急警告，也可以包括对一段时间后由此灾害可能引起的灾难发出延期警告。[1] 其目的是为了避免危害在不知情或准备不足的情况下发生，最大限度地减轻灾害所造成的损失的行为。

(3) 应急能力

应急能力是指实体能胜任自然灾害应急管理的主观条件，即针对预防与应急准备、监测与预警、应急处置与救援、灾后恢复力等方面所具有的综合能力。校园自然灾害应急能力是指学校在应对自然灾害时，能够高效有序地开展应急响应与善后处置，力求在最短时间内使灾害造成的损失降到最低，保障学校正常教学秩序的稳定与连续。

(4) 恢复力

恢复力是一个系统在遭遇灾害后恢复到灾前状态的能力。恢复力是学校应对自然灾害危机的一道基本保障线，也是校园安全的一道防线。[2] 本书认为，自然灾害中学校的恢复力主要有救治与防疫、心理安抚、教学秩序恢复、设施恢复等。

---

[1] 杨马陵、沈繁奎：《地震预警概念的讨论》，《地震海啸与地震预报实验场学术研讨会摘要集》，南宁，2005年1月，第65页。

[2] 朱华桂、洪巍：《论突发事件灾后恢复重建能力建设》，《南京社会科学》2008年第9期。

（二）风险分析

校园自然灾害事件的风险分析分别从洪涝、雷电、地震和滑坡四类事件的角度，着眼于致灾因子、环境条件与恢复力三大风险因素，对风险应对过程中的重要因素和关键环节进行剖析。

1. 洪涝灾害风险分析

在本节所讨论的四类自然灾害中，洪涝灾害是影响区域面积最大、影响人数最多的一类。我国洪涝灾害具有地域性与季节性的特点，"东南季风活动区易发生特大洪涝灾害；二级阶梯和三级阶梯变化处是暴雨洪灾多发区；大江大河两岸平原多受涝灾和溃决洪灾的影响；我国华南地区、两湖盆地、东部沿海及淮河、海河流域为多灾区。洪涝灾害与各地雨季的早晚、降雨集中时段以及台风活动等相关，虽各个地区有所区别，但普遍集中在5月至8月。"[①]

（1）致灾因子危险性分析

学校在应对洪涝灾害风险时需要重点了解所在地区可能发生洪涝灾害的暴雨强度和暴雨频次。通过向当地气象局咨询收集历史上的数据，了解可能发生洪涝灾害的危险性因素。

暴雨强度指的是降雨的集中程度，暴雨强度往往能反映洪涝灾害大小，暴雨强度与洪涝灾害规模成正比。我国气象局规定，24小时降水量为50毫米或以上的雨称为暴雨，按其降水强度大小又分为三个等级，24小时降水量为50—99.9毫米称暴雨，100—200毫米为大暴雨，200毫米以上称特大暴雨。暴雨强度以当地近20年内最大暴雨强度评定等级。[②]

暴雨频次越高，洪涝灾害产生的可能性越大。暴雨频次以当地近20年内的年均暴雨日数作为统计指标。学校可至当地气象局咨询近20年发生的暴雨记录，经整理、统计得出年均暴雨日数。

（2）环境条件脆弱性分析

环境条件脆弱性是洪涝灾害产生的一个重要因素，包括地势、水系、

[①] 王建华、江东、陈传友：《我国洪涝灾害规律的研究》，《灾害学》1999年第14期。
[②] 《什么是暴雨及暴雨的等级》，中国天气网（http：//www.weather.com.cn/static/html/article/20090608/34563.shtml？ylc）。

森林覆盖率与建筑物抗灾强度四个方面。

学校与周围地区的地势高度差是我们要重点了解的方面。据研究发现，学校地势高度高于周边地区300米以上则可基本避免洪涝浸没的风险，低于周边地区100米则需要特别注重防范洪涝。[①]

另外，学校与周边水系的距离也与洪涝灾害的产生有关，水系包括河流、湖泊（校内人造湖除外）、水库等水体。一般认为，学校距离周围水体100米以上不易产生洪涝；距离周围水体在50米以内则加大了发生洪涝灾害的风险。

森林覆盖率不是与洪涝灾害风险直接相关的因素，而是作为环境条件的补充。例如沙漠地区，虽然森林覆盖率极低，但考虑到地区降雨、地势等原因，我们不能说沙漠森林覆盖率低易于产生洪涝灾害。但是由于森林与水土密切相关，所以应把森林覆盖率作为补充性的相关因素考虑进来。全国第八次全国森林清查显示，中国森林覆盖率为21.63%。为了便于判定风险，以全国平均值为界，如果一个地区的森林覆盖率高于平均值，则判定其洪涝灾害风险相关性低；反之，则判定其洪涝灾害风险相关性高。

建筑物抗洪强度是与洪涝灾害相关的主要社会环境条件因素，建筑物所在地势较高、地基较深、建筑材料防水性能好与建筑材料耐浸泡有助于抵抗洪涝灾害。

（3）防灾减灾能力分析

防灾减灾能力是学校在洪涝灾害应对和管理过程中需要增强的重要因素与环节，包括防灾减灾意识、预警力、应急能力与恢复力四个方面。

校方主要通过洪涝灾害安全教育提高学生的防灾减灾意识。建议学校能开设安全教育课程，课程中应包含洪涝灾害相关知识。有条件的地区可举行洪涝灾害安全教育讲座。此外，老师可定期不定期抽查学生对洪涝灾害安全知识掌握情况，这能提高学生的重视程度和学习积极性。

预警力方面校方需要做好以下三点：一是至当地民政部门收集历史洪涝灾害的灾情统计；二是建立突发性事件预警机制；三是安排专人负责关注气象部门、灾害部门发布的灾情信息。校方可参考深圳市中小学校在台

[①] 莫建飞、陆甲、李艳兰、陈燕丽：《基于GIS的广西洪涝灾害孕灾环境敏感性评估》，《灾害学》2010年第4期。

风方面的预警制度。深圳市中小学校在收到政府相关部门的台风预警消息后，会通过群发短信或打电话等方式向学生家长通知学校暂停上课。

应急能力的提高主要来自校园的突发事件应急预案和学生的应急演练。校园突发事件应急预案应有应急响应机制与善后处置相关制度。《中小学幼儿园应急疏散演练指南》中强调，要落实中小学校每月一次、幼儿园每季度一次应急疏散演练的要求，做好演练准备工作。对于洪涝灾害，建议相关学校每学期开展一次应急演练。此外，组织学生观看洪涝灾害应急逃生视频能有效提升学校整体应急能力。

恢复力需要做好救治与疾病防疫能力建设。救治与疾病防疫通过考察学校或学校周围 6 公里范围内是否具有正规医院来衡量。对于学校未建有正规医院的情况，校方可与周围的正规医院合作，实现医疗资源共享。校方还须组织学生投入人身意外险，若当地洪涝灾害较频繁，建议学校作为单位主体投相应的保险。保险制度能够分摊风险，拓宽学校灾害的复建资金来源，从而增强学校的恢复力。

2. 雷电灾害风险分析

我国雷电灾害的发生时间与地点较集中。每年 6—8 月是雷雨多发时期，也是雷电灾害的高发时期。雷电灾害最集中多发的三大地区位于东南五省（湘赣浙闽粤）、环渤海圈的山东与河北、云南省，西部地区雷灾事件相对较少。同时，雷电灾害事件发生频次还与我国地区的经济发展和人口密度有关。[①]

（1）致灾因子危险性分析

为了更好地了解雷电灾害的危险性，需要掌握其发生强度与发生频次两个方面。学校可至当地气象局咨询近 20 年内雷电灾害统计数据，收集整理出近 20 年内最大雷电灾害等级和年均雷电日数。依据气象灾害评估分级处置标准，将雷电灾害危险度划分为一级到七级共七个等级。据研究，我国按年平均雷暴日将雷电活动区分为少雷区（15 天）、中雷区（15—40 天）、多雷区（41—90 天）、强雷区（90 天）。一般把年均雷电日数在 90 天以上称为高风险，把年均雷电日数在 15 天以下称为低风险，

---

① 杨世刚、赵桂香、潘森等：《我国雷电灾害时空分布特征及预警》，《自然灾害学报》2010 年第 6 期。

介于两者之间为中风险。

(2) 环境条件脆弱性分析

环境条件脆弱性是雷电灾害产生的一个重要因素,包括地势、周边布局、建筑物防雷设计、计算机房和实验室接地处理四个方面。对于前两个方面,可采取是否判断。学校可至当地国土资源局咨询当地普通地图,判断学校所在地的地势高低与周边布局。工程经验表明,地势较高且孤立的山顶和空旷地中的孤立建筑物易发雷电灾害。建筑物防雷设计参照我国《建筑物防雷设计规范》进行对比,查看学校建筑物防雷设计是否符合规范。对于缺乏防雷设施方面,校方应安装相应的防雷设施;对于存在缺乏制度方面,学校应加以补充相关的制度。计算机房和实验室接地处理因素是出于现代化电子设备普及应用的考虑,电子设备本身抗雷电电磁脉冲干扰能力差,若不进行接地处理易遭受雷电灾害。考虑到农村的情况,若没有或很少有电子设备,则不需要做此项工作。

(3) 防灾减灾能力分析

防灾减灾能力是学校在雷电灾害应对和管理过程中需要增强的重要因素与环节,包含防灾减灾意识、预警力、应急能力与恢复力。学校可通过加大雷电灾害安全知识的宣传活动、开设包含雷电灾害内容的安全教育课程提高学生防灾减灾意识。学校需建立突发性事件应急预案,在应急预案中应包含雷电灾害应急响应机制与善后处置制度,切实提高雷电灾害中的应急能力。预警力要求学校做好雷电灾害历史灾情的收集,总结历史上的发生经验与规律;建立校园灾害预警机制,规定预警机制的启动人员与启动条件;安排灾害预警汇报专员,提高学校预警管理能力。在恢复力方面,若学校无正规医院,则需要加强与周围正规医院的合作,提高救治与疾病防疫能力;校方还须组织学生购买人身意外险,保障灾后伤亡学生基本医疗的资金投入。

3. 地震灾害风险分析

中国地震活动频度高、强度大、震源浅、分布广,是一个震灾严重的国家。1900年以来,中国死于地震的人数达55万之多,占全球地震死亡人数的53%;1949年以来,100多次破坏性地震袭击了22个省(自治区、直辖市),其中涉及东部地区14个省份,造成27万余人丧生,占全国各类灾害死亡人数的54%,地震成灾面积达30多万平方公里,房屋倒塌达700万间。[①]

(1) 致灾因子危险性分析

学校在进行地震灾害风险管理时应当注重了解所在地区历史上最大的地震强度和总共的地震次数。通过向当地省市地震局咨询收集历史上的数据，整理出发生过的最大地震等级与总共的地震次数，以此了解地震灾害的危险性因素。震级表示地震强弱程度，震级每高一级，地震释放的能量增加约30倍。由于地震发生有一定周期性，需要了解当地近50年或更多年份的数据。掌握地震灾害危险性程度有助于规划建筑物的抗震等级设计，提高相关学校地震灾害风险意识。

(2) 环境条件脆弱性分析

环境条件脆弱性是地震灾害产生的一个重要因素，包括地理位置、地形地貌、建筑物抗震强度三个方面。地震灾害具有地域性特点，校方可了解我国地震带分布情况和当地历史上地震记录情况，掌握校方所处位置地震灾害危险性程度。2014年10月7日发生的景谷地震中，人数伤亡较少，灾后专家认为当地植被覆盖率高（70%）是景谷地震人数伤亡较少的一个重要原因。学校可至当地农业局咨询植被覆盖率。在建筑物抗震强度方面，可通过与《建筑抗震设计规范》进行对比，查看是否符合此规范，对于不符合规范之处，按照《建筑抗震设计规范》加以完善。

(3) 防灾减灾能力分析

防灾减灾能力是学校在地震灾害应对和管理过程中需要增强的重要因素与环节，包括防灾减灾意识、应急能力与恢复力三个方面。提高防灾减灾意识可通过开设含有地震灾害的安全教育课程、举行地震灾害安全知识的宣传活动与开展地震灾害安全知识比赛实现防灾减灾意识的提高。由于地震预测难度大，其应急演练显得尤为重要。应急演练需要撰写演练方案，方案应规定演练总指挥、疏散路线、疏散集中地等内容。应急演练能够使学生把学到的安全知识应用在模拟的自然灾害情景中，切实提高学生的应急自救互救能力。此外，组织学生观看地震灾害应急逃生视频能巩固演练效果。具备地震灾害应急管理制度也能提高应急力。恢复力需要学校做好

---

① 《中国地震带》，百度百科（https://baike.baidu.com/item/%E4%B8%AD%E5%9B%BD%E5%9C%B0%E9%9C%87%E5%B8%A6/2469738?fr=aladdin）。

救治与疾病防治、安抚学生心理与恢复教学秩序的工作。

4. 滑坡灾害风险分析

我国滑坡灾害具有明显的区域性特点,以下几个区域多发滑坡灾害:西南地区,包括云南、四川、西藏、贵州四省,是我国滑坡灾害分布的主要地区;西北黄土地区;东南、中南等山地和丘陵地区;西藏、青海、黑龙江省北部的冻土地区;秦岭—大巴山地区的堆积层滑坡大量出现,变质岩、页岩地区容易产生岩石顺层滑坡。

(1) 致灾因子危险性分析

学校在进行滑坡灾害风险管理时应当注重了解所在地区近20年内最大的滑坡规模和学校周围的滑坡次数。通过向当地民政局咨询收集历史上的数据,了解当地滑坡灾害的危险性程度。根据滑坡体积,将滑坡分为4个等级:小型滑坡体积小于 10×10^4 立方米;中型滑坡体积为 10×10^4—100×10^4 立方米;大型滑坡体积为 100×10^4—1000×10^4 立方米;特大型滑坡(巨型滑坡)体积大于 1000×10^4 立方米。[1] 一般认为,近20年内学校周围滑坡次数高于4次,则认为发生滑坡灾害的风险较大;在1次以内,发生滑坡灾害的可能性较小。

(2) 环境条件脆弱性分析

环境条件脆弱性是孕育滑坡灾害的一个重要因素,校方需要了解地理位置、年平均降雨量与建筑物抗冲毁能力三个方面。根据滑坡案例的经验总结,发生滑坡灾害发生的一个关键因素是存在坡度差,若学校所在区域地形平坦,一般不会发生滑坡灾害。滑坡灾害还与降雨有很大的关联,大部分情况下降雨是发生滑坡灾害的诱因,因此我们以年平均降雨量为评定指标。2016年全国年平均降水量730.0毫米,比多年平均偏多13.6%,[2] 若学校所在地区的年平均降水量高于1000毫米,在其他条件相同的情况下,会加大发生滑坡灾害的风险;若学校所在地区的年平均降水量低于300毫米,则认为诱发滑坡灾害的风险较小。建筑物抗冲毁能力要符合《中小学校设计规范》,校方可查看学校建筑物的结构设计与设

---

[1] 《滑坡的等级与分类》,中国天气网(http://www.weather.com.cn/static/html/article/20090309/26304.shtml)。

[2] 参见中华人民共和国水利部网站(http://www.mwr.gov.cn/sj/)。

规范进行对照。对于不能完全符合《中小学校设计规范》的相关学校，可修筑防护墙做缓冲，间接提高建筑物的抗滑坡灾害能力。

（3）防灾减灾能力分析

防灾减灾能力是学校在滑坡灾害应对和管理过程中需要增强的重要因素与环节，包括防灾减灾意识、应急能力、预警力与恢复力四个方面。定期举行滑坡灾害安全知识的宣传活动与包括滑坡灾害的安全教育课程能有效提高学生对于滑坡灾害的防灾减灾意识。通过制定具备滑坡灾害条款的应急预案能提高应急能力。预警力方面需要学校建立预警机制，安排专人负责关注接听气象部门、灾害部门发布的灾情信息与历史洪涝灾情收集工作。恢复力需要学校做好救治与疾病防治、安抚学生心理与恢复教学秩序相关方面工作。

（三）风险评定

风险评定是通过打分制测评风险可能性高低的一种方式，学校需派专人负责，对相关的客观风险因素和可发挥管理组织能动性因素进行测评。客观风险因素按程度差异进行分级，并按不同级别进行赋分，可发挥管理组织能动性的因素进行累计加分，最终将测评结果客观如实地填入自然灾害风险评定表中。四类自然灾害的风险评定独立进行，每类自然灾害总分为 100 分。鉴于各地的自然灾害种类各异，学校可根据自身情况对每类自然灾害进行赋权重求和得到自然灾害事件类的风险评定分数。

对校园自然灾害风险评定的得分依据得分范围分为高、中、低三个等级。59 分及以下为高风险等级，表明此类风险的发生概率较高而应对能力较弱，即学校遭受此类灾害的威胁较大。处于高风险等级的相关学校，校领导应组织召开此类灾害的风险防范专题会议，对评定的各个因素和环节进行分析，加强风险防范工作。60—79 分为中风险等级，表明此类风险有可能发生，相关学校应重视自然灾害风险防范，对得分较低的方面根据评定表，因地制宜制定改进计划，使风险等级向低风险等级转变。80 分以上为低风险等级，表明此类风险发生的可能性较低，但学校仍需重视风险防范，维护好各项指标与制度，定期对各个关键因素和重要环节进行维护、排查，保持低风险等级。

四类校园自然灾害事件的风险评定指标体系的构建来自于三个方面的整合：一是致灾因子类与环境条件脆弱性类具体指标以国内灾害风险理论研究[1][2][3]为主框架，结合我国各类自然灾害发生的空间性、时间性特点，综合确定；二是防灾减灾能力类具体指标以国际灾害应急管理[4][5]的通行理论为主框架，结合国家权威部门规范性文件[6][7][8]的要求，综合确定；三是各风险因素及各个评估指标的赋分权重来自于本书对近20年来校园自然灾害事件典型案例的归纳整理及规律分析。

1. 洪涝灾害风险评定

洪涝灾害风险评定表如表3—1所示。

表3—1　　　　　　　　　洪涝灾害风险评定表

风险因素	评估指标	赋分标准	得分
致灾因子危险性（20分）	当地近20年内最大暴雨强度（10分）	24小时降雨量最大值在50毫米以下记10分；最大暴雨强度为24小时降水量在50—99.9毫米依情况酌情记8—9分；在100—199.9毫米依情况酌情记4—7分；在200毫米以上依情况酌情记0—3分	
	当地近20年内年均暴雨日数（10分）	年均暴雨日数在0日至1日依情况酌情记8—10分；在1日以上至3日依情况酌情记4—7分；在3日以上依情况酌情记0—3分	

---

[1] 李运刚、胡金明、何大明、柳江：《1960—2007年红河流域强降水事件频次和强度变化及其影响》，《地理研究》2013年第1期。

[2] 莫建飞、陆甲、李艳兰、陈燕丽：《基于GIS的广西洪涝灾害孕灾环境敏感性评估》，《灾害学》2010年第4期。

[3] 宛文博、葛怡、毕军、史培军：《灾害恢复力研究进展——基于文献调查的分析》，《自然灾害学报》2010年第4期。

[4] C. S. Holling, "Resilience and Stability of Ecological Systems", *Annual Review of Ecology and Systematics*, Vol. 4, 1973, pp. 1–23.

[5] UN/ISDR, "Living with Risk: A Global Review of Disaster Reduction Initiatives", United Nations, 2004.

[6] 《中小学设计规范》（GB 50099-2011）。

[7] 《建筑物设计规范》（中华人民共和国住房和城乡建设部公告第885号）。

[8] 《中小学幼儿园应急疏散演练指南》（教基一厅〔2014〕2号）。

续表

风险因素	评估指标	赋分标准	得分
环境条件脆弱性（40分）	学校与周围地区的地势高度差（10分）	学校地势高于周围300米以上依情况酌情记8—10分；高于周围100米到300米依情况酌情记4—7分；低于周围100米依情况酌情记0—3分	
	学校与周围水系的距离（10分）	距离在100米以上依情况酌情记8—10分；在50米到100米依情况酌情记4—7分；在50米内依情况酌情记0—3分	
	当地森林覆盖率（5分）	超过全国平均值21.63%依情况酌情记4—5分；处于全国平均值水平依情况酌情记2—3分；低于全国平均值水平依情况酌情记0—1分	
	建筑物抗洪灾强度（15分）	建筑物地基高于附近水系的水平面（+5分）	
		建筑物地基较深（+3分）	
		建筑材料防水性能好（+5分）	
		建筑材料耐浸泡（+2分）	
防灾减灾能力（40分）	防灾减灾意识（10分）	开设安全教育课程（+3分）	
		安全教育课程中包含洪涝灾害内容（+3分）	
		每学期举行相应安全教育讲座（+2分）	
		老师定期或不定期抽查学生相关知识的掌握情况（+2分）	
	预警力（10分）	做好洪涝灾害历史灾情的收集（+2分）	
		具备校园突发性事件预警机制（+5分）	
		具有灾害预警汇报专员（+3分）	
	应急能力（10分）	具有校园突发事件应急预案（+3分）	
		应急预案中包含洪涝灾害应急响应与善后制度（+2分）	
		每学期举行洪涝灾害应急演练（+3分）	
	恢复力（10分）	组织学生观看应急逃生视频（+2分）	
		学校或周围6公里范围内具有正规医院（+6分）	
		学生人身意外险覆盖率在90%及以上（+4分）	
总得分			

注：本评定表仅供参考，相关学校可根据当地实际情况对评估指标的选取与各项指标的赋分分值进行相应的调整。

2. 雷电灾害风险评定

雷电灾害风险评定表如表3—2所示。

表3—2　　　　　　　　　雷电灾害风险评定表

风险因素	评估指标	赋分标准	得分
致灾因子危险性（20分）	当地近20年内最大雷电强度（10分）	一级至二级记8—10分；三级至五级记4—6分；六级至七级记0—3分	
	当地近20年内年均雷电日数（10分）	年均雷电日数在90日以上酌情记0—3分；在15日以上至90日依情况酌情记4—7分；在15日及以下依情况酌情记8—10分	
环境条件脆弱性（40分）	地势（10分）	位于地势较高且孤立酌情记0—5分；其他情况酌情记6—10分	
	周边布局（10分）	学校位于空旷地带酌情记0—5分；不位于空旷地带酌情记6—10分	
	建筑物防雷设计（15分）	符合《建筑物防雷设计规范》记13—15分；安装有防雷装置但不符合规范酌情记1—12分；未安装防雷装置0分	
	计算机房和实验室接地处理情况（5分）	已做接地处理记5分；未做接地处理记0分；没有计算机房和实验室记5分	
防灾减灾能力（40分）	防灾减灾意识（10分）	开设安全教育课程（+4分）	
		安全教育课程含有雷电灾害内容（+4分）	
		定期举行雷电灾害安全知识宣传活动（+2分）	
	应急力（10分）	具有突发事件应急预案（+5分）	
		突发事件应急预案中包含雷电灾害应急与善后制度（+5分）	
	预警力（10分）	做好雷电灾害历史灾情的收集（+2分）	
		具备校园灾害预警机制（+5分）	
		具有灾害预警汇报专员（+3分）	
	恢复力（10分）	学校或周围6公里范围内具有正规医院（+6分）	
		学生人身意外险覆盖率在90%及以上（+4分）	
总得分			

注：本评定表仅供参考，相关学校可根据当地实际情况对评估指标的选取与各项指标的赋分分值进行相应的调整。

3. 地震灾害风险评定

地震灾害风险评定表如表3—3所示。

表3—3　　　　　　　　　地震灾害风险评定表

风险因素	评估指标	赋分标准	得分
致灾因子危险性（20分）	当地近50年内发生的最强震级（10分）	最强震级小于4.5级记8—10分；在4.5至6级记4—6分；在6级以上记0—3分	
	当地近50年内震级在4.5级以上的总地震次数（10分）	在4次及以上记0—3分；在1—3次记4—9分；0次记10分	
环境条件脆弱性（35分）	地理位置（10分）	位于地震带及其周边地区记0—3分；不位于地震带及其周边地区且近50年发生过4.5级以上地震记4—8分；不位于地震带及其周边地区且近50年未发生过4.5级以上地震记9—10分	
	地形地貌（5分）	植被覆盖率在50%以上记5分；在20%—50%记3—4分；在20%以下记0—2分	
	建筑物抗震强度（20分）	符合《建筑抗震设计规范》记18—20分；不符合且能承受4.5级到6级地震记10—17分；不符合且不能承受4.5级到6级地震记0—9分	
防灾减灾能力（45分）	防灾减灾意识（10分）	开设安全教育课程（+5分）	
		安全教育课程中含有地震灾害内容（+3分）	
		定期举行地震灾害应急的宣传活动（+4分）	
		定期开展地震灾害安全知识比赛（+3分）	
	应急能力（25分）	具有突发事件应急预案（+5分）	
		应急预案中包含地震灾害应急响应机制与善后处置制度（+5分）	
		每学期举行地震灾害应急演练（+10分）	
		组织学生观看地震灾害应急逃生视频（+5分）	
	恢复力（10分）	学校或周围6公里范围内具有正规医院（+6分）	
		学生人身意外险覆盖率在90%及以上（+4分）	
总得分			

注：本评定表仅供参考，相关学校可根据当地实际情况对评估指标的选取与各项指标的赋分分值进行相应的调整。

4. 滑坡灾害风险评定

滑坡灾害风险评定表如表 3—4 所示。

表 3—4　　　　　　　　　滑坡灾害风险评定表

风险因素	评估指标	赋分标准	得分
致灾因子危险性（20 分）	当地近 20 年内发生的最大滑坡规模（10 分）	小型记 8—10 分；中型记 5—7 分；大型记 4—6 分；巨型记 0—3 分	
	当地近 20 年内总共滑坡次数（10 分）	在 4 次及以上记 0—3 分；在 1—3 次记 4—9 分；0 次记 10 分	
环境条件脆弱性（40 分）	学校位置（15 分）	靠山体或山坡记 0—6 分；其他情况记 7—15 分	
	年平均降雨量（10 分）	高于 1000 毫米依情况酌情记 0—3 分；低于 300 毫米依情况酌情记 8—10 分；介于两者之间记 4—7 分	
	建筑物抗冲毁能力（15 分）	符合《中小学建筑设计规范》记 13—15 分；不符合记 0—2 分；部分符合依情况酌情记 3—12 分	
防灾减灾能力（40 分）	防灾减灾意识（10 分）	开设安全教育课程（+3 分）	
		安全教育课程中包含滑坡灾害内容（+4 分）	
		定期举行滑坡灾害安全知识的宣传活动（+3 分）	
	应急能力（10 分）	具备突发性事件应急预案（+5 分）	
		应急预案中含有滑坡灾害应急与善后制度（+5 分）	
	预警力（10 分）	做好当地滑坡灾害历史灾情收集（+2 分）	
		具备灾害预警机制（+5 分）	
		具有灾害预警汇报专员（+3 分）	
	恢复力（10 分）	学校或周围 6 公里范围内具有正规医院（+6 分）	
		学生人身意外险覆盖率在 90% 及以上（+4 分）	
总得分			

注：本评定表仅供参考，相关学校可根据当地实际情况对评估指标的选取与各项指标的赋分分值进行相应的调整。

四 校园自然灾害事件风险管控要点

(一) 落实当地自然灾害的风险调查工作

自然灾害具有地域性特点，了解当地常见自然灾害种类，能够减少风险管控的盲目性，提高风险管控的针对性。学校可从以下几个方面着手：第一，安排专员负责调查当地自然灾害种类工作。第二，我国《自然灾害情况统计制度》规定各级民政部门做好灾情统计报送工作。调查专员至当地民政部门咨询当地灾害灾情，并做好记录，整理出当地自然灾害的种类和灾害程度。第三，调查专员将了解到的相关情况及时向学校汇报，供校方相关人员参考。

(二) 提高新建或搬迁学校选址的科学性

随着我国教育教学条件的提高，不少学校可能会新建或者搬迁。在进行选址工作时，尽量避免各种可能发生的自然灾害，从源头上减少发生自然灾害的风险。中小学校在进行选址时，应参照《中小学校设计规范》中相关场地的规定。在洪涝常见地区，学校选址应避免建在地势低洼、靠近水体（河流、水库、自然湖泊等）、山脚、坡下等地段；在雷电易发地区，应避开空旷地带与地势孤立的高地；在滑坡易发地区，应避免靠近山体或山坡的地段。

(三) 增强学生自然灾害的风险防范意识

学校亟须提高学生的自然灾害风险防范意识。一是开设包含自然灾害内容的安全教育课程，使自然灾害安全教育常规化。课程内容应丰富化，增加灾害教育的内容，提高学生的灾害意识。二是组织开展自然灾害安全知识的宣传活动，可将有关自然灾害安全知识做成卡通图片、小视频等，提高学习自然灾害安全知识的生动性与趣味性。

(四) 提升学校硬件设施的防灾减灾能力

学校硬件设施的防灾减灾能力是自然灾害防灾减灾能力的重要组成部分。在洪涝灾害和滑坡灾害风险管控中，除了加强建筑物的抗灾强度外，相关学校可通过在学校周边修建防护墙提高校方的防灾减灾能力。在雷电灾害风险管控中,建筑物楼顶的防雷装置是必备的风险防范措施。此外,随着现代教育中电子教学设备的大量普及推广,电子设备的防雷工作显得愈发重要,学校需对计算机房、实验室等电子设备密集场所进行接地处理。在地震灾害风险管控中,建筑物的抗震强度应符合《建筑设计规范》的相关要求。据统计,地震中因建筑物倒塌致人伤亡是地震中人员伤亡的主要原因。建筑物抗震强度是地震灾害防灾减灾能力中极其重要的因素。

(五)培育学校师生自然灾害的应急能力

学校可从以下几个方面提高师生的应急能力:一是定期举行应急演练。学校需要编写演练方案,方案应规定演练总指挥、疏散路线、疏散集中地、演练注意事项等内容。二是开办自然灾害安全教育讲座。学校可以请遭遇灾害而成功逃生的人和救灾人员来校做讲座,让学生通过这些重要的案例对某方面灾害有更深刻的认识,再加上专家或教师的讲解,学生就能获得比较全面的有关应急能力方面的知识,并掌握逃生技能。[1]三是可以通过放录音、影像等教学资料,营造灾害气氛,让受教育者去体会当时的感受,想象可能发生的情况以及可能采取的自救措施等,还可以让受教育者观看灾害和自救的影像,让他们通过观察学习来丰富自己的逃生知识和技能。[2]

(六)倡导购买当地常见灾害种类的保险

保险是风险管理中一项重要的对策,能够对灾害造成的损失予以补偿。某些自然灾害具有一定程度的不可抗性,很难通过风险防范规避。对于当地常见的不可规避的自然灾害,建议校方在做好自然灾害风险准备的基础上,提倡并引导学生购买相应的保险,学校作为单位主体,可以学校为单位的财产投保,如此能有效降低自然灾害造成的损失,大力提高学校抵御风险的能力。

---

[1] 喻问琼:《日本防灾安全教育的经验和我国学校的安全教育》,《教育探索》(比较教育版)2011年第7期。

[2] 同上。

第四章

校园公共卫生事件风险分析

一 概 述

2004年,教育部发布消息称全国共报告108起校园食物中毒事件,其中中毒4921人、6人死亡,教育部有关负责人指出,与往年相比,2004年全国发生在学校的投毒事件在食物中毒事件中所占的比例有上升趋势。[①] 同年,我国启动了"突发公共卫生事件报告管理信息系统"。2009年,卫生部办公厅通过网络直报系统共收到全国食物中毒类突发公共卫生事件(以下简称食物中毒事件)报告271起,其中报告学生食物中毒事件37起,中毒2261人、死亡2人,26起发生于学校集体食堂,中毒1667人,死亡2人。[②] 2010年,卫生部办公厅收到食物中毒事件报告220起,其中报告学生食物中毒事件37起、中毒2086人、死亡1人,26起发生于学校集体食堂,中毒1541人,无死亡。[③] 2011年,卫生部办公厅收到食物中毒事件报告189起,其中报告学生食物中毒事件共30起、中毒1901人、死亡1人,25起发生于学校集体食堂,中毒1682人,无死亡。[④] 学生食物中毒事件的报告起数和中毒人数分别占全年总数的

---

① 《中国去年报告108起学校食物中毒事件4921人中毒》,中国网(http://www.china.com.cn/chinese/EDU-c/824508.htm)。
② 《卫生部办公厅关于2009年全国食物中毒事件情况的通报》,卫生应急办公室(http://www.moh.gov.cn/mohwsyjbgs/s8359/201010/49263.shtml)。
③ 《卫生部办公厅关于2010年全国食物中毒事件情况的通报》,卫生应急办公室(http://www.moh.gov.cn/mohwsyjbgs/s8354/201103/50797.shtml)。
④ 《卫生部办公厅关于2011年全国食物中毒事件情况的通报》,卫生应急办公室(http://www.moh.gov.cn/mohwsyjbgs/s7869/201202/54200.shtml)。

15.87%和22.84%。① 这些数据表明，学校公共卫生问题在我国具有一定的普遍性。这些事件的发生不仅对学校师生员工的健康造成了损害，更严重影响了家长及社会对学校的信任，造成了极大的负面影响。

为了提高各级各类学校防控突发公共卫生事件的能力和水平，指导和规范各类公共卫生突发事件的应急处置工作，减轻或者消除突发卫生事件带来的危害，保障广大师生的身心健康，维护学校正常的教学秩序和校园稳定，本章通过对校园公共卫生事件典型案例的复盘，对学校中可能存在的风险点进行分析，为学校对公共卫生事件的防控提供可行性建议。

（一）校园公共卫生事件的概念

根据国务院颁布的《突发公共卫生事件应急条例》第二条规定，突发公共卫生事件是指突然发生，造成或者可能造成社会公众健康严重损害的重大传染病疫情、群体性不明原因疾病、重大食物和职业中毒以及其他严重影响公众健康的事件。

校园公共卫生事件一般指在学校内发生的，造成或可能造成师生员工身体健康严重损害的传染病疫情、群体性不明原因疾病、群体性异常反应、食物中毒以及其他严重影响师生员工身体健康的公共卫生事件。

（二）发生校园公共卫生事件的条件

综合系列案例的发生规律，校园公共卫生事件的发生条件如下：

校园公共卫生事件 = 致病因素 ⊗ 学校管理脆弱性

面对不良食物、流行疾病、环境污染等致病因素，如果学校的管理体制存在漏洞，无法规避这些致病因素，将导致校园公共卫生事件的发生。具体来说，导致校园公共卫生事件发生的致病因和学校管理脆弱性，可用图4—1表示。

---

① 《卫生部办公厅关于2010年全国食物中毒事件情况的通报》，卫生应急办公室（http://www.moh.gov.cn/mohwsyjbgs/s7869/201202/54200.shtml）。

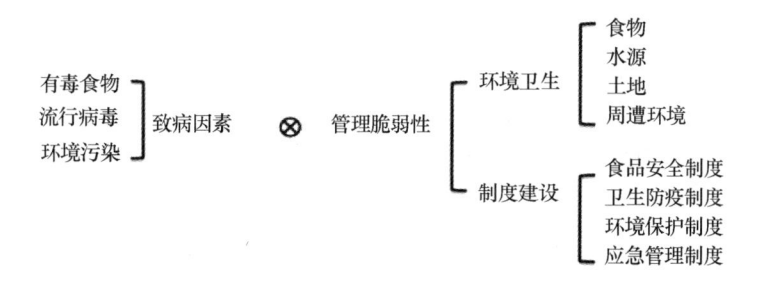

```
                                    ┌ 食物
                           ┌ 环境卫生 │ 水源
 有毒食物 ┐                │        │ 土地
 流行病毒 ├ 致病因素 ⊗ 管理脆弱性     └ 周遭环境
 环境污染 ┘                │        ┌ 食品安全制度
                           │        │ 卫生防疫制度
                           └ 制度建设│ 环境保护制度
                                    └ 应急管理制度
```

图 4—1　校园公共卫生事件的发生条件

（三）校园公共卫生事件的损害

校园公共卫生事件对师生员工损害的影响主要表现为直接危害和间接危害两类。直接危害一般为事件直接导致的即时性损害，就是说直接对师生的身体健康造成损害。间接危害一般为事件的继发性损害或危害，例如，事件引发师生员工恐惧、焦虑情绪等对教学秩序造成的影响。

（四）校园公共卫生事件的分类

根据目前导致校园公共卫生事件发生的主要原因，可将其分为食品安全事件、突发性传染病事件和环境污染事件三种类型。

食品安全事件：按照我国 2009 年制定的《食品安全法》和《国家重大食品安全事故应急预案》的说法，食品安全事件是指"食物中毒、食源性疾病、食品污染等源于食品，对人体健康有危害或者可能有危害的事件"。依据食品安全事件的性质、危害程度和涉及范围，将食品安全事件分为特别重大、重大、较大和一般四个等级。

突发性传染病事件：指在校园内发生的危害师生健康、影响教学秩序，需要采取紧急措施进行处理的鼠疫以及传染性非典型性肺炎（以下简称"SARS"），同时包括人感染高致病性禽流感等新发生的急性传染病和不明原因疾病等。

环境污染事件：指由于噪声、灰尘、垃圾、雾霾、化学物质等因素造成学校师生呼吸道疾病、寄生虫病、食物中毒等病症，严重威胁教学秩序和师生健康的事件。

二 校园公共卫生事件的典型案例

校园公共卫生事件主要是指在校园内发生的食品中毒和卫生防疫事件。本章选取海南省文昌市龙楼中心幼儿园食物中毒事件、海南大学霍乱事件、常州外国语学校环境污染事件作为校园公共卫生事件典型案例进行复盘，还原事件经过，在此基础上进行校园公共卫生事件的风险排查和风险防控分析。

（一）海南省文昌市龙楼中心幼儿园食物中毒事件[1][2]

2014年9月3日、4日，海南省文昌市龙楼中心幼儿园，陆续有65名学生出现呕吐、腹痛症状，被紧急送医，初步诊断为急性肠胃炎。截至9月4日早上10时，文昌市人民医院、文昌市妇幼保健院、文城镇卫生院3家医院收治的65名患儿当中，33名患儿返回家中观察；住院治疗28人、门诊观察治疗4人，全部患儿情况稳定。事发后，文昌市多个部门介入调查，并对幼儿园的食品、水、空气进行了检测。海南省文昌市疾控中心对幼儿园事发当天的饮用水和食物进行了检测，结果表明，抽检的饮用水菌落总数超标，大肠菌群出现严重超标，并且餐具消毒不合格。这些都是导致文昌市龙楼中心幼儿园学生中毒的原因。

此次事件引起了许多媒体的关注和网民积极讨论，许多家长都表示幼儿园的孩子年纪小，缺乏辨别意识，身心也比较脆弱，政府和学校应多关注他们的安全和健康。

1. 环境维度

海南省地处热带，全年暖热，降雨量大，湿热的环境容易滋生细菌，导致传染病、食物中毒事件多发。此次楼龙中心幼儿园的食物中毒事件也与当地的气候环境有一定关联。

---

[1] 《海南一幼儿园65人现呕吐腹泻现已全校停课》，人民网（http://edu.people.com.cn/n/2014/0905/c1053-25613908.html）。
[2] 《海口中小学校签订食品安全责任书责任逐级分解》，海口网（http://www.hkwb.net/news/content/2015-10/01/content_2661935.htm）。

在软环境方面，幼儿园的管理存在很大的漏洞。夏季本是食品卫生问题的多发时期，幼儿园没有做好对水源、食物、空气等定期的质量检测，没有及时发现幼儿园饮用水不达标、餐具消毒不合格等问题，这是此次食物中毒事件发生的重要原因。

【相关法规】

海南省食品药品监督管理局会同省教育厅联合印发《海南省学校食堂食品安全监督管理办法》【琼食药监餐饮〔2013〕42号】，严格规范学校食堂安全管理，并鼓励社会公众共同监督。具体要求有将食品安全工作纳入校领导考核、学校食堂不得对外承包、不合格供应商将被拉黑、建立学校食堂食品安全信用档案等规定。

2. 事件维度

事件维度以事件发生及演化的角度，从危机爆发、应急处置、善后处置三个阶段探讨海南省文昌市龙楼中心幼儿园中毒事件。

（1）危机爆发阶段

2014年9月3日下午，该幼儿园内正在上课的几名孩子突然出现了呕吐、腹泻等症状，后来发现呕吐、腹泻的孩子越来越多，于是学校进行紧急全面排查。最终发现全园有65名孩子出现呕吐等症状，便马上向上级汇报，并联系医院和家长。

（2）应急处置阶段

截至9月4日下午4时，在文昌市人民医院、文昌市妇幼保健院、文城镇卫生院接受治疗的患儿，41名返回家中观察，仍有24名幼儿住院。

9月5日，在医院住院的幼儿还剩下3个。

（3）善后处置阶段

9月3日，事发后，文昌市疾控中心第一时间赶往现场，对幼儿园食品和剩余原材料进行封存检测，对教室内的饮用水、室内空气进行了抽样。空气检测结果显示，室内的甲醛并未超标。纯净水抽样检测结果显示，菌落总数超标，大肠杆菌群严重超标。

9月10日上午，工作人员再次对幼儿园内未开封和使用过的纯净水进行了抽检,并对该镇饮用水供水点内的两个批次未开封的饮用水进行了抽检。工作人员还对幼儿园内的餐具进行了抽检,检测结果显示细菌总数超标,即餐具消毒不合格。

相关部门根据检测结果对幼儿园进行进一步的调查,并要求幼儿园进行整改。

【相似案例】

2015年5月27日晚间,海口市美兰区演丰镇一幼儿园发生食物中毒事件,陆续有学生家长带呕吐、腹痛及其他不适症状的儿童前往该镇卫生院就诊。据家长和儿童反映,一些出现疑似食物中毒症状的儿童是食用了该园食堂27日中午的葫芦瓜炒肉后出现的,下午陆续有儿童发生腹泻呕吐症状。海口市卫生局表示,截至28日8时,有69个学生确认食物中毒。①

3. 管理维度

下面通过分析海南省文昌市龙楼中心幼儿园中毒事件的处置任务、多主体应对行动和资源配置的过程,来还原事件的管理维度。

(1) 幼儿园

9月3日下午,该幼儿园内正在上课的几名孩子突然出现了呕吐、腹泻等症状,当时幼儿园认为只是个别孩子体质问题,于是老师叮嘱几名家长带孩子去医院。后来发现呕吐、腹泻的孩子越来越多,于是学校马上进行紧急全面排查。最终发现全园有65名孩子出现呕吐等症状,院长便马上向上级汇报,并联系医院和家长。

(2) 政府相关部门

接到海南省文昌市龙楼中心幼儿园中毒报告后,文昌市委、市政府高度重视,相关单位主要负责人立刻赶到现场组织医务人员进行救治。

文昌市食品药品监督管理局、文昌市疾控中心工作人员第一时间对幼儿园学生所食食品留样和剩余原材料进行封存采样并对其进行检测。

---

① 《海口一幼儿园发生疑似食物中毒 百余名儿童入院》,新华网(http://www.xinhuanet.com/photo/2014-05/28/c_126558933.htm)。

文昌市公安部门对幼儿园相关涉事人员进行调查。文昌市教育局在事件发生后，当即召开紧急会议，并及时下发通知，要求全市中小学、幼儿园加强食品安全管理工作，建立健全以校长（园长）为第一责任人的学校食品安全责任制，确保采购等关键环节安全可供，同时，凡未取得《餐饮服务许可证》和从业人员《健康证》的学校，一律停止经营。

文昌市在事发后立即成立了现场处置领导小组，对学生急性胃肠炎进行妥善处置。

这一事件引起教育局的高度重视。事发当天，教育局召开紧急会议，出台5条规定加强文昌市中小学幼儿园食品安全管理。要求全市各大中小学幼儿园要建立健全以校长（园长）为第一责任人的学校食品安全责任制，确保采购、加工、供应、储存等关键环节安全；开展学校食堂小卖部专项整治工作，凡未取得《餐饮服务许可证》的，幼儿园食堂、小卖部一律停止经营，凡未取得《健康证》的食堂从业人员和小卖部从事食品销售人员，一律禁止上岗，各学校必须组织人力全面清理校内无证经营食店及流动摊点；要彻底对食用水源进行检测消毒，要定期对自备水进行检测，并经过卫生部门检测合格后方可饮用；各学校要全面开展校内环境大扫除，开展除"四害"活动；各学校要全面了解校园周边饮食环境，要配合有关部门对校园周边无证照饮食店进行整顿。

（3）医疗系统

当地医院在事发后组织救援人员对出现病症的幼儿进行检验和治疗，并对其他幼儿进行体检。

文昌市卫生局在事发后动用8辆次救护车，并及时向相关省级部门汇报情况，并组织医疗专家对孩子进行会诊，对出院的孩子进行继续跟踪，直到完全康复。

4. 案例启示

从案例环境维度、事件维度和管理维度的分析来看，即使国家或相关政府部门颁布实施了一系列的安全条例和措施，如果学校缺乏科学有效的食品安全管理机制，存在一个管理漏洞，就可能导致大规模的公共卫生事件。学校加强食品安全的管理，可以从以下几个方面入手。

（1）加强原材料购买和储存的规范化管理

所有购进的食品原料均需经过验收，查验票证，并建立食品、食品原料、食品添加剂和食品相关产品的购进记录制度，每天登记台账，在验收环节，实行三级验收制度，从源头上确保食品安全。

在食品安全工作中，加工制作上严格按照食品加工和储存要求，操作流程合理；餐具的清洗消毒遵循洗消规程：一洗、二刷、三冲、四消毒和五保洁，并根据中心质量管理体系要求，对洗消过程实施重点监控，对洗消过程每餐进行记录、检查；食堂基础卫生上，划分卫生责任区域，落实到人，做到每天每餐清洁，每周一次搬家式大扫除；做好防蝇、鼠、蟑和其他有害昆虫工作，消灭其滋生条件。

（2）加强食堂工作人员的管理

食堂工作人员必须具备良好的思想素质和相应的业务能力，坚持持健康证上岗制度。从业人员实行"五病"调离，每年召集所有员工统一进行体检，从业人员均取得健康合格证明。建立健全食堂管理制度，明确岗位职责，落实工作责任制。卫生管理制度和岗位责任制上墙公布，严格按规范操作。[1]

（3）完善食堂设施建设

加强对陈旧房屋及工艺流程、布局不合理的食堂进行改造，对老化设施、设备进行更新换代，增加餐具清洗、消毒、保洁设施和设备，使食堂卫生设施与条件得到进一步改善，食堂建筑、设备与环境均符合食品安全要求。完善食堂"三防"设施配套，配备数量、动力足够的风幕机、纱门、纱窗或者塑料门帘，设置诱灭蝇灯，各场所设置丢置废弃物的密闭容器。在卫生用品方面，配有足够的工作衣、帽、围裙，打扫、洗涤、消毒、杀虫、灭鼠等卫生用品。

（二）海南大学霍乱事件[2]

1. 环境维度

自2008年10月6日以来，海南连遭暴雨，海口、三亚、文昌等市（区、县）遭受洪涝灾害，由于天气潮湿，细菌滋生，儋州等地发生霍乱

---

[1] 杜镶：《高校校园食品安全问题原因及对策》，《科技创新导报》2014年第3期。
[2] 《海南省教育厅：海南大学感染霍乱学生病情好转》，中国教育在线（http://www.eol.cn/hainannews_ 5503/20081104/t20081104_ 337207.shtml）。

等急性肠道传染病。

海口市地处低纬度热带北缘，属于热带海洋性季风气候。这里春季温暖少雨多旱，夏季高温多雨，秋季多台风暴雨。10月的连续降雨和海潮上涨使海南大学的校园环境受到污染，有学生透露学校发现第一起病例前，校园环境欠佳，宿舍楼下堆积了大量垃圾，没有及时清理；校园内商业街存在"脏乱差"的水果摊点和烧烤摊点。对校园环境的忽视为病菌大量滋生和疫情发生提供了条件。

【相关法规】

海南省于2006年发布《海南省人民政府办公厅关于加强传染病预防控制工作的通知》，通知提出六点要求：（1）高度重视传染病防治工作，认真履行《中华人民共和国传染病防治法》的规定。（2）明确预防控制目标，加强部门配合，将传染病预防控制工作落到实处。其中提出建立健全学校和托幼机构防治机制，防止传染病传播和流行；文化、宣传部门要做好传染病预防控制工作的宣传、报道；建设、环境部门要建设和改造公共卫生设施，改善饮用水卫生条件，对污水、污物和粪便进行无害化处理；卫生部门要认真履行传染病防治职责，落实各项防治措施，指导其他部门和单位的预防控制工作，加强监督管理。（3）加强突发公共卫生事件应急机制建设，建立健全疾病预防控制体系。（4）进一步加强计划免疫工作。（5）开展爱国卫生运动，加强预防传染病的健康教育和宣传。（6）加强领导，实行传染病预防控制责任追究制。

2. 事件维度

事件维度侧重于从事件发生及演化的角度，按照危机爆发、应急处理和善后处置三个阶段，探讨海南大学霍乱。

（1）危机爆发阶段

10月3日，海南发现第一例霍乱病例。

10月18日起，海南省儋州市突发霍乱，累计出现病例30例。

10月29日开始，海南大学部分学生发生腹泻。

(2) 应急处理阶段

海南大学 11 月 1 日发布《海南大学关于做好急性肠道传染病预防工作的通告》规定：学生如出现腹痛、腹泻、恶心、呕吐及发热等症状，要及时向班主任报告，并到校医院就诊。

接下来，海南大学后勤部清理了所有的水果摊和烧烤摊，并进行清扫。对学校内的食堂进行整顿，只开放 2 个食堂（包括清真食堂）。全校停课进行大扫除，清理校园内的卫生死角。

11 月 4 日，经海口市人民医院、海口市疾控中心实验室检验，7 例为霍乱实验室诊断病例，1 例为疑似病例。8 例重症病人已经转移到海口市人民医院进行隔离治疗。海大校办医院还有 70 多位肠胃不适的学生，在该院留院观察。

(3) 善后处置阶段

11 月 10 日，海南大学的疫情得到全面控制，校园内学习和生活恢复正常，学校食堂经过整顿后已全部开业，学校于 10 日上午解除校门进出的严格管理措施，重新对外开放校园。在省、市人民医院接受治疗的 8 名确诊为霍乱的学生和 23 名疑似霍乱的学生，已有 24 名治愈出院，余下的 7 名学生症状已经消失，很快痊愈出院。在学校设立的临时留观点留观的 84 名学生均已排除霍乱，全部解除留观，临时留观点也正式撤除。

在 2006 年，海南省已发布加强传染病预防工作通知，且在 2008 年 11 月 1 日发布《海南省人民政府办公厅关于切实做好急性肠道传染病防控工作的紧急通知》，由此可见，海南大学相关部门没有严格遵照政府关于防范突发卫生事件的通知进行管理。

3. 管理维度

管理维度主要分析海南大学霍乱事件的处置任务、多主体应对行动和资源配置的过程。

(1) 学校的管理部门

10 月 31 日，海南大学启动《海南大学预防和处置重大群体性、突发性事件应急预案》，成立两个防疫、医疗人员组成的消毒队伍，对全校学生宿舍、食堂进行全面消毒；组织发放 3 万份 "急性肠道传染病防治知识" 宣传单到各班级、宿舍；校区内在校学生、教职员工及家属，均给予预防性服药；海南大学的 5 个学生食堂关闭了 3 个；对无卫生许可证或不符合卫生要求的食堂、饮食店、水果市场进行停业整顿或取缔；自 11 月 1 日起，海南大学已经对校园进行了封闭管理，外来人员和车辆未经允许不得进入校园，学生原则上也禁止离开校园。

同时，海南大学与海口市人民医院建立了"120"专线，在该校学术交流中心临时设置"隔离区"，对腹泻学生进行留观诊治，防止交叉感染。

（2）政府相关部门

海南省教育厅于 11 月 1 日向全省大中专及中小学下发了紧急通报，要求各地各校切实加强校园突发公共卫生事件的防控工作，有针对性地长期开展肠道传染病知识教育。使学生掌握卫生防病知识，提高自我防范的能力。

省委、省政府主要领导同志在疫情发生后的第一时间做出重要指示，要求迅速组织力量开展防控工作，省政府分管领导和海口市委、市政府领导亲临一线指挥防控工作。海口市迅速做出响应，组织市、区疾控中心卫生防疫人员 38 人分成 4 个小组，对海南大学采取防控措施，开展流行病学调查。

海南省要求，各地各校要将卫生防疫与食品卫生安全工作纳入对中小学校的综合评估指标体系中，督促学校落实各项卫生防疫和食品卫生措施。教育、卫生和食品药品监督部门要加大检查力度，对检查中发现的问题，督促学校及时整改，确保学生的健康安全。

（3）医疗系统

海口市卫生局在疫情发生后下发紧急通知，要求全市各级卫生部门做好洪涝灾害之后的防疫工作，杜绝肠道传染病发生流行。同时，海口市卫生局对医疗机构肠道门诊进行了督导检查，进一步加强和规范腹泻病人的检监测和诊疗工作。

由市区卫生防疫部门人员组成的两个督导组，分别到市人民医院、省市中医院等海府地区医院及乡镇卫生院，对医院、卫生院的肠道门诊硬件设备、医生坐诊、腹泻病人就诊等情况进行了检查。为加强肠道传染病的防控，海口市各医疗机构均设立了肠道门诊，海口市卫生局要求各级防疫机构要主动搜索病例，加强肠道传染性疾病的监测工作，加强海、水产品和外环境、各类水体和重点人群的监控，并根据当地疫情，适时启动每日疫情报告制度。

4. 案例启示

海南大学发生此次霍乱事件主要原因包括四点：一是学校后勤管理部门对学校后勤管理，特别是食堂卫生安全管理存在的问题长期失察，在海南省西部部分市县出现"霍乱"疫情后，未能引起足够的重视。二是后勤管理机制不健全，管理混乱。学校实行后勤管理社会化以后，以包代管现象严重，个别学院食堂成为学校无法监管的盲区。三是卫生防疫工作制度落实不到位。校园内环境卫生较差。四是重大突发事件应急处理工作机制不健全，与属地卫生防疫部门在卫生监督检查与应急处理工作上衔接不够顺畅，致使疫情发生初期防控工作反应不及时，行动不迅速。

为了减少或避免上述疫情的发生，学校应做好以下几点：（1）制定落实校园卫生防疫制度。根据学校情况和地区特点，制定校园卫生防疫制度，使学校的卫生防疫工作有据可循。同时，严格落实各项制度，学校管理部门及后勤部门等必须严格按照相关规定进行管理。（2）做好疫情信息的收集工作。学校要设有专门部门对本地区的疫情状况进行了解和具体的信息收集，以便及时对学校卫生防疫的有关规定进行更新和调整。（3）提高应急处置水平。在事件发生后，要迅速开展应急处置工作，启动应急预案，将疫情上报，联合教育局、政府相关部门、卫生防疫站、医院共同抗击疫病扩散。同时，要及时对伤亡人员展开医疗救援。（4）加强善后处置和追责。事件发生后，要及时整改实验室，给予患病学生物质和医疗上的帮助，并对相关人员进行相应的问责和惩处。学校在事后要总结和反思事件处置中存在的不足，并加以整改。

（三）常州外国语学校环境污染事件[①]

常州外国语学校是江苏省内较好的一所中学，因为教学水平高，是不少家长择校的首选。然而，自2015年年底开始，很多在校学生不断出现不良反应和疾病，家长怀疑与旁边的化工厂污染土地有关。学校先后

[①] 《常州外国语学校周边环境污染问题调查》，新华网（http://www.xinhuanet.com/local/2016-04/19/c_128911347.htm）。

有641名学生被送到医院进行检查,有493人出现皮炎、湿疹、支气管炎、血液指标异常、白细胞减少等异常症状。

针对常州外国语学校污染事件,教育部启动重大突发事件专项机制,由国家督学牵头赶赴常州进行专项督导,环保部和江苏省委托的调查组成员陆续抵达常州。校方将此事解释为"由土地开挖引发异味导致"。

1. 环境维度

常州外国语学校北侧为原常隆、华达、常宇化工地块,是几十年的农药厂、化工厂,有较大安全隐患。

【相关法规】

根据《中华人民共和国教育法》中第三章第十六条、二十三条、二十四条规定,学校建设,应当符合国家规定的办学标准,适应教育教学需要;应当符合国家规定的选址要求和建设标准,确保学生和教职工安全。各级人民政府及其有关部门依法维护学校周边秩序,保护学生、教师、学校的合法权益,为学校提供安全保障。学校应当建立、健全安全制度和应急机制,对学生进行安全教育,加强管理,及时消除隐患,预防事件发生。县级以上地方人民政府定期对学校校舍安全进行检查;对需要维修、改造的,及时予以维修、改造。

2. 事件维度

以下从事件发生及演化的角度,从危机爆发、应急处置、善后处置三个阶段探讨常州外国语学校环境污染事件。

(1)危机爆发

2015年12月下旬以来,常州外国语学校北侧原常隆、华达、常宇化工地块土壤修复过程中散发异味,给周边学校学生、老师的正常学习和教学带来一定影响。

(2)应急处置

事情发生以后,常州市和新北区两级党委、政府高度重视,迅速采取相关措施进行处置,按照公开修复方案、公开监测结果、公开验收结论、接受社会监督"三公开一监督"原则,对该地块用途做出重大调整,同时组织实施该地块修复调整工程,并采取有效措施控制土壤及地下水的环境污染。

(3)善后处置

2016年2月15日,原常隆、华达、常宇化工地块土壤修复调整工程通过验收。

3月下旬,学校、家长分别委托专业检测机构,对常州外国语学校校区室内空气、土壤、地下水进行了检测。检测结果显示,检测指标均符合国家标准及相关要求。

4月17日,中央电视台新闻频道《新闻直播间》栏目播出"不该建的学校"报道之后,常州市委、市政府高度重视,于当晚立即召开紧急会议,成立联合调查小组,本着对师生健康高度负责、对环境污染"零容忍"的态度,迅速展开相关工作,并发布了情况说明。

同月,国务院教育督导委员会派出督导组,两度赴常州进行专项督导,明确提出督导意见,对存在监管不力、不负责、不作为或不正确履行职责的单位或个人,要严肃追究其责任。

8月26日,常州市政府新闻办官方微博全文刊发了常州外国语学校污染事件调查结果通报。[①]

【相似案例】

2014年5月,恒茂国际华城吉的堡幼儿园,发生集体甲醛中毒事件,幼儿园利用双休时间装修,隐瞒家长,两个孩子被诊断为败血症,其他孩子出现发烧、咳嗽、流鼻血、全身皮疹等不同的症状。[②]

3. 管理维度

管理维度主要分析常州外国语学校环境污染事件的处置,及多主体

[①] 《"常州外国语学校"调查结果:10人被问责》,环球网(http://china.huanqiu.com/hot/2016-08/9366196.html)。

[②] 《南昌一幼儿园发生集体甲醛中毒事件 百余儿童发病》,央广网(http://china.cnr.cn/xwwgf/201405/t20140505_ 515437833. shtml)。

的应对过程。

(1) 学校

事件被报道后，常州外国语学校校长表示，学校将与学生家长当面沟通，并发布《致常外国际部家长和师生的一封公开信》，信中表示学校将配合调查组进行调查，并及时向社会公布相关情况，但是未考虑搬迁过渡。

(2) 政府相关部门

教育部于4月18日对常州外国语学校污染事件表态，启动重大突发事件专项机制，由国家督学牵头赶赴常州进行专项督导，并及时对外公布情况。

环境保护部、江苏省政府对此高度重视，立即召开专题会议进行研究，并成立联合调查组，赶赴常州进行现场调查，并及时向社会公布相关情况。

常州市领导召集新北区政府、市环保局、市教育局等相关单位负责人，现场办公并专题研究学校空气质量问题，紧急叫停了农药厂地块的土壤修复工程，并对外公布经过六项关键空气质量指标监测。

此外，考虑到该事件可能带来的影响，常州市政府已对污染地块的用途做出更改，在未来作为公园环境生态的民生工程，政府将进行绿化和生态修复。

2016年1月11日，常州市环保局会同新北区环保局对常州外国语学校周边地区开展排查，特别是对常隆地块土壤修复工程覆膜情况进行了现场检查，并出动了无人机对工程整体情况进行航拍巡查。

(3) 医疗机构

在事发后，全市8家医院对全校师生进行体检，并对百名患病和疑似患病学生进行及时检查和治疗。

4. 案例启示

从案例环境维度、事件维度和管理维度的分析来看，即使国家或相关政府颁布实施了一系列的安全条例和措施，如果学校缺乏科学有效环境管理机制，就可能导致校园环境污染事件的发生。学校加强环境卫生的管理，可以从以下几个方面入手。

(1) 完善校园环境影响测评

学校无论是选址还是进行整修,都要进行相关的环境测评,对周围的环境状况或可能造成的环境污染进行检测和评估。

(2) 做好应急预案的编制和更新工作

制定应急预案可以在事件发生时迅速而有效控制风险范围,并对那些健康受影响的师生群体进行及时的检查和治疗,组织师生远离污染源,同时,也能及时对风险源进行处理。此外,应急预案要根据实际情况和变化进行及时的更新。

(3) 做好应急管理和善后处置工作

校园环境污染事件发生时,往往伴随着若干人员的身体健康损害,这时需要学校和医疗部门及时的沟通和协作,为伤员提供检测和治疗。同时,要马上寻找并及时控制污染源,以防污染范围的扩大和更多的人员伤亡,并组织师生远离污染源。在事件发生后,一方面,学校要秉承负责的态度对受影响的师生进行慰问和后续的救助及治疗;另一方面,政府、教育部门等相关部门要展开对污染原因的调查,控制或消除污染源,并对相应的负责人进行问责和公示。

三 校园公共卫生事件风险评估

综合上述案例,校园公共卫生事件的发生具有一定的必然性,是多种因素共同作用的结果。如果事先对校园公共卫生事件进行必要的风险识别、风险分析、风险评定工作,将有效预防此类事件的发生。

(一) 风险识别

风险识别是指在风险事件发生之前,人们运用各种方法系统地、连续地认识所面临的各种风险以及分析风险事件发生的潜在原因。风险识别是风险管理的第一步,也是风险管理的基础。只有在正确识别出自身所面临的风险的基础上,人们才能够主动选择适当有效的方法进行的处理。

根据校园公共卫生事件的构成条件,校园公共卫生风险因素可分为致病因素、管理脆弱性两类。

1. 致病因素

（1）有毒食物

通常造成学生食物中毒的情况主要有以下几种。

细菌性食物中毒。学生摄入含有细菌或细菌毒素的食品，造成食物中毒。食物被细菌污染主要有以下几个原因：禽畜在宰杀前就是病禽、病畜；刀具、砧板及用具不洁，生熟交叉感染；卫生状况差，蚊蝇滋生；食品从业人员带菌污染食物；食品腐败变质；食品没烧熟；食品保存不当。

真菌毒素中毒。真菌在谷物或其他食品中生长繁殖产生有毒的代谢产物，人和动物食入这种毒性物质发生的中毒，称为真菌性食物中毒。中毒发生主要通过被真菌污染的食品，用一般的烹调方法加热处理不能破坏食品中的真菌毒素。真菌生长繁殖及产生毒素需要一定的温度和湿度，因此中毒往往有比较明显的季节性和地区性。

动物性食物中毒。食入动物性中毒食品引起的食物中毒即为动物性食物中毒。动物性中毒食品主要有两种：将天然含有有毒成分的动物或动物的某一部分当作食品，误食引起中毒反应；在一定条件下产生了大量的有毒成分的可食的动物性食品，如食用鲐鱼等也可引起中毒。

植物性食物中毒。主要有三种：将天然含有有毒成分的植物或其加工制品当作食品，如桐油、大麻油等引起的食物中毒；在食品的加工过程中，将未能破坏或除去有毒成分的植物当作食品食用，如木薯、苦杏仁等；在一定条件下，不当食用大量有毒成分的植物性食品，食用鲜黄花菜、发芽马铃薯、未腌制好的咸菜或未烧熟的扁豆等造成中毒。一般因误食有毒植物或有毒的植物种子，或烹调加工方法不当，没有把植物中的有毒物质去掉而引起植物性食物中毒较常发生。最常见的植物性食物中毒为四季豆中毒、毒蘑菇中毒、木薯中毒；可引起死亡的有毒蘑菇、马铃薯、曼陀罗、银杏、苦杏仁、桐油等。植物性中毒多数没有特效疗法，对一些能引起死亡的严重中毒，尽早排除毒物对中毒者的作用非常重要。

化学性食物中毒。主要包括：误食被有毒的化学物质污染的食品；因添加非食品级的或伪造的或禁止使用的食品添加剂、营养强化剂的食品，以及超量使用食品添加剂而导致的食物中毒；因贮藏等原因，造成营养素发生化学变化的食品，如油脂酸败造成中毒。

（2）流行病毒

春秋季是校园传染病的多发期。由于天气多变，时暖时寒，气候干燥，特别容易引起流感、流脑、流腮等呼吸道传染病和手足口病等。如果学生平时缺乏锻炼，加上教室室内空气流通不畅，极易引发流行性传染病。校园常见的流行性疾病包括以下几种。

流行性感冒。流行性感冒简称流感，是由流感病毒引起的急性呼吸道传染病，具有很强的传染性。流感病毒分为甲、乙、丙三型。主要症状包括发热、全身酸痛、咽痛、咳嗽等。在预防方面，接种流感疫苗被国际医学界公认是防范流感最有效的武器。由于流感病毒变异很快，通常每年的流行类型都有所不同。因此，每年接种最新的流感疫苗才能达到预防的效果。另外，锻炼身体，增强体质，在流感季节经常开窗通风，保持室内空气新鲜，尽量少去人群密集的地方等，也是预防流感的有效措施。

水痘。水痘是一种由水痘带状疱疹病毒所引起的急性传染病。水痘患者多为1—14岁的孩子。在幼儿园和小学最容易发生和流行。水痘属于急性传染病，但通常比较温和，不会引起严重的并发症。在预防方面，接种水痘疫苗是最有效、最经济的预防措施。流行期间小孩子不去人多的公共场所，经常开窗通风等也很重要。

风疹。风疹是由风疹病毒引起的急性呼吸道传染病，以低热、上呼吸道轻度炎症、全身散布红色斑丘疹及耳后、枕部淋巴结肿大为特征，好发于1—5岁儿童。预防风疹最可靠的手段是接种风疹疫苗。在春季风疹高发期，尽量少到人群密集的场所，如商场、影院等地，避免与风疹病人接触。保持室内开窗通风，空气流通，增加户外活动，加强体育锻炼，讲究个人卫生。

流行性腮腺炎。流行性腮腺炎简称腮腺炎，亦称"痄腮"，是一种通过飞沫传播的急性呼吸道传染病。冬春季节容易发生，多发生于儿童。本病大多数起病较急，有发热、畏寒、头痛、咽痛等全身不适症状。患者一侧或双侧耳下腮腺肿大、疼痛，咀嚼时更痛。并发症有脑膜炎、心肌炎、卵巢炎或睾丸炎等。整个病程约7—12天。多见于5—15岁的儿童和青少年。在预防方面,要及时隔离患者至消肿为止,并接种腮腺炎疫苗。

手足口病。手足口病是由多种肠道病毒引起的一种儿童常见传染病,婴幼儿和儿童普遍多发。该病症先出现发烧症状,手心、脚心出现斑丘疹和疱疹(疹子周围可发红),口腔黏膜出现疱疹和(或)溃疡,疼痛明显。部分患者可伴有咳嗽、流涕、食欲不振、恶心、呕吐和头疼等症状。少数患者病情较重,可并发脑炎、脑膜炎、心肌炎、肺炎等。在预防方面,勤洗手、勤通风,流行期间避免去人群聚集、空气流通差的公共场所。儿童出现相关症状要及时到正规医疗机构就诊。

(3)环境污染

空气污染。主要包括固态污染,如 PM2.5、雾霾、粉笔灰等,这些会导致各种呼吸系统疾病;化学污染,如教室装修、各种印刷品甚至每件衣服累积释放的甲醛等,这些会引起很多皮肤和血液病;生物污染,如花粉、各种细菌、传染病毒等,这些会引起各种感染和传染性疾病。

水污染。校园内常见的水污染主要包括以下几种:固体悬浮物污染,主要是指悬浮在水中的固体污染物,包括炉渣、废纸、塑料泡沫等,主要来自冶金、屠宰、建筑等工业废水及生活污水,这些悬浮物排于水体后使水体混浊,造成污染;有机物污染,生活污水和工业废水中含有淀粉、蛋白质等有机物,有些难以降解的有机物能在水中长期存留,并通过食物链进入人体,威胁人体的健康;病原体污染,生活污水、医院、屠宰场、厕所、浴室等排水中常含有病原体,会传播肠炎、腹泻及其他病毒性传染病和寄生虫病。

土地污染。主要是指校园内或周围土地因受到采矿或工业废弃物或农用化学物质的侵入,恶化了土壤原有的理化性状,使土地生产潜力减退、产品质量恶化并对人类和动植物造成危害的现象和过程。按污染源不同,可分为工业污染、交通运输污染、农业污染和生活污染四类。学校土地受工业污染较多,工业污染主要是工业排放的废渣、废水、废气造成大气、水体和土壤等环境的污染。

2. 管理脆弱性

如图 4—2 所示，在校园食品安全方面，如果学校在卫生管理、原料的采购和贮藏、食品加工、食堂卫生环境等方面存在管理缺陷，这些隐患将有可能导致校园食物中毒事件的发生。

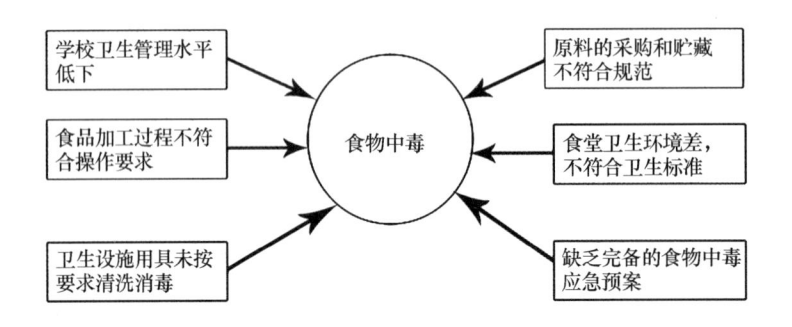

图 4—2　食物中毒事件管理脆弱性

除春夏季蚊虫较多且食物易变质这一外在因素外，校园食物中毒事件多是由于管理不善所致。如果学校在管理方面脆弱性越高，发生食物中毒事件的可能性就越大。学校在管理方面主要是原料采购和贮藏、食品加工、卫生设施、食堂环境等方面，如果学校在这些方面出现漏洞，将有可能发生食物中毒事件。针对这些隐患，学校可以制定并严格落实食堂卫生管理制度，严格要求食堂原料的采购和贮藏，提高食堂卫生环境，规范食品加工过程等。

如图 4—3 所示，在突发性传染病方面，如果学校在疫情收集、制度建设、疫情的预防等方面存在不足，这些缺陷极有可能导致校园流行病、传染病等疫情的发生和扩散。

如果在春夏季手足口病等传染病多发期，或当地已有急性传染病案例，学校的重点应在预防，要根据实际情况制定并严格落实卫生防疫制度，一方面，要对当地的疫情信息有充分的了解和收集，切断传染病在校内的传播途径；另一方面，要对师生群体等易感人群及时接种疫苗。

第四章 校园公共卫生事件风险分析 / 103

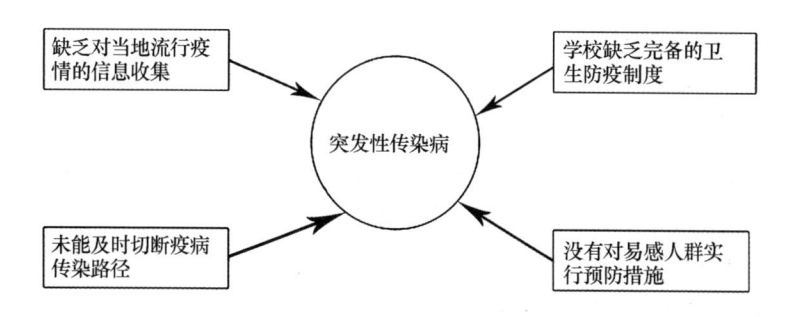

图 4—3 突发性传染病事件管理脆弱性

如图 4—4 所示，在校园环境污染方面，如果学校在建校时没有进行科学的环境影响测评，校舍选址不当，如毗邻化工厂、垃圾焚烧厂等污染型企业，或没有对校园水源、空气、土地等进行定期的质量检测，加之缺乏完备的校园环境安全管理制度，缺乏对师生的环境安全教育，这些安全隐患的存在极有可能导致校园环境污染事件的发生。针对这些问题，一方面学校要规范选址，加强对环境质量的检测，另一方面要制定落实具有针对性的制度措施，同时加强师生对环境安全知识的了解和认识。

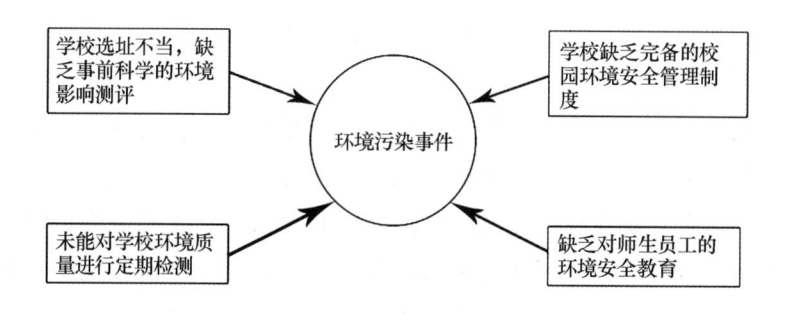

图 4—4 环境污染事件管理脆弱性

（二）风险分析

风险分析通过归纳总结校园公共卫生事件发生规律，以期为减少或避免此类事件的发生提供依据。总结系列案例的发生特点和规律，校园公共卫生事件的分布特征如下。

1. 集中在中小学学生

以中小学学生为主,这是因为中小学校的学生是流行性腮腺炎、麻疹等传染病的高发年龄群,同时中小学学生正处于生长发育阶段,由于个体免疫力较低,缺乏传染病的预防知识,没有养成良好的卫生习惯,个人防护意识差等原因,容易受到感染。

2. 多分布在乡村学校等环境设施条件较差地区

校园突发公共卫生事件主要集中在中小学,其中又以乡村小学为主,村级学校由于经济条件差,卫生设施设备简陋,学生的学习和居住环境比较拥挤,通风条件差等原因,更容易形成感染并传播疾病。

3. 冬春季和夏秋季为多发季

通过近几年校园突发公共卫生事件的统计分析发现,全年呈现两个发病高峰,冬春季是学校呼吸道传染病的高发季节,夏秋季是学校肠道传染病和食物中毒的高发季节。[1]

(三) 风险评定

风险评定是通过打分制测评风险可能性高低的一种方式,学校需派专人负责,对相关的客观风险因素和可发挥主观能动性因素进行测评。通过对各个指标进行累计加分,最终将测评结果客观如实地填入风险评定表中。三类校园公共卫生事件的风险评定独立进行,每种类型总分均为100分。

对校园公共卫生事件风险评定的得分依据得分范围分为高、中、低三个等级。59分及以下为高风险等级,表明此类风险的发生概率较高而应对能力较弱,即学校遭受此类风险的威胁较大。处于高风险等级的相关学校,校领导应组织召开此类风险的防范专题会议,对评定的各个因素和环节进行分析,加强风险防范工作。60—79分为中风险等级,表明此类风险有可能发生,相关学校应重视校园公共卫生风险防范,对得分较低的方面根据评定表,因地制宜制定改进计划,使风险等级向低风险

---

[1] 余柯、李晓红、杜一华、郝杰:《学校突发公共卫生事件的特点及其预防》,《教学与管理》2012年第10期。

等级转变。80 分以上为低风险等级，表明此类风险发生的可能性较低，但学校仍需重视风险防范，维护好各项指标与制度，定期对各个关键因素和重要环节进行维护、排查，保持低风险等级。

参考卫生部《国家基本公共卫生服务规范》（2011 年）和国际医疗救援疫情风险评估指标，综合本书对校园公共卫生系列事件的研究，根据校园公共卫生事件的不同类型做出相应的评估指标和评估标准，从而为风险评估提供依据。①②

三类事件风险评定表仅供参考，相关学校应根据当地实际情况对评估指标与赋分标准进行相应的调整。

1. 校园食品安全风险评定

校园食品安全风险评定表如表 4—1 所示。

表 4—1　　　　　　　　校园食品安全风险评定表

风险类型	风险点	评估指标	赋分标准	得分
食品安全	卫生管理（10 分）	持有有效许可证（3 分）	持有有效许可证得 3 分，无则 0 分	
		严格遵守相关的环境卫生管理政策和条例（4 分）	无违反条例情况得 4 分，违反条例超过两次得 0 分，两次及两次以下 2 分	
		制定落实卫生管理制度（3 分）	有校园卫生管理制度得 3 分，无则 0 分	

---

① 钱国华、朱士新、周宇扬：《昆山市 2012 年餐饮食品安全风险评估及对策研究》，《中国初级卫生保健》2013 年第 10 期。
② 刘立、刘东会：《国际医疗救援中疫情风险评估指标体系的构建》，《中国急救复苏与灾害医学杂志》2016 年第 5 期。

续表

风险类型	风险点	评估指标	赋分标准	得分
食品安全	食品加工（20分）	粗加工过程中动物性食品与植物性食品分开（5分）	优秀，记为5分；良好，记为2—4分；差，记为0—2分	
		成品、半成品及原料的加工和存放不存在交叉（5分）	优秀，记为5分；良好，记为2—4分；差，记为0—2分	
		餐具、食品或已盛放食品的容器不直接置于地上（5分）	优秀，记为5分；良好，记为2—4分；差，记为0—2分	
		烹调后的熟食品存放符合卫生要求（5分）	优秀，记为5分；良好，记为2—4分；差，记为0—2分	
	卫生设施与食品用具（20分）	防鼠、防蝇、防尘等卫生防护措施齐全有效（5分）	优秀，记为5分；良好，记为2—4分；差，记为0—2分	
		食品用容器、设施设备和用具清洁符合卫生要求（5分）	优秀，记为5分；良好，记为2—4分；差，记为0—2分	
		餐饮用具和容器应彻底清洁、消毒（5分）	优秀，记为5分；良好，记为2—4分；差，记为0—2分	
		使用的洗涤剂、消毒剂符合卫生要求，消毒过程符合操作规范（5分）	优秀，记为5分；良好，记为2—4分；差，记为0—2分	

续表

风险类型	风险点	评估指标	赋分标准	得分
食品安全	原料采购与贮存卫生（15分）	做好食品原料及调味品的采购索证验查工作，有登记查验记录（5分）	优秀，记为5分；良好，记为2—4分；差，记为0—2分	
		食品储存点整洁有序，分类分架，不与非食品混放（5分）	优秀，记为5分；良好，记为2—4分；差，记为0—2分	
		热藏、冷冻设施维护良好（5分）	优秀，记为5分；良好，记为2—4分；差，记为0—2分	
	环境卫生（15分）	加工场所环境卫生、整洁（5分）	优秀，记为5分；良好，记为2—4分；差，记为0—2分	
		墙壁、天花板和门窗整洁，无表面材料发霉、脱落等现象（5分）	优秀，记为5分；良好，记为2—4分；差，记为0—2分	
		废弃物存放容器或场所密闭、外观整洁，按规定处理废弃油脂（5分）	优秀，记为5分；良好，记为2—4分；差，记为0—2分	
	应急预案（20分）	查阅现有的食品安全的应急预案和相关政策规定（5分）	优秀，记为5分；良好，记为2—4分；差，记为0—2分	
		根据地方和学校具体情况制定应急预案（5分）	优秀，记为5分；良好，记为2—4分；差，记为0—2分	
		组织相关的专家对应急预案进行修改和完善（5分）	优秀，记为5分；良好，记为2—4分；差，记为0—2分	
		根据具体情况和变化及时对应急预案进行更新和修改（5分）	优秀，记为5分；良好，记为2—4分；差，记为0—2分	
总分				

2. 校园突发性传染病风险评定

校园突发性传染病风险评定表如表4—2所示。

表4—2　　　　　　　　校园突发性传染病风险评定表

风险类型	风险点	评估指标	赋分标准	得分
卫生防疫	流行疫情信息收集（24分）	了解学校学生有无致疾病扩散的习惯（8分）	优秀，记为6—8分；良好，记为3—6分；差，记为0—3分	
		搜集和总结近年附近地区的疫情流行情况（8分）	优秀，记为6—8分；良好，记为3—6分；差，记为0—3分	
		与当地防疫机构建立联系（8分）	优秀，记为6—8分；良好，记为3—6分；差，记为0—3分	
	传染途径（34分）	对学校饮水、饮食和环境卫生情况进行监测并备案记录（10分）	优秀，记为7—10分；良好，记为4—7分；差，记为0—4分	
		提高蚊蝇等疫媒的防治能力（8分）	优秀，记为6—8分；良好，记为3—6分；差，记为0—3分	
		易感染物品使用时严格消毒（8分）	优秀，记为6—8分；良好，记为3—6分；差，记为0—3分	
		卫生设施设备每日消毒（8分）	优秀，记为6—8分；良好，记为3—6分；差，记为0—3分	

续表

风险类型	风险点	评估指标	赋分标准	得分
卫生防疫	制度建设（24分）	制定落实校园卫生防疫制度（8分）	优秀，记为6—8分；良好，记为3—6分；差，记为0—3分	
		定期进行应急演练（8分）	优秀，记为6—8分；良好，记为3—6分；差，记为0—3分	
		制定卫生防疫事件应急预案（8分）	优秀，记为6—8分；良好，记为3—6分；差，记为0—3分	
	易感人群（18分）	加强卫生防疫知识的宣传教育和普及（8分）	优秀，记为6—8分；良好，记为3—6分；差，记为0—3分	
		学校师生按时接种疫苗（10分）	优秀，记为7—10分；良好，记为4—7分；差，记为0—4分	
总分				

3. 校园环境污染风险评定

校园环境污染风险评定表如表4—3所示。

表4—3　　　　　　　校园环境污染风险评定表

风险类型	风险点	评估指标	赋分标准	得分
环境污染	校园选址（28分）	了解学校周围有无化工厂、垃圾焚烧厂等污染型企业（10分）	优秀，记为7—10分；良好，记为4—7分；差，记为0—4分	
		对校园周遭土地、水源、空气等进行质量检测（10分）	优秀，记为7—10分；良好，记为4—7分；差，记为0—4分	
		严格遵守法律法规对校园建设的要求（8分）	优秀，记为6—8分；良好，记为3—6分；差，记为0—3分	

续表

风险类型	风险点	评估指标	赋分标准	得分
环境污染	环境质量检测（38分）	定期对学校水源、食物、空气质量等情况进行检测并备案记录（12分）	优秀，记为8—12分；良好，记为4—8分；差，记为0—4分	
		新建或装修校舍的材料环保无毒，符合规范要求（8分）	优秀，记为6—8分；良好，记为3—6分；差，记为0—3分	
		校舍通风换气，尤其是新建或新装修校舍（8分）	优秀，记为6—8分；良好，记为3—6分；差，记为0—3分	
		新建或新装修校舍在投入使用前组织专家进行环境质量检测并公布结果（10分）	优秀，记为7—10分；良好，记为4—7分；差，记为0—4分	
	制度建设（24分）	制定落实校园环境安全制度（8分）	优秀，记为6—8分；良好，记为3—6分；差，记为0—3分	
		制定校园环境污染事件应急预案（8分）	优秀，记为6—8分；良好，记为3—6分；差，记为0—3分	
		及时对师生反映的环境问题进行反馈（8分）	优秀，记为6—8分；良好，记为3—6分；差，记为0—3分	
	安全教育（10分）	加强对师生环境知识的宣传教育和普及，提高对环境污染现象的认识（6分）	优秀，记为4—6分；良好，记为2—4分；差，记为0—2分	
		加强师生法制教育，维护自身合法权益（4分）	优秀，记为3—4分；良好，记为2—3分；差，记为0—2分	
总分				

四 校园公共卫生事件风险管控要点

基于上述对校园公共卫生事件的风险分析,进行风险管控可以从以下几个方面开展。

(一)建立校园公共卫生应急管理组织机制

学校应组建突发公共事件应急工作领导小组,专门负责校园公共卫生事件的预防预警、应急准备及应急处置等工作。该小组应包括组长、副组长和成员若干名,分别负责应急预案的制定、事发现场的控制及善后处置等各部分工作。

正常工作日突发的公共卫生事件的指挥由校长负总责,副校长、行政各负其责,协调各部门统一行动。非正常工作日突发的公共卫生事件由值班教师向校长、上级部门报告,行政各负其责,协调各部门统一行动。

(二)制定校园公共卫生事件报告制

校园突发公共卫生事件报告制度的落实是学校防控突发公共卫生事件的首要措施:第一要指定报告人(第一时间报告);第二要确定报告对象(疑似传染病或传染病向当地疾病控制中心报告,疑似食物中毒向当地卫生监督所,同时向上级教育主管部门报告);第三要拟定报告内容(事件发生时间、地点、人数、已采取的应急防控措施等);第四要确定关于实施人性化管理疏通学生投诉渠道问题。[1]

(三)做好应急物资储备工作

应急物资是突发事件应急救援和处置的重要物质支撑。为进一步完善公共卫生应急物资储备,加强对应急物资的管理,提高物资统一调配和保障能力,为预防和处置各类校园公共卫生事件提供重要保障,学校

---

[1] 余柯、李晓红、杜一华、郝杰:《学校突发公共卫生事件的特点及其预防》,《教学与管理》2012 年第 10 期。

应科学构建校园公共卫生应急物资储备制度。安排专人或部门负责落实应急物资储备情况，落实经费保障，科学合理确定物资储备的种类、方式和数量，加强实物储备。已消耗的应急物资要在规定的时间内，按调出物资的规格、数量、质量重新购置。

校园公共卫生事件应急物资应包括：在医疗方面，要有相应的医疗设备、药品；在社会救助方面，要有救急物资，如帐篷、衣物、食物等；在规划方面，要有应急预案，包括人员的安置疏散物品；在卫生环保方面，要有对应的解决方案和可大规模投放的解毒、遏制发展扩散的药剂。

（四）多部门联动合作

各级卫生、教育部门应根据当地实际情况加强对学校和托幼机构查验预防接种证工作和漏种儿童补种工作的监督和管理；在学校推广水痘和流行性腮腺炎等针对性强、免疫效果好的疫苗接种，减少易感人群的积累；制定本系统突发公共卫生事件防控预案，还可以共同组织培训，联合开展校园突发公共卫生事件应急演练。只有经过卫生和教育部门等方面的共同努力与良好配合，校园突发公共卫生事件才能得到有效的预防和控制。

（五）建立校园公共卫生风险监测系统

国家卫生部以研发并推广应用了《突发公共卫生事件信息管理系统》《救灾防病信息报告系统》《卫生基本信息系统》以及《传染病报告信息管理系统》。这些系统对包括传染病事件（甲、乙、丙与其他非法定传染病）、突发中毒事件（食物中毒、急性职业中毒、其他中毒）、环境因素事件（空气污染、水污染、土壤污染）、群体性不明原因疾病、预防接种与服药事件（群体性预防接种反应、群体预防性服药反应）、医源性感染事件、放射事件（放射事件、其他放射事件）、高温中暑事件和其他公共卫生事件九类事件进行监测。

学校可借鉴这些系统，并加以改造，将学生健康信息录入，及时更新，通过联网与学生家长和当地医疗系统建立联系，一旦监测到学生出现异常情况，便可通过此系统将具体情况及时向家长和医院反映。

（六）应急响应

在事件发生后，迅速有效的应急响应措施可以减少人员伤亡和财产损失。在进行应急响应时主要注意以下几点。

第一，立即组织救治，在学校发生突发公共卫生事件后，当地教育行政部门和学校的首要任务是迅速组织救治。尤其是重病员，要不惜代价，争分夺秒，以最快的速度送往就近的医疗机构进行抢救，或迅速与附近的医疗机构进行联系，请求紧急医疗救助，力争在最短的时间内，使病员在医疗机构的监控之下，使病情能够得到控制或缓解，使危重病员得到及时抢救。

第二，及时控制事件影响范围。要采取果断措施，消除有可能造成突发事件的致病或致毒因素，使之不再发生作用，有效控制突发事件波及的范围。如疑似食物中毒，要迅速追回可疑中毒食品及通知有关人员停止食用可疑中毒食品，并立即停止出售和封存剩余可疑中毒食品；如疑似水源污染造成中毒或疾病传播，要迅速控制或切断可疑水源，防止继续饮用可疑水源；如发生传染病流行，要迅速隔离传染源，对传染性疾病患者有密切接触者也要实施相应的隔离措施。

第三，保护现场，为进一步查找原因保留物证。发生突发公共卫生事件后，在应急处置的同时，要注意保护现场，包括保留剩余食品、饮品、药品及餐具、器具、用具等；配合卫生防疫部门封锁和保护事发现场，对中毒食品、物品等取样留验，对相关场所、人员进行致病因素排查，对中毒现场、可疑污染区进行消毒和处理，或配合公安部门封锁现场，进行现场取样，开展侦破工作。[①]

第四，对相关负责人进行严格追责。在事件发生原因调查后，要对学校的有关责任人、地方卫生行政部门、教育行政部门和直接管理责任人不履行或不正确履行食品卫生职责等失职行为，造成学校发生公共卫生事件的，追究其相应的行政和法律责任。

第五，教学秩序和心理秩序的恢复。在事件处置结束后，学校要及

---

① 廖文科：《我国学校突发公共卫生事件应急处置的基本原则和要求》，《中国学校卫生》2007年第1期。

时对受影响的师生员工进行必要的心理疏导，恢复日常的教学和工作秩序。

针对不同类型的校园公共卫生事件，具体来说可以在事件发生现场采取以下应急响应措施。

1. 食物中毒事件

（1）发现师生有类似食物中毒症状时，应迅速送学校医疗室进行初诊，同时拨打"120"电话或送医院进行处理。

（2）迅速向上级部门及卫生防疫部门报告。

（3）立即停止食品加工、供应活动。

（4）负责保护好现场，封存一切剩余可疑食物及原料、工具、设备、保护好中毒现场和食品留样，防止人为地破坏现场，等候卫生执法部门处理。

（5）迅速排查食用致毒食物的师生名单，并检查他们的身体状况。对已确定患病师生送医院治疗。

（6）及时通知家长并做好家长和家属的工作。

（7）学校要配合卫生行政部门，做好流行病学调查。向患者了解食物中毒的经过，可疑食品、中毒人数，并预测发展趋势。

（8）积极配合上级有关部门做好诊治、调查事件、处理等工作。

2. 突发性传染病事件

（1）在校学生和教职员工发现传染病，立即上报上级部门和疾控中心。

（2）在校外，学生或教职员工一旦出现传染性疾病，应及时就医，不得带病上学、上班。经医院诊断排除传染病后才能回校上课、上班。

（3）在校内发现传染病的学生或教职工，学校应急小组领导立即亲临现场指挥，要求传染病者立即戴防护口罩、手套，在第一时间内利用学校隔离室进行隔离观察，并马上打"120"电话，送定点传染病医院诊治。

（4）通知学生家长或教职工家属，由家长或家属陪同去医院，护送人员都要穿好防护服，戴口罩、手套。

（5）学校领导发现传染病人后，迅速向全体师生公布病情感染源及其采取的防护措施，让广大师生了解情况，安定人心，维护学校稳定。

（6）对传染病病人所在班级教室或办公室及所涉及的公共场所进行消毒，对与传染病人密切接触的学生、教职工进行隔离观察，并做好人员登记。防止疫情扩散，迅速切断感染源。

3. 环境污染事件

（1）发现师生出现头晕、呕吐或其他呼吸道疾病时，联系患病师生家属，及时将其送往校医务室或当地医院检查治疗。

（2）全校师生紧急停课，及时撤离污染区域。

（3）向上级部门和卫生防疫部门报告相关情况。

（4）对全校师生进行体检，有异常者立即进行治疗。

（5）组织专家并协同质监部门对校园及周围的土地、空气、水源等环境状况进行检测，查找污染源，并及时隔离。

（6）积极配合上级有关部门做好诊治、调查事件、处理等工作。

第五章

校园设施安全事件风险分析

一 概 述

随着我国教育事业的蓬勃发展，校园设施建设不断完善，但也存在一定的安全隐患，使得校园设施安全事件时有发生。校园设施安全事件对学校正常教学秩序、校内师生身心安全会产生负面影响，甚至因舆情的放大影响学校和教育部门的声誉，因而，加强校园设施安全隐患排查，提升校园设施安全风险预警能力，加强学校的突发事件应急处置能力是防范校园设施安全事件发生，减缓校园设施安全事件的不良后果的重要工作。

（一）校园设施安全事件的概念

校园设施安全是指学校中的设施设备没有受到损坏从而不会导致人员伤害与财产损害，或者将人员伤亡与经济损失控制在可接受的水平状态下。校园设施安全事件是指学校中的校舍、场地、仪器等可长期使用的物质在使用过程中造成的人员伤亡或经济损失的事件。

（二）造成校园设施安全事件发生的条件

校园设施安全事件与发生条件之间的关系可表示为：

$$物的因素 \otimes 人的因素 \rightarrow 设施安全事件$$

校园设施安全事件发生的条件包括物的因素与人的因素，如图5—1所示。物的因素通常指学校教学、食堂、宿舍、消防及其他设施质量不达标，存在安全隐患；人的因素指校内师生不合理地使用学校设施或对校园设施疏于管理。

校园设施安全事件的发生是人的因素与物的因素相互作用的结果。一方面,校园设施质量的不合格会造成设施安全事件;另一方面,校园设施不恰当使用的也会酿成设施安全事件。

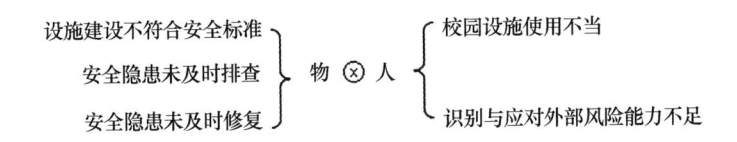

$$\left.\begin{array}{l}\text{设施建设不符合安全标准}\\\text{安全隐患未及时排查}\\\text{安全隐患未及时修复}\end{array}\right\}\text{物}\otimes\text{人}\left\{\begin{array}{l}\text{校园设施使用不当}\\\\\text{识别与应对外部风险能力不足}\end{array}\right.$$

图 5—1 校园设施安全事件与发生条件之间的关系

(三)校园设施安全事件的分类

教学设施安全事件。教学设施安全是指教育教学设施存在倒塌或者发生人身伤害事件的危险、隐患等,教学设施包括教学楼、体育教学设施及实验教学设施。

宿舍设施安全事件。宿舍设施安全是指学校住宿设施存在倒塌或者发生人身伤害事件的危险、隐患等,住宿设施包括宿舍楼、宿舍配套设施,如水电管道设施等。

食堂设施安全事件。食堂设施安全是指学校食堂设施存在倒塌或者发生人身伤害事件的危险、隐患等,食堂设施包括食堂楼、食堂配套设施,如桌椅等。

消防设施安全事件。消防设施安全是指学校突发安全事件时,消防设施不健全、设备和灭火器失灵等安全隐患,消防设施主要包括防火报警设备、应急照明灯、疏散指示标志、疏散通道、安全出口、防火门、消火栓和灭火器等。

其他附属设施安全事件。其他附属设施主要包括燃煤气设施、户外运动设施、道路设施和防雷设施、校车等。

二 校园设施安全事件的典型案例

校园内所发生的教学设施有毒污染、火灾、实验室爆炸、建筑物倒塌事件以及校车事件均属于校园设施安全事件。本章选取崇明裕安小学校舍装修污染事件、"11·14"上海商学院火灾事件、"12·18"清华大学实验室爆炸事件及蓬莱市"11·19"重大道路交通事件等作为典型的校园设施安全案例,还原事件经过,进行校园设施安全风险分析。

(一) 崇明裕安小学校舍装修污染事件①

2015年9月1日开学,崇明陈家镇裕安小学的学生们到安通路上的新校区上课,随后学生们陆陆续续地出现了头晕、呕吐、嗓子疼和皮肤过敏等身体不适症状,严重的脸上和身上还发出了成片的红疹。随后的半个月内,几十余名学生赴当地医院就诊。

9月25日县政府召开紧急会议,启动应急预案,对学校教室内的空气质量进行检测,检测结果显示教室甲醛、氨两项指标超标。

1. 环境维度

裕安小学新校区验收竣工时空气质量检测结果不准确是与事件发生相关的环境因素。

裕安小学的新校区在2015年6月26日通过竣工验收时,委托了相关有资质的检测机构,对空气质量进行了检测,结果是合格通过。事件发生后,县疾控中心立即对学校教室内空气质量应急检测,初步检测结果显示教室内空气中甲醛、氨两项指标不同程度超标。

【相关法规】

国家《民用建筑工程室内环境污染控制规范》(GB 50325—2015)明确规定了学校教室、幼儿园等Ⅰ类民用工程在进行验收时,必须进行室内环境污染物浓度监测。其限量应符合以下规定:氡(Bq/m^3)≤200;甲醛(mg/m^3)≤0.08;苯(mg/m^3)≤0.09;氨≤0.2;TVOG(mg/m^3)≤0.5,以上限量值除氡气外均指室内测量值扣除同步测定的室外上风向空气测量值(本底值)之后的测量结果。

---

① 《上海崇明疾控中心证实裕安小学教室甲醛和氨超标》,人民网(http://legal.people.com.cn/n/2015/0928/c188502-27643370.html)。

国家质量监督检验检疫总局和国家标准化管理委员会日前发布《室内装饰装修材料有害物质限量》等10项国家标准，自2002年1月1日起正式实施。10项标准是：《室内装饰装修材料人造板及其制品中甲醛释放限量》（GB 18680—2001）、《室内装饰装修材料溶剂型木器涂料中有害物质限量》（GB 18681—2001）、《室内装饰装修材料内墙涂料中有害物质限量》（GB 18682—2001）、《室内装饰装修材料胶粘剂中有害物质限量》（GB 18683—2001）、《室内装饰装修材料木家具中有害物质限量》（GB 18684—2001）、《室内装饰装修材料壁纸中有害物质限量》（GB 18685—2001）、《室内装饰装修材料聚氯乙烯卷材地板中有害物质限量》（GB 18686—2001）、《室内装饰装修材料地毯、地毯衬垫及地毯用胶粘剂中有害物质限量》（GB 18687—2001）、《混凝土外加剂中有害物质释放限量》（GB 18688—2001）、《建筑材料放射性核素限量》（GB 6566—2001）。

2. 事件维度

事件发展按照演化顺序可分为缘起阶段、应急救援及善后处置三个阶段。

（1）缘起阶段

自9月1日开学，崇明陈家镇裕安小学的学生们到安通路上的新校区上课，学生们陆陆续续地出现了头晕、呕吐、嗓子疼和皮肤过敏等身体不适症状，严重的脸上和身上还发出了成片的红疹。

（2）应急救援阶段

9月26日17时30分，县疾控中心对该小学的各个教室的空气质量进行了检查，检测结果显示，不少教室甲醛和氨不同程度超标。

9月27日，政府高度重视该事件，环境监测和卫生部门介入调查。

（3）善后处置阶段

10月国庆节前学校组织全校学生体检，体检结果显示十余名学生的情况比较严重，并将这些学生送往医院治疗。随后，家长们均收到一份来自学校的告知书，其中包括"给予每位受影响学生一次性3000元补偿慰问费"，"我校承担所有本次空气污染有关的学生体检、治疗、交通和护理等费用"。

【相似案例】

2016年9月，新学期伊始，江苏镇江句容市实验小学部分学生反映出现突发流鼻血、口渴、喉鼻不适等状况。一些学生家长怀疑，这与该校在暑假用油漆刷新部分教室课桌、新修塑胶跑道等因素有关。①

3. 管理维度

管理维度回顾了学校及相关政府部门在事件中采取的应急管理行为。

(1) 学校

在事发之后，9月26日，校方进行了封校检测，但却迟迟没有公布检测结果。

裕安小学校长表示，学校将搬回老校区上课。针对学生家长提出的要给学生做体检等要求，学校称会请示上级主管部门。

10月初，学校组织全校学生进行体检，并于10月13日拿到体检报告。此后，学校向学生家长发放了一份告知书，说明对事件的处理方式，表示学校会组织常规体检，家长可以根据学生身体状况申请血常规和全胸片检查，经权威医疗机构确诊因本次甲醛超标引发的相关症状，所有治疗费用由学校承担。但对于什么算"权威医疗机构"、具体中毒处理标准、赔偿时间表等，学校都没有确切的答复，只是回应学校将按照县里的部署办事。

(2) 教育行政部门

教育部门领导在接受记者采访时表示，有关部门在6月23日完成了对裕安小学新校区土建竣工验收，7月1日完成空气质量监测，之后交付学校使用。当时检测时，空气质量是合格的，面对该情况，政府部门将对学校的污染源进行检测。

(3) 医疗系统

9月26日，崇明县疾控中心对裕安小学的各个教室进行了检查，检

---

① 《江苏句容5天化解小学异味跑道风波：检测合格三个年级仍换校》，凤凰资讯（ht-tps：//www.thepaper.cn/newsDetail_ forward_ 1525463）。

测结果显示，大多数教室的甲醛和氨不同程度超标。

（4）其他相关政府部门

县卫计委派出有丰富经验的医生随同老师分组前往这些学生家里探访。同时，县市场监管局将对安通路校区内的橱柜、窗帘等材质进行取样，封存后送市级检测机构检测。

4. 案例启示

（1）加强环境检测的问责

新校舍在启用之前进行了空气质量的检测，监测结果表示空气质量合格。实际上，空气质量并不合格，这表明校方未充分重视空气质量的检测，因此，学校和教育行政部门应提高对学校环境检测的重视程度，对未履行职能的机构进行严厉惩处。

（2）加强学校风险识别能力

事件发生伊始，陆陆续续有学生头晕、呕吐、过敏等现象出现，并未引起学校的重视，时隔近一个月，有近百名学生产生不适现象，才引起学校重视。若能在危机初期对风险进行识别，及时决策，应急处理，将能大大减轻事件的危害和损失程度。

（3）提升学校应急处置水平

事件发生后，学校未及时公开事件信息，引起了学生家长对学校事件处理方式的不满，因此，在出现紧急情况时，学校应在第一时间采取应急措施，稳定家长情绪，避免家长情绪恶化，深化校方与家长之间的矛盾；再成立事件应急处置小组，协调环保部门、卫生部门，及时公开学校的空气质量检测结果，对身体出现不良反应的学生进行救治，提升学校应急处置水平。

（二）"11·14"上海商学院火灾事件[①]

2008年11月14日早晨6时10分左右，位于上海市中山西路2271号的上海商学院徐汇校区一学生宿舍使用"热得快"引发电器故障，产生火花，并将其周围可燃物引燃，导致火灾。

---

① 《上海商学院今晨发生火灾　四名女大学生跳楼身亡》，搜狐新闻（http：//news. sohu. com/20081114/n260630436. shtml）。

1. 环境维度

与事件发生相关联的环境因素包括以下三个方面。

（1）上海商学院宿舍楼内存在大量易燃物

起火的宿舍面积约为20平方米，室内放置有6张床以及桌柜、棉被等一系列生活杂物，空间狭小，东西堆放较多，存在安全隐患。

（2）宿舍楼内逃生通道不畅通

事件发生的宿舍楼3层通往4层的楼梯口，有一扇伸缩铁门阻隔。发生火灾时，这扇铁门是紧锁的。消防部门的防火专家表示，出于治安方面的考虑，学校安装了这扇伸缩铁门，但却阻挡了逃生通道的畅通。

（3）宿舍内消防设施过期

宿舍楼内有消防栓，两个灭火器，但经校方证实，灭火器已过期。起火大楼内部及公用卫生间内亦无自动喷淋器。

【相关法律法规】

《机关、团体、企业、事业单位消防安全管理规定》指出，设施齐全、完好有效是公众聚集场所使用的条件之一。

《上海市学校消防安全管理规定》禁止在学生宿舍（公寓）、办公室及其他场所使用"热得快"等易引起火灾的电热器。对在宿舍内不遵守安全用电规定的学生，应按校纪校规严肃处理。学校应定期组织师生开展疏散逃生等消防演练，每位学生在幼儿园、小学、中学和大学学习期间，参加疏散逃生等消防演练各不少于1次。

2. 事件维度

事件发展按照演化顺序可分为缘起阶段、应急救援及善后处置三个阶段。

（1）缘起阶段

2008年11月14日上午6时10分左右，上海商学院徐汇校区一学生宿舍楼冒出浓烟，随后又蹿起火苗，屋内6名女生被惊醒，其中2名女生到公共水房取水，另4名女生则留在房中灭火。大火越烧越旺，4名穿着睡衣的女生被浓烟逼到阳台上。

6时12分，市公安局"110"指挥中心接报学生宿舍楼着火。警方迅速调派辆消防车赶赴现场处置。

(2) 应急救援阶段

6时22分,消防官兵赶到现场开始救援。十几分钟后,火势全部扑灭,火灾未殃及楼内其他宿舍。此时,距4名女生跳楼求生不过几分钟时间。后"120"赶赴现场,确认4名跳楼女生已经死亡。

(3) 善后处置阶段

下午5时30分左右,上海警方就上海商学院学生宿舍起火事件发布初步调查结果:经消防部门勘查,发生在上海商学院宿舍楼的火灾原因现已初步查明,系宿舍学生使用"热得快"电器故障,并引燃周围可燃物所致。

【相似案例】

2008年5月5日,中央民族大学28号楼6层S0601女生宿舍发生火灾。火灾发生时大部分学生都在楼内,所幸消防员及时赶到将千名学生紧急疏散,才没有造成人员伤亡。起火原因为插线板发生短路,火花引燃了附近可燃物。[①]

2009年2月9日18时20分,兰州大学医学院校区2号女生公寓4楼409宿舍发生火灾。据调查,事件系一名假期未回家的女同学私用电热棒烧水,电热棒的线路长时间受热起火,又引燃了一旁床铺上的棉被所引发。[②]

3. 管理维度

管理维度回顾了学校及相关政府部门在事件中采取的应急管理行为。

(1) 学校管理部门的应急反应

火灾事件发生后,该宿舍两名女生大声呼救,目击者立即拨打"110"呼叫救援。学校领导第一时间赶到现场紧急处理,全校各职能部

---

① 《中央民族大学宿舍发生火灾 几百名女生紧急疏散》,新浪网(http://news.sina.com.cn/s/2008-05-06/005015481351.shtml)。

② 《高校火灾真实案例(二)》,辽宁石油化工大学(http://baoweichu.lnpu.edu.cn/3.jsp?urltype=news.NewsContentUrl&wbtreeid=11624&wbnewsid=177613)。

门立即启动应急处置预案。

（2）消防系统的应急反应

市公安局"110"指挥中心接报之后，警方迅速调派9辆消防车赶赴现场处置，大约耗时仅10分钟。

4. 案例启示

通过还原整个事件可得出以下启示。

（1）提高师生消防安全意识

大多学生的消防安全意识薄弱，往往为贪图方便冒险使用违规电器，而学生使用违规电器正是事件发生的导火索。因此，学校应通过加强消防安全教育，提高在校师生的消防安全意识，将火灾事件发生风险遏制在萌芽状态。

（2）强化消防安全管理

事发前日才对违规电器进行彻查，隔日就发生了火灾，这表明学校的消防安全管理工作浮于表面；楼内的灭火器过期、安全疏散通道不畅通等，说明学校未及时更新校园消防设施。因此，强化学校的消防安全管理工作是杜绝校园火灾事件发生的重要措施。

（3）加强应急能力培训

事件发生时宿舍女生原本有两次逃生机会：一是火势尚小时未及时逃出宿舍；二是面对熊熊大火丧失理智，慌乱下跳离阳台，未能等到消防救援。学生的逃生意识不足、自救能力的缺失是该事件酿成惨重后果的重要原因。因而，加强在校师生的应急能力培训是减少事件伤害程度的重要手段。

(三)"12·18"清华大学实验室爆炸事件[①]

2015年12月18日上午10时10分左右，清华大学一博士后进行氢气化学实验时，化学实验用氢气瓶泄漏，导致突然爆炸起火，该博士后不幸当场死亡，实验室窗户炸毁，玻璃碎裂，阳台护栏掉落，相邻的一二三楼外侧墙体熏黑，室内一片狼藉，化学实验仪器损毁，地面积水较深，

---

① 《清华大学一实验室发生爆炸，一名博士后不幸死亡》，人民网（http://tv.people.com.cn/n1/2015/1219/c39805-27949657.html）。

楼内充满刺鼻的化学品味道。

1. 环境维度

实验室摆放着容易相互反应的实验与化学物品是与事件发生相关联的环境因素。

事件发生实验室面积约为 40 平方米，分为一大一小两个实验区域，实验室内部摆放有各种化学药品和化学仪器，周围的化学药品极易起连锁反应，存在安全隐患。

【相关法律法规】

中华人民共和国国务院令第 591 号《危险化学品安全管理条例》规定，生产、储存危险化学品的单位，应当根据其生产、储存的危险化学品的种类和危险特性，在作业场所设置相应的监测、监控、通风、防晒、调温、防火、灭火、防爆、泄压、防毒、中和、防潮、防雷、防静电、防腐、防泄漏以及防护围堤或者隔离操作等安全设施、设备，并按照国家标准、行业标准或者国家有关规定对安全设施、设备进行经常性维护、保养，保证安全设施、设备的正常使用。

《教育部办公厅关于进一步加强高等学校实验室危险化学品安全管理工作的通知》提出要高度重视实验室危险化学品管理工作。各地、各部门和各校应及时了解和掌握所属学校和本校实验室危险化学品的种类和使用、管理等具体情况，严格按照国家相关规定，进一步加大监管力度，切实落实各项管理要求，对涉及实验室危险化学品管理的重点部位和薄弱环节进行重点排查，堵塞漏洞，排除隐患，确保安全，并要有针对性地建立事件应急预案。

《清华大学化学危险物品安全监督管理的规定》指出，使用化学危险品的实验和生产部门应当采取安全防护措施和配备安全防护用具。使用化学危险品的部门应当根据化学危险品的种类、性能，设置相应的通风、防火、防毒、防潮、防静电、降温、避雷、隔离操作等措施。

2. 事件维度

事件发展按照演化顺序可分为缘起阶段、应急救援及善后处置三个阶段。

(1) 缘起阶段

2015年12月18日上午，位于清华大学校园西北部的化学何添楼北面二层213实验室内，多名化学系学生在进行化学实验。10时10分左右，一博士后所处的试验台上突然冒出明火和烟雾，烟雾短时间内便弥漫了整个屋子，实验室内人员紧急逃出屋外，刚逃出实验室，就听见室内一声如铁桶坠地般的巨响，火苗和浓烟迅速蹿往窗外，伴随"噼里啪啦"的响声。师生第一时间报警，消防车以及救护车紧急赶往现场处置。

(2) 应急救援阶段

10时30分左右，多辆消防车抵达现场，开始救援。火灾发生后，楼内师生及时组织撤离，并疏散周围人员。

之后，学校发布紧急通知，"清华何添楼化学实验室着火，有爆炸的可能，请同学们注意绕行"，并宣布在该楼上的课全部暂停。

紧接着，区环保局对事发地点周围的空气进行检测，未检测到有害气体。

当天下午，考虑到何添楼北侧地面在灭火过程中产生废水积聚，实验室有常规化学药品，积水可能会对环境造成危害，学校对积水先行填沙覆盖，请专业机构下午进行集中收集处理，防止直接进入下水道可能造成污染，校方又向事件发生地运送了沙土。

(3) 善后处置阶段

下午6时，接到学校通报的消息后，不幸遇难的博士后的家属陆续赶到学校。化学系负责人表达了学校师生们的哀悼和慰问。

12月20日下午，海淀公安分局向化学系实验室事件的身故者家属通报了事件现场勘察结果及初步结论。

【相似案例】

2013年4月30日，南京理工大学一废弃实验室发生意外事件。当事人一行5人去回收废弃实验室内的一些材料，在切割钢罐时发生火灾，正想灭火时发生爆炸，导致房屋倒塌被埋。该事件造成1

人死亡，2名重伤，2名轻伤。①

2015年4月5日中午12时40分，中国矿业大学南湖校区化工学院实验室因瓦斯爆炸，发生爆燃事件，造成4人受伤，1人死亡。②

3. 管理维度

管理维度回顾了学校及相关政府部门在事件中采取的应急管理行为。

（1）学校管理部门的应急反应

事件发生第一时间，学校师生拨打"119"呼叫消防队前来救援。事件发生后，学校立即启动应急处置预案，配合消防、安监、环保等部门展开事件调查，疏散师生、科学处理危险化学品火灾，及时避免事件影响的进一步扩大。第一时间联系遇难者家属处理善后事宜，紧急召开校党委常委会和各单位安全工作专题会布置安全检查，做好相关后续工作。

（2）环保部门的应急反应

火势扑灭后，海淀区环保局及时赶往现场对何添楼现场周边上风区、下风区进行检测，避免产生进一步污染。

（3）公安部门

海淀公安分局在事发后及时向化学系实验室事件的身故者家属通报了事件现场勘察结果及初步结论：该事故系实验所用氢气瓶意外爆炸、起火，导致身亡。

（4）消防系统的应急反应

接到报警电话，消防队立即派出一个中队前往救援，距离事件发生仅仅不到二十分钟，数辆消防车立即赶到现场展开救援。

4. 案例启示

（1）定期开展师生实验室安全自救演练

实验室由于存储着大量化学物品，易发生爆炸、火灾事件，因此，

---

① 《南京理工大学废弃实验室爆炸事件原因初步查明》，中国教育新闻网—中国教育报（http://www.jyb.cn/high/gdjyxw/201305/t20130503_536358.html）。
② 《中国矿业大学南湖校区化工学院实验室发生爆燃1死4伤》，中新网（https://www.guancha.cn/society/2015_04_05_314882.shtml）。

学校应定期开展师生实验室安全自救演练，增强师生在事件发生时的自救能力，最大限度降低事件伤害。

（2）编制实验室火灾或爆炸事件应急预案

该事件由于发生在实验室，灭火时考虑实验室危险化学品是否会造成二次爆炸或污染，因而需采取特定的灭火方式。所以学校在编制实验室火灾或爆炸事件应急预案时需要有针对性地编制特定的应急预案。

（3）加强实验室设施安全管理

实验室存放着大量易燃易爆物品，实验过程容易发生爆炸。实验室设施管理的疏忽往往是酿成实验室爆炸、实验室火灾等事件的重要原因，因此，应加强对实验室物品的管理、建立实验人员的使用规范、制定实验器材使用制度，降低事件发生的可能性。

（四）蓬莱市"11·19"重大道路交通事件[①]

2014年11月19日7时30分左右，烟台金进建材有限公司一辆重型自卸货车，沿烟台蓬莱新机场路由南向北行驶至蓬莱市潮水镇刘家庄村路段时，与蓬莱市潮水镇潮水四村幼儿园雇用的一辆小型面包车（由东向西行驶）相遇。重型自卸货车在向左打方向避让时，导致车辆重心发生偏移向右倾翻，砸压在小型面包车上，重型自卸货车所载沙土将小型面包车掩埋，致使面包车司机和11名儿童死亡，3名儿童受伤。

1. 环境维度

与事件发生相关联的环境因素包括以下几个方面。

（1）幼儿园校车为"黑校车"

蓬莱市潮水镇潮水四村幼儿园为烟台市级一类民办幼儿园，2007年12月31日取得蓬莱市教育体育局核发的学前教育办学许可证。事发的面包车属8座面包车，实载15人。经教育、公安、交通等部门认定，该面包车不具备校车条件，为非法营运。

（2）肇事车辆运营行为不合法

肇事重型自卸货车，登记证所有人为烟台金进建材有限公司。车辆

---

① 《山东蓬莱"11·19"重大道路交通事件专项督导报告》，中华人民共和国教育部（http://old.moe.gov.cn//publicfiles/business/htmlfiles/moe/s5987/201412/181858.html）。

核定载质量12.85吨,事发时,该车实载24.28吨,超载88.95%。根据该车《汽车技术条件》的参数标准,该车货厢挡板高度应为1.15米。经检测,该车货厢挡板高度被加高0.55米,货厢挡板实际高度为1.7米。经调查,加高货厢挡板系烟台金进建材有限公司私自加装,年检时将加高货厢挡板拆除,逃避监管。

(3) 事发路段存在安全隐患

事件发生路段位于新机场路K4+385.222米与平小路连接处。事发时所处位置正处于施工路段。施工路段,路况存在安全隐患。

【相关法规】

《校车安全管理条例》规定,集中接送入园幼儿应当使用按照专用校车国家标准设计和制造的幼儿专用校车,并且需要获得县级以上人民政府的审查批准,取得运营许可的车辆应当配备统一的校车标志灯和停车指示标志;校车载人不得超过核定的人数,不得以任何理由超员;校车载人超过核定人数的,由公安机关交通管理部门扣留车辆至违法状态消除,并依照道路交通安全法律法规的规定从重处罚。

2. 事件维度

事件发展按照演化顺序可分为缘起阶段、应急救援及善后处置三个阶段。

(1) 缘起阶段

2014年11月19日上午8时左右,山东省蓬莱市潮水镇新机场连接路上,一辆拉沙大货车与一幼儿园接送面包车相撞。截至当日下午4时20分,事件造成12人死亡3人轻伤。

(2) 应急救援阶段

11月20日,山东省政府成立烟台蓬莱市"11·19"重大道路交通事件调查组,展开事件调查。经调查,事件地点位于潮水镇刘家庄村附近,平小线与烟台蓬莱新机场路连接处。肇事货车严重超载,肇事面包车为潮水四村幼儿园负责人雇用的非营运车辆,核载8人,事发时实载15人,车辆严重超员。

(3) 善后处置阶段

11月29日,11名遇难儿童的家属全部签订协议。受伤的3名儿童情况稳定。

12月5日,山东省政府新闻办召开新闻发布会,通报了烟台蓬莱幼儿园校车与大货车相撞致11名幼儿死亡的事件情况和处理结果。幼儿园园长、货车司机等4人已被刑事拘留。

2015年3月18日,山东省政府批复了蓬莱市"11·19"重大道路交通事件调查报告,并批复同意依法追究相关人员的责任。

11月12日,山东省蓬莱市人民法院当庭宣判,以过失致人死亡罪分别判处货车司机、幼儿园园长以及校车车主4人五年、三年和三年半有期徒刑。此外,货车车主被判缓刑。

【相似案例】

2014年7月10日下午5时左右,湖南省湘潭市雨湖区响塘乡金侨村乐乐旺幼儿园所属的一辆校车在送幼儿回家途中,经过与长沙市交界处的长沙岳麓区含浦街道干子村时翻入水塘。最终造成11人遇难,其中幼儿8名。该校车为核载7人的面包车,而事发时校车却搭载了11人。①

3. 管理维度

管理维度回顾了学校及相关政府部门在事件中采取的应急管理行为。

(1) 国务院及省政府

事件发生后,党中央、国务院高度重视,要求全力组织救治受伤儿童,妥善处理善后,细致做好家属安抚,尽快查明事件原因并追究。有关部门都派出工作组赶赴现场,指导救援,督导事件调查工作。

2014年11月20日,山东省政府成立烟台蓬莱市"11·19"重大道路交通事件调查组并召开全体会议,对事件调查工作做出部署。

11月23日,山东省政府对蓬莱市"11·19"重大道路交通事件进行了

---

① 《湖南湘潭一幼儿园校车翻入水塘》,网易新闻(http://news.163.com/14/0712/08/A0UJKTD700014AED.html)。

通报，表示既要追究事件当事方的责任，同时也要追究管理部门的责任。

(2) 教育行政部门

11月20日，教育部紧急通知各地教育部门和中小学及幼儿园，要努力确保上下学交通安全，要逐校逐园逐生对上下学乘车情况进行全面检查，要加强校车驾驶人和随车照管人员的教育管理，做好校车的维修保养。严禁出现超速、超载、疲劳驾驶、逆向超车、不按规定路线行驶等交通违法行为。学校要教育学生注意上下学交通安全，提醒家长不要让学生乘坐农用拖拉机、三轮汽车、低速货车、拼装车和报废车。

(3) 医疗卫生部门

"11·19"事件发生后，接治伤员的蓬莱市人民医院、蓬莱市中医医院都在第一时间启动了应急预案，尽最大努力对伤者进行全力抢救。省、市还组织了专家组进驻医院随时对孩子的病情进行评估，进行新的治疗。

与此同时，蓬莱市妇联还在全市征集筛选了经验丰富的6名国家二级心理咨询师、2名国家三级心理咨询师组成志愿者服务队，随时准备对事件中有心理咨询需求的人员提供帮助。

(4) 公安部门

蓬莱市公安局"110"接到报警后迅速出警，抢救伤员。并控制了肇事司机。

随后，公安部召开预防重特大道路交通事件视频会。会议指出各级公安交管部门要深刻吸取事件教训，全面排查整改安全隐患，加大严重交通违法行为查处力度，强化源头和路面综合治理，坚决预防重特大道路交通事件的发生。

(5) 其他相关政府部门

相关部门对救治受伤儿童、善后处理、事件调查、责任追究都提出了明确要求。省有关部门负责同志分别赶赴事件现场，要求坚决落实中央领导同志重要指示，认真搞好事件调查和责任追究，深刻吸取事件教训，举一反三，强化措施，严防类似事件发生。

4. 案例启示

(1) 建立校车使用专项资金

建立校车使用专项资金，一方面便于及时更新校车，淘汰报废校车；另一方面，便于及时排查校车存在的安全隐患，对存在安全隐患的校车进行维修，降低由于校车质量存在问题而导致事件发生的可能性。

（2）加强对校车质量与运营资格的检查

幼儿园"黑校车"已营运几年，直到发生重大道路交通事件时才被发现，表明相关教育行政部门未及时检查出该校校车存在的问题。所以学校管理部门应重视对各学校校车质量与运营资格的检查，提升学校对校车安全的重视。

（3）提高校车驾驶人员的风险防范能力

校车载人数较多，发生事件时的影响范围较大，学校的校车驾驶人员应具备极高风险防范能力，及时发现校车驾驶过程中存在的安全隐患，在出现突发情况时及时停车，观察事态，并采取措施解决安全隐患。

三　校园设施安全事件风险评估

（一）风险识别

采用事故树法对校园设施安全事件的风险进行识别，可深入分析引起事件发生的原因，识别校园设施安全风险，为决策者管理校园安全风险提供参考。下面分别采用事故树分析法对校舍污染、校园火灾/爆炸事件、校车事件的发生过程与发生原因进行了分析，对校园设施安全风险进行识别。

1. 校舍污染风险识别

校舍污染事件的发生主要源于学校在进行校舍装修时的装修质量管理不到位，如使用质量不合格的装修产品、未对校园空气质量进行检测、校园空气质量监测结果不真实。以上三者均是校园安全管理体系脆弱性的体现。校舍污染事件发生过程及原因分析如图5—2所示。

2. 校园火灾/爆炸风险识别

校园火灾事件的发生原因可以分为两类：一是学校对消防设施的管理不到位、应急措施不完善，未及时发现和处理消防安全隐患等管理因素；二是人为地使用违规电器，事件发生时灭火能力及逃生能力不足等人为因素。与火灾事件类似，校园爆炸事件的发生也包括学校爆炸物品的管理不足与人为的引爆行为两类致灾因子。图5—3从火灾事件发生的可燃物、引火行为两个基本构成要素出发，深究校园火灾事件发生的原因，识别校园火灾风险。

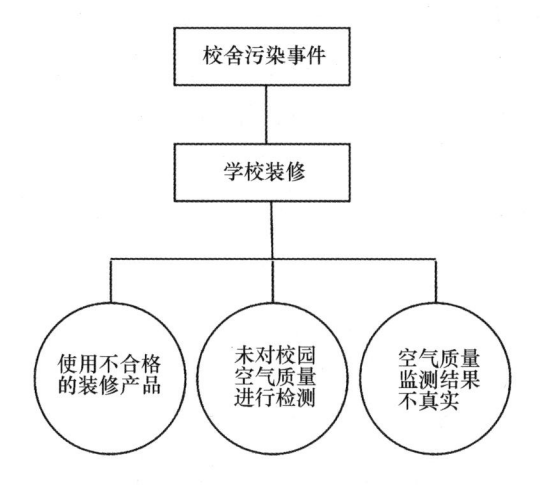

图5—2　校舍污染风险识别示意图

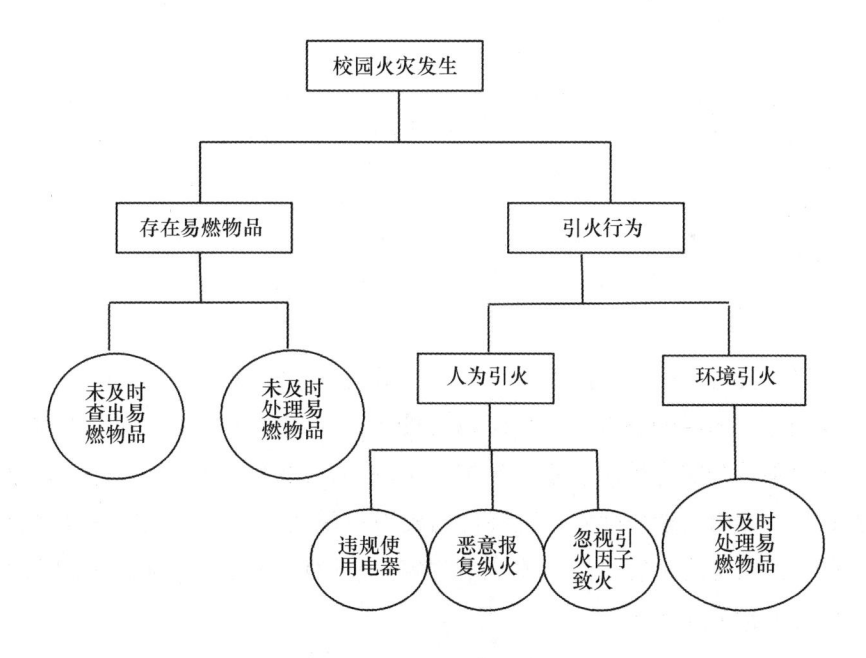

图5—3　校园火灾风险识别示意图

3. 校车风险识别

校车事件往往由两方面的因素直接造成，即校车存在安全隐患与相关责任人的行为不当，其中相关责任人指的是驾驶员以及车上的负责老师。在山东蓬莱校车事件中,"黑校车"说明学校及相关教育行政部门未对该校校车进行及时检查,体现了校园设施安全管理体系的脆弱性,驾驶员的疏忽则是相关责任人的行为不当,这两方面的因素均导致了该事件的发生。图5—4对从校车事件发生时校车的质量与行驶资格、责任人的行为两方面出发,分析校车事件发生的原因,识别校车风险识别。

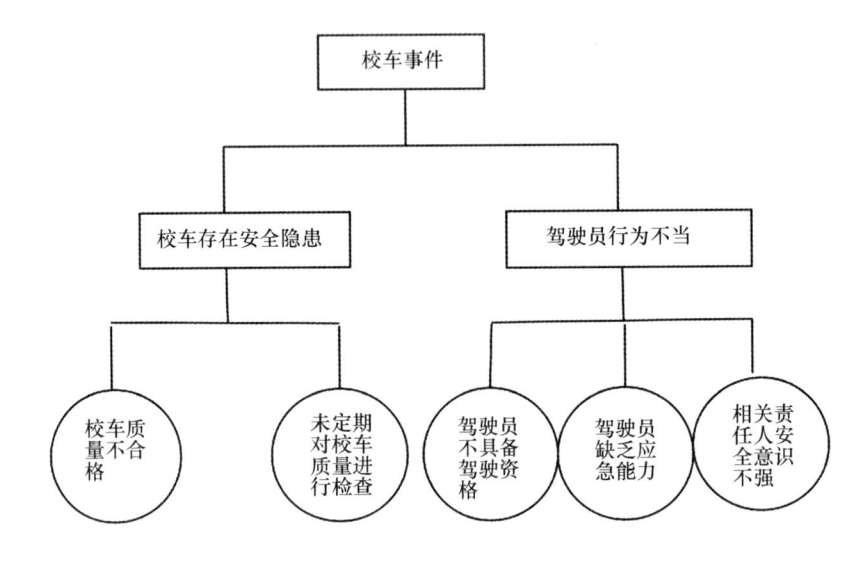

图5—4 校车事件风险识别示意图

以上分析表明,校园安全设施事件的发生因子包括两类,即校园设施安全管理体系的脆弱性、校园设施管理与使用不当。一方面,学校设施建设不符合安全管理规定,设施过于陈旧,未及时修复会引起安全事件;另一方面,学校师生未正确使用校园设施或未及时发现所处环境设施存在的安全隐患容易造成安全事件等。校园设施安全的风险识别情况大致可概括为表5—1。

(二) 风险分析

通过对校园设施安全的典型案例进行分析,结合专家评价与数据调查情况,得出校园设施安全风险存在以下特点。

表 5—1　　　　　　　　校园设施安全风险识别表

风险类型	风险指标	具体表现
校园设施安全体系的脆弱性	学校设施建设不符合相关建设标准	A. 教学楼楼道过窄； B. 消防设施配备不足； C. 未建立应急逃生通道等
	学校设施安全隐患	A. 消防设施过于陈旧，如校车、消防设施； B. 楼房倾斜
	学校设施安全隐患未及时处理	A. 拖延修建时间； B. 设施修复工程验收不合格等
设施管理与使用不当	正确使用设施的能力不足	A. 实验器材使用不当； B. 不按规定开展实验； C. 设备使用人员不具备使用资格，如校车驾驶人员没有驾照； D. 使用违规电器等
	识别与应对外部风险能力不足	A. 不具备风险防范意识； B. 事件发生时未采取应急措施，降低事件的伤害程度等

1. 人为与物为因素相互作用酿成恶果

以校园火灾事件为例，火灾的发生包括可燃物与引火行为，其中，可燃物是事件发生的物的因素，引火行为则是事件发生的人的因素。上海商学院火灾事件中的人的因素是学生使用违规电器，物的因素则包括宿舍易燃物较多、消防通道的堵塞等。同样的，清华实验室爆炸事件的发生，一方面是实验器材乱放的人为因素引起的，另一方面是实验室实验器材较多较杂，实验室环境易于物品之间发生化学反应的物为因素引起的。

2. 校园设施安全事件的伤害程度较大

一般而言，校园设施安全事件通常包括房屋倒塌或高空坠物、火灾、爆炸、校舍污染及校车五类。校园设施安全事件伤害程度较大体现在以下两方面：一是校园设施本身的面积或质量较大，损害的公共财产较多，发生事件时的伤亡程度较大，如房屋倒塌或高空坠物、火灾、爆炸的伤害程度很大，轻则大量的财务损失，重则大面积人员伤亡；二是学校因学生人数较多，人口密度较大，发生事件时伤害的范围较广，如校舍污染则造成人员伤亡的数量较多。

3. 中小学、幼儿园校车事件发生率最高

据不完全统计，2011年1月至2016年5月，发生的校园设施安全事件中数量最多的是校车类事件。如图5—5所示，校车事件发生数量占校园设施安全事件的45%，而校车事件一般发生在中小学及幼儿园，可见中小学、幼儿园校车事件发生率之高。对校车疏于管理，未及时排查校车存在的安全隐患，且校车驾驶员的不当驾驶行为及缺乏基本的安全责任意识，是校车事件频发的重要原因。因此，学校及相关政府管理部门应加强对校车管理，保障校车安全运营。

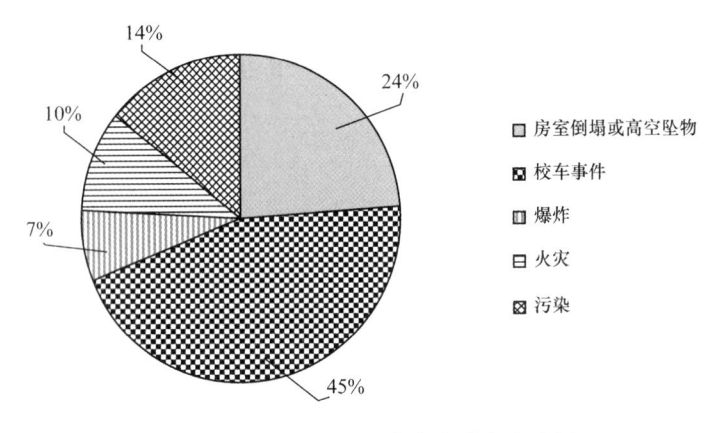

图5—5　各类校园设施安全事件发生比例

（三）风险评价

为进一步对学校设施安全风险等级进行评价，及时采取措施防范校园设施安全风险，需构建校园设施安全风险评价体系。在对以上校园设施事件进行案例分析的基础上，以《民用建筑设计通则》（GB 50352—2005）、《中小学校设计规范》（GB 50099—2011）、《危险化学品安全管理条例》及《教育部办公厅关于进一步加强高等学校实验室危险化学品安全管理工作的通知》等文件对学校教学、食堂、宿舍、消防设施及其他设施的建设与管理标准做出的明确规定为依据，通过德尔菲法，总结筛选出校园设施安全风险评价的十项指标。每项表的得分范围为 0—10 分,通过加总各项风险指标得分,得出校园设施安全的总得分,最高为 100 分,最低为 0 分。具体评价内容及评价标准,如表 5—2 所示。

表 5—2　　　　　　　　校园设施安全风险评价表

风险指标	风险评价内容	评分标准
教学设施安全	A. 教学楼外廊宽度是否≥1.8m; B. 教学楼内廊走道的宽度是否≥2.1m; C. 教学楼外廊栏杆高度是否≥1.1m; D. 教学楼室内楼梯栏杆高度是否≥0.9m; E. 教学楼楼梯扶手高度≥0.9m; F. 教学楼楼梯井宽度≤0.2m; G. 教室门的宽度≥1m; H. 教学楼安全通道是否畅通; I. 教学楼安全出口是否有指示标志	学校实际情况与《民用建筑设计通则》(GB 50352 – 2005)、《中小学校设计规范》(GB 50099 – 2011)中教学楼的设施建设标准的符合率 N(百分比),评价得分为 10 × N
	J. 体育教学器械是否存在安全隐患; K. 体育教学器械是否定期进行维护和检查; L. 学校运动场地投掷区与其他运动区是否分开	评分标准同上
	M. 教学实验用品是否有标识; N. 教学实验用品是否有指定地点存放; O. 教学实验室是否张贴了管理制度表	学校实际情况与《中小学校设计规范》(GB 50099 – 2011)、国务院《危险化学品安全管理条例》、《教育部办公厅关于进一步加强高等学校实验室危险化学品安全管理工作的通知》中学校教学实验建设及管理标准的符合率为 N(百分比),评价得分为 10 × N

续表

风险指标	风险评价内容	评分标准
宿舍设施安全	A. 宿舍的两个单床长边之间的距离是否≥0.6m； B. 两床床头之间的距离是否≥0.1m； C. 宿舍建筑内的管理室宜设置在主要出口处，其使用面积≥8平方米； D. 宿舍安全通道是否通畅； E. 宿舍铁架床是否存在不牢固等隐患； F. 是否定期对宿舍建筑物的安全情况进行检查	学校实际情况与《民用建筑设计通则》（GB 50352-2005）、《中小学校设计规范》（GB 50099-2011）中学校宿舍建设标准的符合率为N（百分比），评价得分为 $10 \times N$
食堂设施安全	A. 学生食堂人均总面积是否为在校生人均1.3平方米—1.5平方米； B. 食堂设施是否存在安全隐患； C. 教工食堂总面积是否为在校教工就餐人均≥1平方米； D. 食堂的粗加工间、工间、操作间、点心间、配餐间等，所占的面积是否为食堂总面积的30%—40%； E. 食堂是否张贴有消毒制度表； F. 是否定期对食堂建筑物进行检查	学校实际情况与《民用建筑设计通则》（GB 50352-2005）、《中小学校设计规范》（GB 50099-2011）中学校食堂建设标准的符合率N（百分比），评价得分为 $10 \times N$
消防设施安全	A. 消防器材是否能正常使用； B. 消防器材是否定期进行检查	学校实际情况与《中华人民共和国消防法》《学校消防安全管理制度》规定，及《学校消防器材配备标准》中学校消防设施建设标准的符合率N（百分比），评价得分为 $10 \times N$
其他设施安全	A. 教学楼、宿舍楼过道应急照明设备是否齐全； B. 学校是否定期对照明设备进行检查或者维修； C. 教室、宿舍、实验室的线路是否裸露或者老化； D. 学校围墙、宣传栏、墙报栏等其他附属建筑物是否存在安全隐患； E. 学校的电器插座是否安全； F. 学校是否有电子监控设备； G. 是否对学校的交通设备进行定期检查与维护	学校实际情况与《民用建筑设计通则》（GB 50352-2005）、《中小学校设计规范》（GB 50099-2011）中对学校的电器设备、围墙、宣传栏、墙报栏等设施建设标准的符合率N（百分比），评价得分为 $10 \times N$

续表

风险指标	风险评价内容	评分标准
设施使用情况	A. 学校是否曾发生过因错误使用设施造成的设施安全事件； B. 学校是否定期组织设施安全使用技能培训	曾发生因错误使用设施造成的设施安全事件，且半年之内未组织安全技能培训——4分； 曾发生过且三个月之内组织过技能培训，或未发生过但六个月内未组织过培训——6分； 未曾发生且三个月内组织过技能培训——8分； 未曾发生且一个月内组织过技能培训——10分
师生应急能力	A. 学校师生能否及时发现学校设施存在的安全隐患； B. 学校是否定期组织校园设施安全事件演练，如火灾事件演练等	学校在近六个月内未组织过设施安全事件演练——4分； 学校在近六个月内组织过设施安全事件演练——6分； 学校在近三个月内组织过设施安全事件演练——8分； 学校在近一个月内组织过设施安全事件演练——10分
自我保护意识	A. 事件发生时缺乏基本的自我保护意识； B. 事件发生时缺乏逃生的能力	通过对在校师生进行安全知识测验，以十分制为计算标准，平均分为N，则得N分

评价说明：

1. 由于教学设施包括教学楼设施、体育设施及实验室设施，且各类设施的评价指标繁多，因而将教学设施进行分类评价，得出各自的风险等级；

2. 由于各类设施的评价标准指标繁多，评价表中所列出评价内容仅为评价标准的一部分，因此，本节在评价标准部分列出了各类指标评价的参考标准，如教学楼、食堂、宿舍设施及其他设施安全评价的参考标准为《民用建筑设计通则》（GB 50352—2005）、《中小学校设计规范》（GB 50099—2011）等，各学校在进行设施安全情况评价时，应根据自身情况，对照相关标准进行检查，并以实际数据与既定标准的符合程度作为评分标准；

3. 设施使用情况、师生应急能力及自我保护意识为主观评价指标，学校可根据自身实际情况进一步做出评价以上指标的评价细则，以更科学地做出评价；

4. 本节提出的校园设施安全风险的评价方法是将各类指标的得分进行加总，各项指标之间的权重并无差异，各学校在开展实际评价工作时，可根据自身实际情况，酌情处理各项指标之间的权重。

校园设施安全风险等级的评价标准如表5—3所示。

表5—3　　　　　　校园设施安全风险等级评价标准

总得分	风险等级	风险结论
80—100分	低风险	学校设施安全风险等级较低,如平时加强监测,注意防范,则引发设施安全事件的可能性较低
60—79分	中风险	学校设施安全具有一定的风险,存在引发设施安全事件的可能性,学校相关管理部门应积极采取措施,降低风险
59分及以下	高风险	学校设施安全风险较高,如不及时整改,极有可能引发设施安全事件

四　校园设施安全事件风险防控要点

校园设施安全风险管理应有明确的职能分工,对校园设施安全风险进行实时监测,以便及时排查校园设施存在的安全隐患,采取相应的风险防范措施。

(一)明确风险管理的职能

通过明确学校各部门在校园设施安全事件风险管理中的职责与工作内容,提高风险的感知与防范能力,防止校园设施安全事件的发生。在明确风险管理职能时,应进一步明确学校行政领导、年级主任及班主任的管理责任;明确岗位职责,包括校长、副校长的管理责任;制定教师教育责任、值班人员责任制度,建立并加强责任追究制度以及监督、评价制度。

(二)建立风险预警机制

预警是一种提前做好预防准备的系统活动。学校设施安全预警指的是对学校已有的设施安全现状进行评价,预测可能发生的设施安全问题的范围与危害程度,并提出有效防范措施的报警和调控系统。基于此,学校应根据《中小学幼儿园安全管理办法》《中小学校设计规范》《农村中小学校建设标准》中的相关规定，对学校的教学、食堂、宿舍、消防及其他设施进行检查，并对校园设施安全风险进行评估，精确地预报校园设施安全风险，以便及时采取风险预警措施，最大限度地降低风险的损害程度。

1. 加强校园设施风险监测

通过风险监测校园内教学、食堂、宿舍等其他设施的安全状况，可以及时避免风险隐患转变为设施安全事件。设施安全事件的风险监测应成立专门的风险监测小组，定期排查校园治安隐患，做到早发现、早解决；同时，风险监测要求全方位、多领域的人员配合，程序上遵循合理合法、及时有效的原则，建立分级分类标准和风险隐患台账和电子数据库等。

校园设施安全建设应遵循《中小学校设计规范》《农村普通中小学校建设标准》等建设标准，并严格按照《中小学幼儿园安全管理办法》等法律要求开展校园设施安全保障工作。充分利用智能化技术，加强对校园设施质量的实时监测，提高校园设施的安全性。具体包括以下措施。

第一，建立校园设施安全监测物联网。采用物联网技术，将 RFID、传感器、3S、视频、红外、遥感、BCM 等信息技术和应急管理方法综合运用到校园人、物、环境的保护中，如利用传感器对学校的建筑物参数进行信息采集，进行专业的数据分析，确保学校管理部门能实时评判建筑物的安全状况。[1]

第二，建立校园设施安全智能监控系统。校园设施安全智能监控系统是一个基于计算机网络的智能校园安全监控系统，包括校园安全事件报警、紧急求助，并与计算机网络路线构成校园设施安全的管理控制系统。主要包括校园设施安全监控局域网、网络数据终端机、系统监控中心三个部分。通过网络联通，更加准确、快速地锁定设施安全隐患，确保校园设施的安全。

第三，建立校园设施安全风险预警触发信息系统。通过对校园设施

---

[1] 疏学明、赵全来等：《校园安全风险分析与监测预警方法研究》，《中国视角的风险分析和危机反应——中国灾害防御协会风险分析专业委员会第四届年会论文集》，东北师范大学，2010 年 8 月，第 3 页。

进行安全监测,一旦发现设施存在的安全隐患,立即全面拉响预警系统,对全校的各类设施进行清查,排除风险隐患,防止设施安全事件的发生。

2. 建立风险监测信息反馈机制

建立风险监测信息的反馈机制,风险监测的执行部门可以迅速将监测到的风险信息反馈给相关责任部门,减少信息传递失真与速度过慢带来的损失。可以从两方面出发建立风险监测信息反馈机制:第一,建立风险监测信息反馈的信息数据平台,风险监测执行部门实时将监测到的信息上传至数据库中,并派相关技术人员对收集的数据信息加以处理;第二,建立风险监测的信息反馈组织体制,根据上述分工情况,各类设施风险监测的执行部门应及时向责任部门汇报监测结果,以免延缓风险的处置。

3. 明确风险动态监测责任

通过建立风险动态监测责任控制表,明确各个执行部门与职责部门的风险动态监测责任,避免出现监控失职,落实风险监控工作。可建立如下风险动态监控责任表。

表5—4   校园设施风险动态监测责任表

年 月 日	编号:	责任人:
风险监测位置:		
风险点预测:		
风险待处理的紧急程度:		
建议采取的风险消除措施:		

(三) 完善学校设施安全应急制度

完善学校设施安全应急制度，保证在面对紧急情况时，学校相关管理部门及师生可以及时采取措施应对风险，保证教学工作的顺利进行。通过建立应急制度，确保在出现设施安全事件时，第一时间疏散相关人员，保证学校师生的安全。如编制学校地图，明确教室、图书馆、走廊的具体名称与位置，建立最快捷的安全通道，确定疏散程序，在发生校园安全事件时，师生可选择最快的安全通道逃离，起到自觉应急的作用；建立安全事件应急工作小组，与当地武警部门实现快速互动，实现校园安全事件的实时监测，以最快速度实现救援。

第六章

校园意外伤害事件风险分析

一 概　述

伴随着校园意外伤害事件的频频发生，由校园伤害事件引发的损害赔偿纠纷也呈现上升趋势，学校作为校园伤害事件的责任主体，往往处于相对尴尬的位置。具体来说，尽管学校对学生负有"教育、管理、保护"的职责，但实践中，学校往往成为学生的监护人，即无论校园意外事件发生在校内还是校外，学校均负有不可推卸的责任，并承担相应的赔偿责任。因此，针对频频发生的校园意外伤害事件，学校应建立有效的风险管理机制。基于此，本章试图从风险管理的视角切入，探讨校园意外伤害事件的风险识别、风险分析以及风险控制，以便推动构建校园意外伤害事件的风险管理机制。

（一）校园意外伤害事件的概念

校园意外伤害事件[①]是指学校辖区内发生的非人为因素引发的或者有人为因素但并非故意导致的且具有外来性、偶然性以及突发性等特点的个人伤害事件，即伤害的原因是由于当事人自身以外的作用所引起而非身体内在原因如疾病所导致，事件发生是意外的，当事人不可预料的和不希望发生的，且事件是突然发生的，而非当事人长期操劳或磨炼所引起的，如地质勘探人员长期野外作业而造成的肢体劳损。

校园意外伤害有两个基本要素：其一是学校辖区内，脱离学校辖区

---

① 徐铭远：《校园意外伤害事件的防范机制及法律应对刍议》，《法制博览》2016 年第 6 期。

内不属于校园意外伤害;其二是在人的意料之外的人体伤害,在人可以控制的意料之内的人体伤害不属于意外伤害。

(二) 构成校园意外伤害事件的条件

根据风险管理理论可知,构成意外伤害事件的条件可以表示为各诱因存在时所释放出的损害能量乘以该诱因致使事件发生的概率,并减去个体对风险的容忍度。由此可知,构成意外伤害事件有两个基本要素:一是诱因是否引发损害;二是损害程度是否超出个体风险容忍度(见图6—1)。

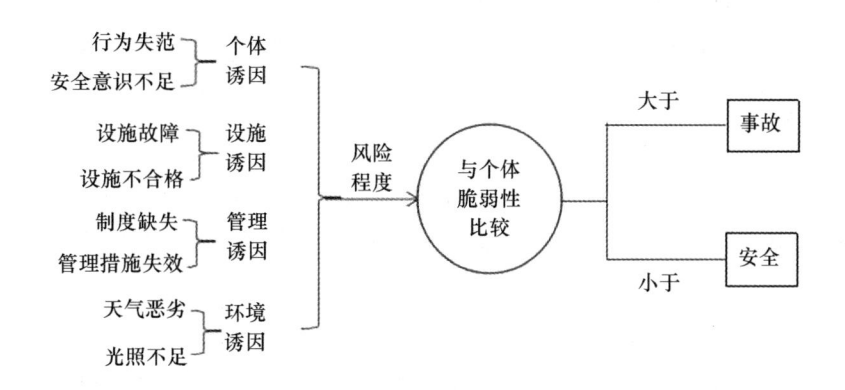

图6—1 构成意外伤害事件的条件

(三) 校园意外伤害事件的后果

校园意外伤害事件会给当事人的身体造成直接伤害、给家庭和社会带来巨大的经济损失以及引发群体性事件,其具体后果如下。

1. 容易遭受身体伤害,影响当事人健康成长

从校园意外伤害事件的定义可以看出,校园意外伤害事件本身便有当事人身体遭受伤害的含义。由于校园意外伤害事件具有外来性、偶然性以及突发性等特点,当事人往往不能有效预防,造成自身伤害。

2. 家庭和社会承受巨大的损失

校园意外伤害事件一旦发生,给家庭和社会造成的损失是巨大的。多项研究的数据表明,校园意外伤害已经成为除婴儿以外各年龄段儿童的首要死因和致残原因。美国每年此项经济损失达100亿美元;日本政府

每年用于儿童意外伤害的开支为15亿美元。中国儿童死亡原因中26.1%为意外伤害，而且这个数字还在以每年7%—10%的速度上升。[①]

3. 容易酿成群体性事件，干扰学校正常秩序

校园意外伤害事件在发生后，在个人情感的助推下，往往会产生强烈的社会聚焦性，进而迅速升级发酵，酿成网络群体事件。另外，由于常常发生善后赔偿不公或者事件处理不当，引发受害者监护人聚集学校举牌抗议，干扰学校正常秩序。

（四）校园意外伤害事件的分类

本章根据校园意外伤害事件的定义，着重强调尽管有人为因素的存在，但往往出乎人的意料，即肇事者存在过失，但本身没有特定目的及动机。常见具体类型大体上包括以下类别。

第一，体育活动以及学生之间互相玩耍等校园活动造成的意外伤害。例如，2013年12月27日上午，河北沧州市第三中学初二和高中学生在体育课上踢足球时发生了事故，初二学生刘某被高中学生伍某踢伤。[②] 再如广州一名小学生小东整蛊同学，导致同学轻度肛裂。[③]

第二，因校园中体育场地、楼道、厕所、校门、栏杆、围墙以及水泥地面拥堵等造成的意外事故。例如2014年9月26日14时，昆明市盘龙区北京路的明通小学踩踏事故，造成6人死亡、26人受伤。[④]

第三，因校园交通事故造成的意外坠亡。例如2013年5月12日，因肇事者赶婚宴，于南昌大学商业街发生车祸，造成1名女大学生死亡、2名重伤。[⑤] 此处主要强调是大学校园内交通，因为中小学等初级阶段学校

[①] 白莉、曹士云：《学校意外伤害事件防范体系的构建与实践》，《杭州师范学院学报》（自然科学版）2015年第5期。

[②] 《学生将同学踢伤学校被判赔偿校方表示无奈》，新浪网（http://edu.sina.com.cn/l/2015-11-20/doc-ifxkwuwy7003192.shtml）。

[③] 《12岁男生被同学整蛊坐埃菲尔铁塔模型致肛裂》，人民网（http://society.people.com.cn/n/2015/1030/c136657-27757516.html）。

[④] 《昆明明通小学"9·26"踩踏事件》，新华网（http://www.xinhuanet.com/talking/2015-03/05/c_1114535311.htm）。

[⑤] 《南昌大学校内发生一起车祸3名女生被撞伤》，江西新闻网（http://jiangxi.jxnews.com.cn/system/2013/05/12/012414489.shtml）。

往往是采用全封闭式教学，学校进行车辆管理，校外车辆很少能进校园内，而大学属于一个相对开放的社区，校外车辆可以很容易进出校园；中小学等初级阶段学校的交通事故往往表现为校车事故，而校车事故往往属于"校车"司机为谋求更多的利益恶意超载造成的人为事故。

二 校园意外伤害事件的典型案例

（一）昆明"9·26"明通小学踩踏事件[①]

2014年9月26日14时30分左右，位于昆明市盘龙区北京路的明通小学发生严重的学生踩踏事故，造成6人死亡、26人受伤，其中2人重伤。经初步查明，由于学生在下楼过程中，靠墙的其中一块海绵垫平倒于一楼过道，造成通道不畅，先期下楼的学生在通过海绵垫时跌倒，后续下楼的大量学生情况不明，继续向前拥挤造成相互叠加挤压，导致严重伤亡。

1. 环境维度

（1）明通小学的学生密度太大

公开资料显示，明通小学当时在校职工115人，现有43个教学班、2710名学生，这意味着平均每班学生63名，人均占地面积仅3.68平方米，远远超过小学建设规模和用地指标参考标准。[②] 客观上，如此规模的人群共同生活在狭窄的区域，为校园踩踏事件埋下了安全隐患。

（2）事件现场通道狭窄且被障碍物堵塞

午休楼为教职工宿舍改造，建筑破旧，过道十分狭窄，大约只有1.2米宽，显然硬件设施存在极大安全隐患。事件发生当天，靠墙海绵倒地，进一步压缩通道空间。因此，学校建筑设施的落后和运动装备意外倒地是导致踩踏事件及进一步演化的关键环境因素。

（3）学校风险意识薄弱

事件中出现从众继续向前挤压、惊慌失措急于逃离现场等情况，显

[①] 《昆明明通小学"9·26"踩踏事件》，新华网（http://www.xinhuanet.com/talking/2015-03/05/c_1114535311.htm）。

[②] 参见《中小学建设规模和用地指标参考标准》。

然，明通小学缺乏完善的校园踩踏防范应急系统，事前也未就踩踏事件可能存在的风险对学生进行有效的知识培训，风险防范意识薄弱。

2. 事件维度

事件维度将整个事件按时间顺序分为应急救援、及时公开事件信息、行政问责、善后赔偿四个阶段，以此分析事件的发生发展情况。

（1）应急救援阶段

2014年9月26日14时，明通小学内一栋供低年级学生午休的楼内发生踩踏事件，多名学生受伤，并被紧急送往延安医院和红会医院接受检查治疗。与此同时，国家卫计委应急办也组织相应的医疗救援队进行医疗援助。经过两天的紧急治疗，受伤的学生中，除少量学生伤情较严重，大部分已出院。

（2）信息公开阶段

16时左右，有关领导就明通小学事件紧急召开新闻发布会，向媒体及时公布伤亡情况。

（3）行政问责阶段

因该事件造成重大伤亡，情节严重，相应的责任人陆续受到行政问责处置。

（4）善后赔偿阶段

2014年9月28日，中国大地保险云南分公司就此事件称，每名身亡学生可获得最少80万元赔偿金。学生们涉及的保险赔偿分两部分：昆明市九年义务教育学校统一购买的校方责任险；学生家长自愿购买的学生平安保险。

3. 管理维度

以下通过管理维度分析云南昆明"9·26"明通小学群体踩踏事件的处置任务、多主体应对行动和资源配置的过程。

（1）学校

踩踏事故发生后，学校老师拨打"120"呼叫云南省急救中心前来救援事故中受伤的小学生，并马上向上级部门汇报事发情况。

（2）政府相关部门

省教育厅立即启动应急预案，并于当晚召开党组会议，研究部署校园安全管理工作。

教育部启动突发事件应急机制，要求云南省教育部门积极配合有关部门全力救治受伤学生，尽快查清事件原因，并及时向社会公布。

市委主要领导立即赶赴现场指挥事件处置工作，并迅速成立事件处置工作领导小组，要求全力以赴抢救受伤学生，并做好伤亡学生及家属的善后工作，尽快恢复学校的正常教学秩序，同时相关部门尽快对事件原因进行调查。此外，市委市政府迅速成立了事件调查组，学校管理方仅负责协助事件调查等工作。

交通部门迅速对事发地点附近街道实行交通管制，保证医疗救援能及时抢救。公安部门及时对事发现场进行封锁。

昆明市盘龙区委、区政府召开紧急会议，对全区教育、消防、道路交通、安全生产大检查工作进行全面安排部署，坚决杜绝类似事件再次发生。并就该事件召开新闻通报会，对事件原因调查进展及对相关责任人处理情况进行通报，并公开致歉。待事件相关情况进一步调查清楚后，对此次事件的相关责任人，违反党政纪的，按照规定严肃处理；涉嫌违法犯罪的，移送司法机关追究刑事责任。

昆明市卫生局成立医疗抢救工作领导小组，组织医院专家全力救治，市心理危机干预中心 12 名专家对伤员及家属开展心理干预和援助。

【相关法规】

《云南省学校安全条例》第二十四条对预防校园群体踩踏事故作出明确规定：学校应当在教室、走道、楼梯口、学生宿舍等易发生危险的地方，设置安全警示标志牌、指示牌和应急照明装置等安全防护设施。教育教学设施和生活设施的通道应当保持畅通，保证在紧急情况下能够及时疏散人群，避免拥挤踩踏事件的发生。中小学校应当在校内容易发生人群拥挤的通道，安排教职工引导学生有序通过。

《中小学建设规模和用地指标参考标准》规定小学学校规模最小不宜小于 6 个班，最大不宜超过 36 个班，班额 45 人左右。人均占地面积不宜小于 22 平方米。寄宿制学校可根据情况相应增加用地面积。

（3）医疗系统

明通小学位于昆明市中心位置，在其半径 5 公里内云南省"120"急救中心部署了 6 个急救站共 7 个标准救援小组。事故发生后，昆明"120"急救中心启动公共应急四级响应。

4. 相似案例

表 6—1　　　与昆明"9·26"明通小学踩踏事故类似案例

时间	事件	原因	伤亡人数
2013年4月17日	深圳龙华街道书香小学踩踏事件①	学生在儿童体验中心（学校组织）乘坐手扶梯时发生踩踏和碰撞	9 名小学生受伤
2013年2月27日	湖北老河口市薛集镇秦集小学踩踏事件②	因值班老师没按时打开一楼铁门，学生汇集寝室大门处，相互踩踏	4 名学生死亡，7 名学生受伤
2009年12月7日	湖南省湘乡市私立育才中学踩踏事件③	晚自习下课时，为了躲避淋雨，大部分学生从靠近宿舍区的一号楼梯下楼。在下楼过程中，几个学生嬉闹，从上面往下挤，结果导致事件发生	8 名学生死亡，26 名学生受伤

---

① 《深圳发生扶手电梯踩踏事故》，网易新闻（http://news.163.com/13/0418/08/8SNTC9RR00014AED.html）。
② 《老河口小学踩踏事件：一扇铁门与四条生命》，三联生活周刊（http://www.lifeweek.com.cn/2013/0313/40229.shtml）。
③ 《湖南湘乡育才中学发生校园踩踏事故》，人民网（http://society.people.com.cn/GB/8217/176331/176333/）。

5. 案例启示

云南省昆明市 2014 年 9 月 26 日明通小学发生的群体踩踏事件有如下启示。

（1）排除校园安全潜在隐患，完善风险管理机制

总结归纳以往校园踩踏事件的特征，发现大多数均是学校设施存在隐患。明通小学的午休楼为教职工宿舍改造，建筑破旧，一楼过道十分狭窄且被障碍物堵塞。因此，学校应严格按照国家颁布的《农村普通中小学校建设标准》和《城市普通中小学校建设标准》进行校舍建设；同时，认真排查学校存在的设施安全隐患，尤其是要关注本校教学楼楼梯、通道设置是否符合国家规定的标准。

（2）加强安全教育应急演练，提高学生自救能力

明通小学踩踏事件中，先期下楼的学生在通过海绵垫时发生跌倒，后续下楼的大量学生不明情况，继续向前拥挤造成相互叠加挤压，导致学生严重伤亡。显然，踩踏事件中学生在遇到突发事件时，表现出恐慌、从众以及不知所措的心理。从侧面也反映了事发学校缺乏踩踏事件的安全教育和逃生演练。所以，学校要做好风险管理工作，在风险识别中发现可能出现踩踏事件的风险源，针对群体踩踏做好学生的安全教育和定期演练工作，提高学生对踩踏事件的自救能力。

（二）沧州市三中学生意外受伤获赔案件[①]

2013 年 12 月 27 日上午，位于河北省沧州市第三中学发生体育意外伤害事件，造成 1 人受伤。经初步查明，足球体育活动时，在高中学生伍某带球前进过程中，与初二学生刘某发生间接性接触后刘某受伤倒地。

1. 环境维度

环境维度通过再现事件发生时自然属性以及风险属性，分析河北省沧州市第三中学体育课学生受伤事件的发生和发展情况。

（1）学校风险防范意识薄弱

按照规定，体育课前老师应该对体育活动的风险进行告知，并对可

---

① 《学生将同学踢伤学校被判赔偿 校方表示无奈》，新浪网（http：//edu.sina.com.cn/l/2015-11-20/doc-ifxkwuwy7003192.shtml）。

预见风险进行有效规避，同时尽可能地控制体育活动的激烈程度。而在当天体育课上，由于足球运动对抗的双方分别是高中生与初二学生，两者身体素质存在较大差异，且足球竞赛本身是一项身体对立较强的体育运动，组织竞赛的教师应当预见到年纪小的孩子在对立中可能会遭到损伤，但却没有制定应急预案，造成事故的发生。

（2）校园体育法律制度无法有效界定事件责任

案发后，刘某父亲与学校及伍某家长进行多方沟通，希望学校和伍某家长承担相应的民事责任，学校辩称，学校在组织学生体育活动前，已经进行了告知、热身、整队且提供的场地也符合标准，在活动中，体育老师均在场，事故发生后，学校也做好了有效的事故处理，并附上《学生伤害事故处理办法》第十二条第五款规定，学校在组织对抗性体育竞赛活动中发生意外伤害的，学校不承担法律责任。伍某家长辩称，伍某主观上没有伤害刘某意愿，双方并没有发生肢体直接接触，伍某不承担法律责任。最后，法院根据《最高人民法院关于审理人身损害赔偿案件适用法律若干问题的解释》第七条规定等判定学校及伍某家长应承担相应的民事责任。可见，我国并未有相关明确的体育法规来界定事件的责任。

2. 事件维度

事件维度将整个事件按时间顺序分为初步救治、善后处理两个阶段，以此分析事件的发生情况。

（1）初步救治阶段

刘某受伤倒地后，体育老师马上将刘某送往当地医院。经检查，其左胫骨腓骨骨折。

（2）善后处理阶段

案发后，刘某父亲在与学校及伍某家长和解无望的情况下，决定起诉。2015年10月29日，此案于沧州市某法院公开审理，刘某父亲以伍某在体育活动中将刘某踢伤为由，起诉伍某监护人及沧州市第三中学。经法院一审判决：沧州市第三中学安排比赛的老师没有预见对抗中的潜在风险，存在一定过失，应承担一定的民事责任。

随后，沧州市第三中学因不服法院一审判决，提出上诉。法院认为："高年级和低年级的同学身体素质存在较大差异，再加之足球比赛本身是一项身体对抗较强的体育运动,安排比赛的老师应当预见到年龄小(其中刘某不满 15 岁)的孩子在对抗中可能会受到伤害而没有预见,存在一定过失。"并做出终审判决:驳回沧州市第三中学上诉,维持原判。

【相关法规】

《学生伤害事故处理办法》第十二条第五款规定,在对抗性或者具有风险性的体育竞赛活动中发生意外伤害的,如果学校已履行了相应职责,行为并无不当的,无法律责任。

《最高人民法院关于审理人身损害赔偿案件适用法律若干问题的解释》第七条规定,对未成年人依法负有教育、管理、保护义务的学校、幼儿园或者其他教育机构,未尽职责范围内的相关义务致使未成年人遭受人身损害,或者未成年人致他人人身损害的,应当承担与其过错相应的赔偿责任。

3. 管理维度

管理维度侧重分析河北沧州市第三中学体育课学生受伤获赔案件的处置任务、多方主体应对行动的过程。

(1) 学校管理部门

事发后,学校及时通知了家属,与此同时,采取与刘某伤情相适应的初步救治工作,并将其送往当地医院治疗。

(2) 政府相关部门

案发后,受害者刘某父亲以刘某和伍某都未成年,根据相关法律规定,对在校学习的未成年学生,学校没有监护责任,但有教育、管理和保护义务,伍某是意外事件的主动造成方为由起诉伍某监护人及沧州市第三中学。沧州市经过事件调查,并经为期一年多对刘某伤情的观察。2015 年 10 月 29 日,于沧州市某法院进行公开审理。法院充分考虑事件双方的身份、事件双方过程中是否存在过错,以及教育部 2002 年颁发的《学生伤害事故意处理办法》及《最高人民法院关于审理人身损害赔偿案件适用法律若干问题的解释》第七条规定,对案件进行综合考虑,做出合理的判决。

4. 相似案例

表6—2　　　　　　与沧州市三中学生意外受伤案件类似案例

时间	事件	原因	伤亡人数
2015年11月3日	女童在幼儿园意外摔伤①	因跳绳摔成十级伤残	1名学生受伤
2015年7月28日	广东6岁男童幼儿园内意外坠落②	因站在高处，意外坠落	1名学生死亡
2013年11月8日	昆明一小学生意外砸伤③	因同学间玩扔书无意将同学眼睛砸成十级伤残	1名学生受伤

5. 案例启示

（1）完善校园体育法律制度，清晰界定事件责任

河北沧州市第三中学体育课学生受伤获赔案件中因法律责任归属不清晰导致各方权责不明，出现各责任方均认为自己无过错，不需要承担相应民事责任的现象。显然，我国体育立法呈现一定的滞后性，没有一套完善的体育法律制度去界定事件责任。所以，需要建立依法治理机制，保障事件能及时有效得到处理；完善体育事件责任界定，保障事件处理的公平、公正。

（2）健全校园社会保险机制，分担校园安全风险

河北沧州市第三中学体育课学生受伤获赔案件中，学校仅仅为学生购买人身意外险，对于一些严重的意外伤害事件，即使学生购买学平险等保险，但由于保额有限，学生家长依然会向学校索要赔偿。而体育保险可以大大降低学校承担体育活动意外伤害的风险，为学校解除后顾之忧，从而使学校体育向着积极健康的方向发展。所以，各类学校应健全

---

① 《女童在幼儿园跳绳摔致十级伤残　园方被判赔10万》，新浪网（http://news.sina.com.cn/o/2015-11-29/doc-ifxmazpa0420075.shtml）。

② 《广东6岁男童幼儿园内坠落抢救无效死亡》，新浪网（http://edu.sina.com.cn/zxx/2015-07-28/0814479412.shtml）。

③ 《小学生放学在教室玩扔书把同学眼睛砸成十级伤残》，人民网（http://edu.people.com.cn/n/2014/1223/c1053-26257655.html）。

校园社会保险机制，转移校园安全事件赔偿风险。

（三）河北大学校内交通事件①

2010年10月16日晚21时40分，河北大学新校区易百超市门口发生严重的校内交通事件，造成1人死亡、1人重伤。经初步查明，肇事者醉酒驾驶一辆黑色轿车撞倒2名穿着轮滑鞋的女生。

1. 环境维度

（1）事发地点缺少指路标识且路面光线暗淡

河北大学新校区，由于地处偏僻，校园内（特别是学生经常性出现的地方）缺乏明显的道路限速标识，致使快速行驶的车辆随处可见。另外，事发当时是晚上9时，道路视线明显较差。据报道，当晚肇事者李某喝醉后驶入学校生活区内速度在70千米/小时左右，速度远远超过了道路交通规定。

（2）校园交通风险意识薄弱

学校对于车辆进出入校园未能做到有效的控制。首先，学校未能对外来车辆入校进行检查，如醉酒驾驶、疲劳驾驶等。其次，学校对进入校园车辆并未有限速的要求，致使校园内快速行驶的车辆较多。

2. 事件维度

事件维度把整个事件按时间顺序分为事件发生、刑事处罚以及善后赔偿三个阶段，以此分析事件的发生发展情况。

（1）事件发生阶段

2010年10月16日21时40分，李某酒后驾车在河北大学新校区（位于保定市北市区）生活区，造成两名女生受伤，其中一名女生当晚经抢救无效死亡，而另一女生仍处于重伤状态。

（2）刑事处罚阶段

案发后，警方依法对事件进行调查取证及责任认定。10月24日，李某被人民检察院批准逮捕。

2011年1月26日，河北省望都县人民法院公开开庭审理此案。望都

---

① 《河北大学发生校园车祸 造成两女生1死1伤》，中新网（http://www.chinanews.com/fz/2010/10-18/2593022.shtml）。

县人民检察院以交通肇事罪起诉李某，列举了相关犯罪事实。李某当庭认罪，对犯罪事实供认不讳。

1月30日，望都县人民法院以交通肇事罪判处犯罪嫌疑人李某有期徒刑6年。

（3）善后赔偿阶段

2010年11月5日，犯罪嫌疑人李某的父亲与遇难者陈某的父亲达成"赔偿协议"。

3. 管理维度

管理维度侧重分析河北大学校内交通事件的处置任务、多主体应对行动的过程。

（1）学校

事发后，有学生去通知校警卫室，有学生去通知校医，有学生拨打电话通知警察和急救中心，也有学生记下肇事车辆车牌号。事故发生后，李某仍驾车继续行驶，在男生宿舍附近调头原路返回至学校门口时，被保安和学生截住。

（2）政府相关部门

案发后，保定市公安局指定望都县公安局管辖，经望都县警方依法对事件进行调查、取证及责任认定。犯罪嫌疑人李某因涉嫌交通肇事罪被望都县人民检察院依法批准逮捕。

河北省主要领导表示对于河北大学校园内的交通肇事案要"依法严肃处理"。

（3）医疗系统

报警后，两名伤者立即被送往保定市急救中心，急救中心积极开展救治工作。

【相关法规】

由于校园内的道路主要供校园内的人使用，不对外开放，不具有公共交通性，不属于道路交通事故范畴。但根据有关规定，如果在校园内发生交通事件，公安机关交通管理部门接到报案的，参照《道路交通安全法》等法律法规的有关规定办理。这说明，校园内的交通事件可以由公安机关交通管理部门负责处理，也可由其他有关部门处理。

但是，如果有人向公安机关交通管理部门报案，则应由公安机关交通管理部门负责处理。公安机关交通管理部门也必须依据有关规定进行处理。比如，应当立即派交通警察进行现场处理，进行现场勘验、检查、调查情况和进行相关检验、鉴定，搜集相关证据，制作交通事件认定书；接受当事人的请求，对有关损害赔偿进行调解等。

4. 相似案例

表6—3　　　　　　　与河北大学校内交通事件相似案例

时间	事件	原因	伤亡人数
2010年10月9日	湖南宁乡城北中学校园交通事件①	误将油门当作刹车	5名轻伤，1名重伤
2011年12月15日	南京金陵科技学院江宁校区校园交通事件②	误将油门当成刹车	2名学生受伤
2012年5月13日	济南大学西校区校园交通事件③	私家车和自行车相撞	1名学生受伤

5. 案例启示

（1）完善校园交通管理体系，提高安全治理能力

校园生活区内的人员一般是相对密集的，在此区域高速行驶显然是不合理的。所以，校园内应建立起完善的校园道路交通体系，如严格校外车辆进入校园制度；在道路复杂、人口密集的区域，要加强标识，提醒司机慢行，同时在校园内各易发事件路段安装摄像头。

（2）加强学生安全意识教育，避免意外交通伤害

对于很多学生而言，总会觉得学校是安全的，这往往会导致学生来

---

① 《宁乡城北中学校园交通事件受伤学生均脱险》，腾讯网（http://edu.qq.com/a/20101012/000169.htm）。

② 《富二代校园内驾车撞伤一男一女两学生》，中国江苏网（http://jsnews2.jschina.com.cn/system/2011/12/15/012300022.shtml）。

③ 《济南大学一女生校园骑车被老师撞伤被迫摘除一个肾》，齐鲁网（http://news.iqilu.com/shandong/yuanchuang/2012/0513/1220116.shtml）。

不及躲避快速车辆而被撞上。因此,要特别加强学生的安全意识教育,哪怕在校园内,都要时时保持安全意识,遵守交通规则,谨慎慢行。

三 校园意外伤害事件风险评估

近年来,校园内因校园玩耍、校园交通以及踩踏等引发的校园意外伤害事件频频发生。综合以上案例看,校园意外伤害事件的发生往往具备突发性、偶然性以及意外性等特点,难以提前预测。因此,学校应提高校园意外伤害事件的风险识别能力,科学评价校园意外伤害风险,为风险管理提供科学的依据。

(一) 风险识别

本节采用美国贝尔电话实验室的 Watson 和 Meams 等提出的故障树法 (FIA) 对意外伤害事件进行分析,即一是辨析由初始的安全或正常状态发展到故障状态的途径;二是化简事件树,识别能引起事件发生的最少诱因的组合。

1. 校园踩踏类意外伤害风险识别

踩踏类意外伤害事件的风险往往与系统的脆弱性有关(如图 6—2 所示)。系统越脆弱危机发生的可能性就越大,且这种脆弱性往往与现场控制、公众素养以及设施质量有关。表现为:管理人员对现场控制能力越强,危机爆发的可能性就越低;公众素养越高危机爆发的可能性越小;设施质量越高危机爆发的概率就越小。

故障树分析理论可知,踩踏事件的发生主要跟学生密度大、学生移动速度快、学生之间的嬉闹、学生恐慌情绪、通道狭窄、通道光线差、通道含有障碍物、通道很陡或不平整等因素有关,而这些诱因中如学生密度大、学生移动速度快均可以通过现场的管理人员引流以及限流的形式解决;学生之间的嬉闹、通道中含有障碍物可以通过管理人员及时的管控进行有效的处理;学生产生的恐慌情绪可以通过学生接受定期的安全教育以及踩踏安全演练化解。而设施质量作为事件发生的客观因素,不能成为事件的主导因素,且往往对校舍通道、楼梯等设施进行改造所需成本过高,不会作为学校首要考虑的风险防范方案。因此,从学校的

第六章 校园意外伤害事件风险分析 / 159

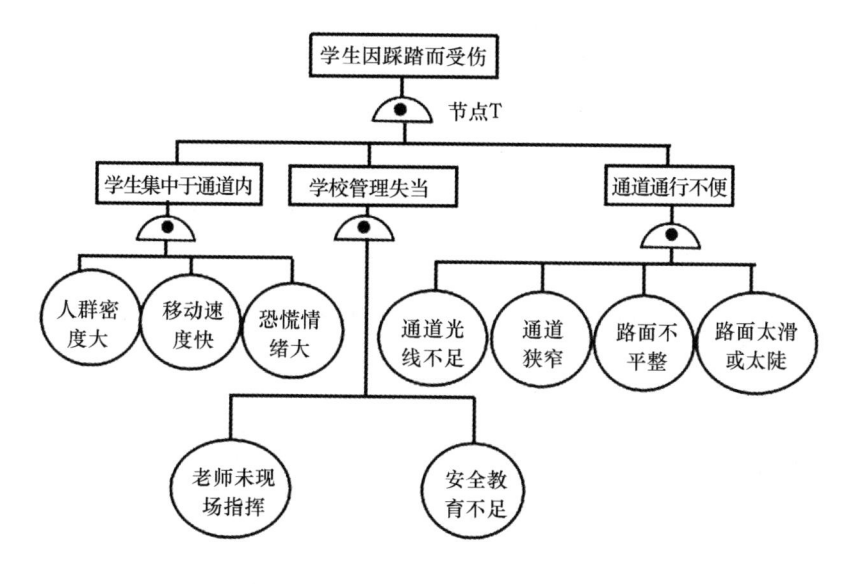

图 6—2 踩踏事件类意外伤害故障树

角度看，管理人员的现场控制以及安全教育是校园踩踏事件类意外伤害发生的主要风险因素，也是提前预防的关键所在。

2. 校园玩耍类意外伤害风险识别

校园玩耍类意外伤害风险主要指学生在体育活动、课间同学间的玩耍以及个人活动中出现的风险，是学生在参加校园玩耍的各个阶段或者环节可能出现的风险，由于校园玩耍不利条件或者干扰事件引起的，具有不确定性和突发性，所导致的后果是学生在进行校园玩耍中可能受到的伤害，如图6—3所示。

校园意外事件往往都是肇事者主观上存在过错、老师未尽到义务及设施出现故障等诱因造成的。因此，根据故障树分析理论可知，校园玩耍类意外伤害首先取决于安全教育效果不佳，学生没有足够的安全意识；其次受事前设施安全隐患排查影响；最后，学校无及时、有效地处理意外事件也是影响事中风险的重要因素。其中设施安全隐患可以通过教职员工定期对相关设备进行检查而降低风险，而学校无及时、有效地处理意外事件的能力虽然不能左右事件的发生，但它对降低事件所造成的损失起着至关重要的作用。因此，全面、细致的安全教育以及定期隐患排查是校园玩耍类意外伤害发生的主要风险因素，学校能否及时、有效地

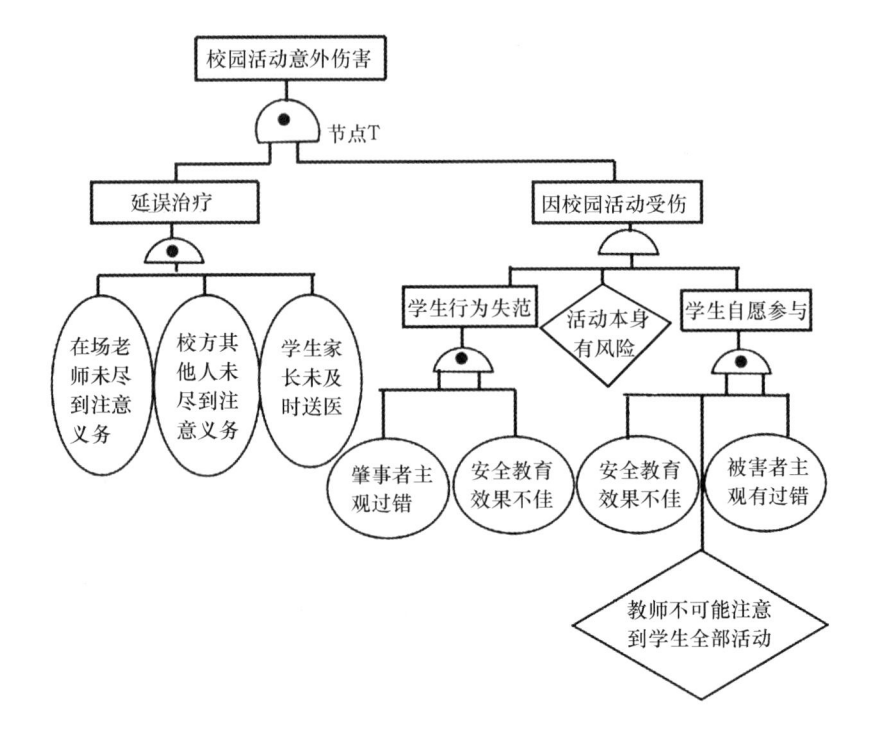

图6—3 校园玩耍类意外伤害故障树

救治也是降低安全风险的关键步骤。

3. 校园交通类意外伤害风险识别

校园交通类意外伤害风险在空间上均具有一定的规律性,在管理上具有一定的可检测性与可预测性,如图6—4所示。其风险主要来自个体风险源、设施因素风险源以及管理因素风险源,其风险分析方法主要以检查学校相关风险源排查情况为主,根据故障树分析理论,车辆入校未进行有效管理以及学生的安全意识缺乏是导致校园交通事件的主要原因。司机的失范行为可以通过学校的严格管控以及提高学生的安全意识加以防范,其中醉酒驾驶、疲劳驾驶以及超载等行为完全可以通过校园门禁的有效检查防止,司机的驾驶失误能够通过提高学生的安全意识最大限度地避免。而车辆的故障致使车辆失控,虽然不能通过校园的车辆检查制度有效识别,但却可以通过加强学生的安全教育,努力使每个学生都具备识别风险、规避风险的意识。因此加强学校的交通管控力度以及培养学生的交通安全意识是防范校园交通安全的关键步骤。

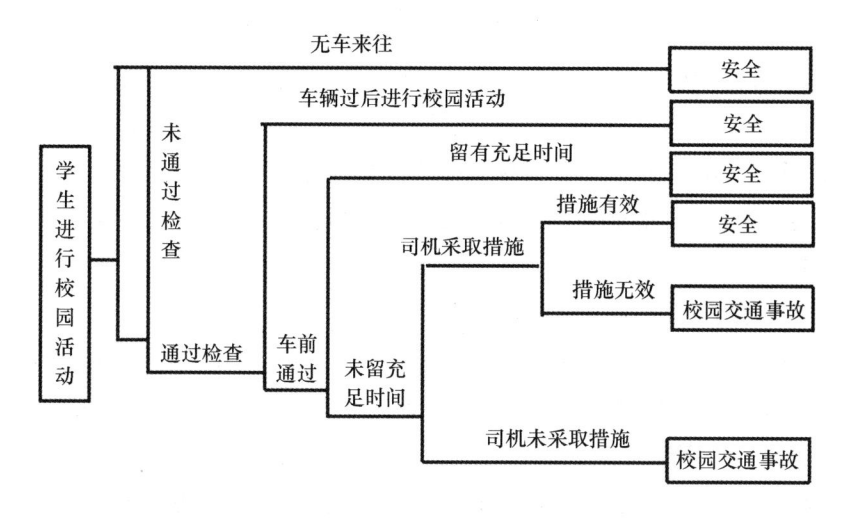

图6—4 校园交通类意外伤害故障树

(二) 校园意外伤害的风险分析

面对未来不利事件的不确定性,通过风险分析能全面认识意外伤害事件。风险分析主要是根据校园意外伤害事件的特征,总结归纳类似事件的规律,判定在未来某时间点或时间段内意外伤害事件发生的可能性。因此,本节主要从意外伤害的伤害地点、伤害类型等角度进行风险分析。

1. 校园意外伤害事件多发生于学生活动频繁的地点

校园意外伤害事件的发生具有偶然性、意外性以及突然性等特点,校园意外伤害事件多发于学生活动频繁的地点。据统计,57.6%的校园伤亡发生在宿舍,其次是操场和教室,分别占16.2%以及11.1%。[①] 主要发生在宿舍,这可能与大部分学生住校有关,而操场和教室是学生学习、课余休闲的主要场所。

---

① 何伟全、桂皎:《高校学生意外伤亡的十年观察——基于云南某高校案例》,《云南师范大学学报》(哲学社会科学版) 2013 年第 7 期。

2. 校园意外伤害事件主要以跌伤、运动致伤以及交通车辆致伤等为主

由于校园意外伤害往往是肇事者存在主观过错，以身体伤害为主。据统计，校园意外伤害事件中受伤类型最多的是跌伤，占56.6%，其次是碰伤和扭伤，分别占9.9%、9.1%。[①] 跌伤的主要原因是打球和跑步等在操场上的运动项目，碰伤主要是与家具、桌椅或与人等相撞，扭伤主要是因为打球、跑步或上下楼梯，车辆伤的主要原因是骑自行车跌倒或被机动车撞到。

3. 校园意外伤害事件的伤亡主要以男生为主

从伤亡学生的性别构成看，男生占绝对多数。据统计，这一比例占伤亡学生总数的82%之多。[②] 导致这一结果的主要原因是男生天性好动，户外运动较多、偏好刺激性游戏以及喜欢冒险等，而直接导致学生伤亡的主要因素就是学生之间的对抗运动。多项以大学生为研究对象研究的，均得出男生意外伤害的发生率要高于女生的结论。

4. 校园意外伤害事件的伤害发生率随年龄升高

从伤害的年龄看，中学生意外伤害发生率要高于小学生，且13—15岁为意外伤害事件的频发年龄阶段。首先，随着年龄的增长，活动能力不断增强以及活动范围加大，伤害发生率也有所升高。其次，据统计数据显示，7—16岁儿童青少年的伤害发生率有随年龄增加而升高的趋势，13—15岁是伤害的高发阶段。[③]

（三）校园意外伤害事件的风险评价

参考2007年11月1日起施行的《中华人民共和国突发事件应对法》，根据校园安全意外伤害风险识别结果，对各风险因素制定相应评分标准，制成校园意外伤害事件安全风险评定表，以便给予综合定级，见表6—4。本节将校园意外伤害事件的风险分为高（Ⅰ级）、中（Ⅱ级）、

[①] 张琼、詹思延：《中国中小学生伤害发生率分析》，《中华流行病学杂志》2007年第9期。

[②] 何伟全、桂皎：《高校学生意外伤亡的十年观察——基于云南某高校案例》，《云南师范大学学报》（哲学社会科学版）2013年第7期。

[③] 王向东、熊建菁等：《我国中小学伤害流行及干预研究状况》，《上海预防医学杂志》2011年第12期。

低（Ⅲ级）三个级别。

1. 赋分标准说明

（1）踩踏类意外伤害指标说明

现场控制。踩踏事件在时间上往往具有一定的特点，集中爆发于上下课铃声响起时，课间操期间以及大型会场的入场或者出场时段。这些时段往往短时间集聚大量学生，造成通道堵塞。管理人员可以在现场及时地引导学生从其他的入口通过、限制学生行进的速度以及安抚学生焦躁的情绪等，从而降低踩踏事件爆发的可能性。经分析，在校园踩踏预警后，现场教职工能够及时处理明显的安全隐患（如引流、限流、清除障碍物以及处理学生故意推挤行为等），记为优秀；教职工在现场指挥但无明显效果的，记为良好；现场没有教职工进行现场控制，记为差。

设施安全检查。对易发踩踏事件的地点进行设施隐患排查有利于及时发现事件隐患处。设施检查主要包括走廊宽度、个数以及楼梯的高度等是否符合国家规定的学校校舍建筑标准；[①] 楼道、路灯、扶手等是否有标志指示；通道、楼梯是否有障碍物堵塞且地面比较滑；通道光线是否充足。经分析，学校走廊、楼梯建设符合国家规定，具有明显的标志指示，走廊、楼梯不存在障碍物且防滑，通道、楼梯光线充足的，记为优秀；走廊宽度、楼梯高度等低于国家标准10%之内的，楼道光线相对充足的，记为良好；其他情况的，记为差。

安全教育。对学生进行定期的安全教育可以有效地帮助学生做好踩踏事件等意外伤害的应急工作。学校踩踏事件安全教育包括意识培养、预防演练、技能拓展以及主题班会四个部分。[②] 其中意识培养侧重于让学生认清事实、保护自我、援助别人；预防演练以及技能拓展主要训练学生的"防踩踏"技能；主题班会主要侧重于警示学生危险常在。经分析，学校每学期能开展安全意识培养、预防演练、技能拓展以及主题班会等活动一次以上的，记为优秀；学校每学年开展上述活动的，记为良好；未进行以上活动的，记为差。

[①] 参见《农村普通中小学校建设标准》以及《城市普通中小学校校舍建设标准》。
[②] 王爵：《学校"防踩踏"必修课的施行探讨》，《中国职协2015年度优秀科研成果获奖论文集（中册）》，2015年。

表6—4 校园意外伤害事件安全风险评定表

风险类型	风险因素	评估指标	赋分标准	得分
校园踩踏类意外伤害	现场控制风险因素（60分）	学生分流、限流情况（20分）	优秀，记为18—20分；良好，记为12—18分；差，记为0—12分	
		学生嬉闹及时处理情况（20分）	优秀，记为18—20分；良好，记为12—18分；差，记为0—12分	
		障碍物处理情况（20分）	优秀，记为18—20分；良好，记为12—18分；差，记为0—12分	
	设施安全检查风险因素（20分）	走廊宽度以及楼梯高度（5分）	优秀，记为4—5分；良好，记为3—4分；差，记为0—3分	
		警示标志情况（5分）	优秀，记为4—5分；良好，记为3—4分；差，记为0—3分	
		通道、楼梯平整度，陡峭度以及光滑度情况（5分）	优秀，记为4—5分；良好，记为3—4分；差，记为0—3分	
		通道、楼梯光照情况（5分）	优秀，记为4—5分；良好，记为2—3分；差，记为0—3分	
	安全教育风险因素（20分）	意识培养情况（5分）	优秀，记为4—5分；良好，记为2—3分；差，记为0—1分	
		预防演练情况（5分）	优秀，记为4—5分；良好，记为2—3分；差，记为0—1分	
		技能拓展情况（5分）	优秀，记为4—5分；良好，记为2—3分；差，记为0—1分	
		主题班会情况（5分）	优秀，记为4—5分；良好，记为2—3分；差，记为0—1分	
		总得分		

续表

风险类型	风险因素	评估指标	赋分标准	得分
校园玩耍意外伤害	安全教育风险因素（50分）	应急避险意识情况（25分）	优秀，记为22—25分；良好，记为15—22分；差，记为0—15分	
		应急避险技能情况（25分）	优秀，记为22—25分；良好，记为15—22分；差，记为0—15分	
	设施安全检查风险因素（30分）	设施故障检查情况（15分）	优秀，记为13—15分；良好，记为7—12分；差，记为0—7分	
		设施环境检查情况（15分）	优秀，记为13—15分；良好，记为7—12分；差，记为0—7分	
	医疗救治风险因素（20分）	医疗准备情况（10分）	优秀，记为7—10分；良好，记为4—7分；差，记为0—4分	
		医疗治疗情况（10分）	优秀，记为7—10分；良好，记为4—7分；差，记为0—4分	
总得分				
校园交通意外伤害	车辆进入校园登记检查风险因素（30分）	司机的驾驶证有无（6分）	优秀，记为3—6分；差，记为0—3分	
		司机酒驾情况（6分）	优秀，记为3—6分；差，记为0—3分	
		司机疲劳驾驶情况（6分）	优秀，记为3—6分；差，记为0—3分	
		车辆超载情况（6分）	优秀，记为3—6分；差，记为0—3分	
		其他明显安全隐患情况（6分）	优秀，记为3—6分；差，记为0—3分	

续表

风险类型	风险因素	评估指标	赋分标准	得分
校园交通意外伤害	校园交通设施安全检查风险因素（30分）	路面障碍物情况（10分）	优秀，记为9—10分；良好，记为6—9分；差，记为0—6分	
		易发事件地点警示牌及辅助措施情况（10分）	优秀，记为9—10分；良好，记为6—9分；差，记为0—6分	
		学生流动大区域限速标志及限速装置情况（10分）	优秀，记为9—10分；良好，记为6—9分；差，记为0—6分	
	交通安全教育检查风险因素（40分）	定期交通安全知识讲座情况（20分）	优秀，记为18—20分；良好，记为12—18分；差，记为0—12分	
		定期交通安全事件紧急避险演练（20分）	优秀，记为18—20分；良好，记为12—18分；差，记为0—12分	
总得分				

（2）校园玩耍类意外伤害指标说明

安全教育。对学生进行定期的安全教育可以有效地帮助学生做好校园玩耍类意外伤害的应急工作。校园玩耍类意外伤害的安全教育应主要侧重于从应急避险的角度进行，重点培育学生在进行校园玩耍时的应急避险意识、应急避险技能。[①] 经分析，学校每学期进行一次校园玩耍紧急避险技能演练的，记为优秀；学校每学年进行一次校园玩耍紧急避险技能演练的，记为良好；学校未进行校园玩耍紧急避险技能演练的，记为差。

设施安全检查。对易发校园玩耍意外伤害事件的设施及其设施环境进行隐患排查。其中，设施安全检查主要包括体育场所、运动器材等是否

---

① 王桂英：《高职院校体育课应急避险项目的设计思路》，《科技视界》2015年第5期。

符合国家规定的设施安全标准,如体育场所、运动器材等符合国家规定的设施安全标准;记为优秀;体育场所、运动器材等安全标准低于国家标准10%之内的,记为良好;其他情况的,记为差。设施环境安全检查主要包括学生们玩耍是否存在自然条件(如天气、时间段、场地等)等安全隐患。如果天气、时间段以及场地等自然环境均支持学生进行室内外活动,记为优秀;天气、时间段以及场地等中有两个以上因子满足学生进行室内外活动,记为良好;其他情况的,记为差。

医疗救治。据统计,校园类意外伤害主要以跌伤、摔伤、扭伤、骨折以及外伤出血等类型伤害为主。针对特定的场景(如体育场地、教室等学生活动频繁的地点),事先准备急救药品可大大降低对意外伤害人员的损害程度。经分析,学校在各易发地点准备针对意外伤害的紧急抢救物品和医疗救援队伍在10分钟之内赶到进行有效救援的,记为优秀;学校在各易发地点准备一般性的医疗物品和医疗救援队伍在30分钟内赶到实行救治的,记为良好;未准备急救物品和无校园救援队伍的,记为差。

(3) 校园交通类意外伤害指标说明

车辆进入校园登记检查。对进入校园车辆进行登记检查可以及时发现车辆与司机潜在的隐患,有效地降低校园交通的风险程度。校园车辆进入登记检查的内容主要有:司机的驾驶证;司机是否存在醉酒驾驶行为;司机是否存在疲劳驾驶行为;车辆是否超载;车辆是否存在明显的安全隐患等。经分析,学校门卫处对入校车辆相关检查内容均进行有效检查的,记为优秀;学校未对入校车辆进行登记、检查的,记为差。

校园交通设施安全检查。及时排查校园交通设施存在的隐患以便更好地做好校园交通事件防范工作,降低风险等级。校园交通设施的检查包括:路面是否存在明显的障碍物;易发生交通事件的地点是否有警示牌以及辅助措施;学生流动大的区域是否设有限速标志以及限速装置;校园车辆是否有指定的停车地点等。经分析,学校交通道路各项指标均符合国家标准[①]的,记为优秀;学校交通道路指标在国家规定之下10%以内的,记为良好;学校交通道路各项指标存在两项以上不符合国家规定,记为差。

---

① 参见《中小学与幼儿园校园周边道路交通设施设置规范》(GA/T 1215-2014)。

交通安全教育检查。对学生进行校园交通安全教育有利于提高学生的交通安全意识，做好交通事件的紧急避险工作。交通安全教育主要包括：是否定期举办交通安全知识讲座；是否定期进行交通安全事件紧急避险演练等。经分析，学校每学期进行交通安全知识讲座以及交通安全事件紧急避险演练一次的，记为优秀；学校每学年进行交通安全知识讲座以及交通安全事件紧急避险演练一次的，记为良好；学校未进行相关课程培训和紧急避险演练的，记为差。

2. 风险等级规范

60分以下——高风险：学校应立刻按照风险排查表开展风险排查工作，对排查出的风险点进行整改，优化校园意外伤害体系，消除校园意外伤害事件风险隐患。

60—80分——中风险：学校应成立风险排查小组，按照风险排查表对意外伤害事件风险逐一排查，及时解决风险隐患，做好风险防范措施。

80分以上——低风险：制定风险防范与化解机制，按季度定期开展风险排查工作。

四　校园意外伤害事件风险管控要点

（一）加强校园意外伤害的安全教育力度

定期进行校园意外伤害的安全教育培训以及演练，有利于培养学生的安全意识，提高学生应对突发事件的自救能力，降低意外伤害的风险。

一是要定期举办意外伤害知识讲座，提高学生安全风险意识。举行意外伤害知识讲座，就是要将导致意外伤害事件的各种风险源及应对措施对学生进行普及，引起学生的高度重视，从而有效避免危机发生。

二是要定期进行意外伤害的应急演练，提高学生应对突发事件的自救能力。应急演练就是要让学生在实地体验事件发生时的应对措施，避免事件发生时，出现空有安全意识而没有自救逃生技能的局面，从而减少危机的损失。

（二）健全校园医疗救助系统

及时有效的医疗救助系统能够大大降低事件造成的损失，是降低危机进一步蔓延、避免二次风险的有效办法。健全校园医疗救助系统可以从如下两方面着力。

一是常备急救药品。一般认为，伤害发生后如果不能得到及时有效的初步治疗容易致使伤害迅速恶化，加重受害者的伤害程度。在学生易发意外伤害的地点，如教室等，常备针对意外伤害事件的急救药品能有效地遏制伤势继续恶化。

二是打造高效的校园医疗救助队伍。打造高效的校园医疗救助队伍就是要应对意外伤害事件发生时的快速响应和及时治疗，从而让危机消弭于黄金抢救时间内，降低伤害损失。

（三）建立完善的设施定期检查、校园巡逻制度

建立校园设施定期检查、校园巡逻制度有利于及时排查并处理影响校园意外伤害的潜在风险源，将危机扼杀在萌芽状态。首先，对校园内的相关设施，如体育设施、道路、教学楼通道及楼梯等，定期进行全面检查，形成检查报表，以便发现风险源并及时清除。其次，对于校园内移动的风险源，如外来车辆、学生之间的嬉闹，进行不间断的巡逻，以便及时发现校园内的不安全因素并排除风险点。

（四）规范外来车辆入校检查、行驶及停放

规范外来车辆入校检查、行驶及停放有利于有效识别、及时规避外来车辆安全隐患。首先，对外来车辆进入校园实行登记、检查制度，检查主要包括是否具备驾驶证、酒驾、疲驾、超载及是否具有明显的不安全因素。其次，规范外来车辆安全行驶。对进入校园车辆，应该在学生密集地段建立限速装置、限速标志以及监控装置；对于事件易发路段应该设置警示标志以及辅助措施等。最后，指定外来车辆的停放地点。对进入校园车辆指定停靠地点，避免车辆在校园随意乱窜，降低校园危机发生的概率。

（五）健全校园意外伤害类监控体系

风险监测有利于全面摸清事件发生过程中可能产生的各类突发风险隐患的种类、数量、分布状况和危害程度，从而降低危机发生的可能性。

当前大数据和互联网正以不可思议的速度改变着整个社会的面貌,互联网+校园安全将使得学校的管理团队对校园安全风险的监控变得更加容易。

一方面,通过对校园信息与现状的实时监测,让安全工作可视化。当前车联网、物联网等技术为校园安全提供了便利,其中针对校园意外伤害主要涉及视频监控、GPS 定位等方法。(1) 车辆识别:识别进出校园车辆的形状、颜色、车牌号码等特征,进行存档并能随时反馈给校园安保管理者,可用于校园发生突发性事件时候的车辆追踪等。(2) 人体行为分析:以智能视频分析核心算法为基础,在目标检测分类的基础上,利用人体的各种行为特征对其进行各种行为的描述和分析,通过分析运动物体的运动轨迹模式,实时监测视频中的运动物体是否存在异常行为,提取那些危险和有潜在危险的行为,如有长时间逗留、打斗、抢夺和突然倒地等行为时系统报警。(3) GPS 定位分析:以 GPS 定位技术对校园人员进行定位,可实时跟踪人员的轨迹,判断其是否有潜在的危险,另外通过人员 GPS 信息的聚集,可以实时监测某地是否存在拥挤的可能性,从而提前预防,减少危机的产生。另一方面,通过互联网+校园安全,让大数据为校园管理团队提供精准的分析与预测。具体来说,校园安全事件的风险监测就是汇集各个渠道的信息,充分利用大数据技术挖掘出相关风险点,提高校园安全风险预测能力。

(六)建立完善可行的校园意外伤害事件应急预案

建立完善可行的校园意外伤害事件应急预案有利于提高校园意外伤害事件的应急处置能力,最大限度地减少校园意外伤害事件发生所造成的伤害。

一是完善师生避险响应预案。师生在意外伤害事件发生时应该通过一系列行动避开危险地段、设施及人员。首先,提高自我避险意识,从思想上高度重视安全隐患,避免自身的疏忽造成伤害;其次,尽量避开危险源,如当短时间大量人群迅速集结时,应注意避让,绕道而行。

二是完善师生自救响应预案。师生在意外伤害事件发生时应该通过一系列行动对自己进行初步的救治,避免二次伤害以及伤害持续恶化。首先,定期进行安全教育与培训,避免事件发生时,惊慌失措致使事件进一步恶化；其次，集体活动时教师应随身携带简易的自救药品、工具等，以备事件发生时，能进行简单的自救，延长等待救援的时间。

三是完善学校救援响应预案。学校在意外伤害事件发生时能立即组成相应的救援机构，对受伤人员进行相应的救援。首先，快速响应，迅速联系教育、公安、医疗、司法等相关部门成立应急处置小组，控制事态发展，减缓事件造成的不良影响；其次，迅速建立正规统一的消息传播渠道，及时向外界公布事件真相，避免媒体及大众舆论主观放大事件的负面影响；最后，学校及教育部门应做好与师生的交流沟通工作，安抚师生情绪，避免因校园意外伤害事件影响和干扰学校的正常教学和生活秩序。

（七）健全校园社会保险机制

健全校园社会保险机制，有利于学校在风险防范、风险降低措施均低效的情况下，通过转移校园安全风险的方法来降低风险的可能性或严重性。首先，拓展校园社会保险保费来源，充分调动社会其他力量，形成多元化的筹资局面；其次，建立多部门的联合监督检查机构，便于对理赔的时效、服务品质做到及时跟踪；最后，丰富校园社会保险险种，根据学校特点商定合适的保险条款，满足学校的实际需求。

第七章

校园突发治安事件风险分析

一 概 述

校园突发治安事件的发生源于青少年心理健康教育的缺失和社会人员极端暴力行动。校园突发治安事件具有发生频率高、伤亡面积大、社会关注度高的特点。学校应提升自身安防能力，防止突发治安事件的发生对学校和社会产生不良影响。

（一）校园突发治安事件的概念

治安事件是指群体或个人为了满足某种特殊需要，选择适宜场所、时机和环境，采取不正当手段实施违法犯罪，导致事态加剧、扩大，从而扰乱、破坏社会治安秩序的行为。校园突发治安事件是指突然发生在学校内对学校师生的身心安全和财产安全产生威胁的治安事件。

（二）校园突发治安事件的条件

一般而言，校园突发治安事件的发生可用如下公式表示：

$$Event = Threat \otimes Security$$

其中，Event 表示突发治安事件，Threat（T）表示校园受到的威胁性因素，Security（S）表示安防脆弱性。构成校园突发治安事件的条件有威胁性和安防脆弱性两个主要因素，具体而言，威胁性因素可分为外部威胁和内部威胁，安防脆弱性可分为校园防御体系脆弱性和应对能力脆弱性；校园突发治安事件发生的可能性与后果的严重性与威胁性的大小和安防脆弱性均成正比。

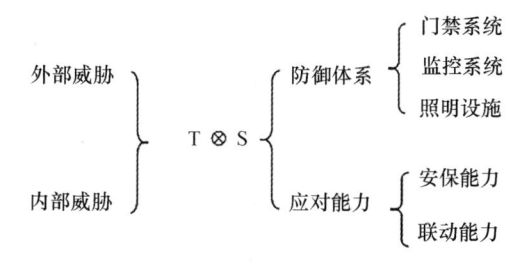

$$\left.\begin{array}{l}\text{外部威胁}\\ \text{内部威胁}\end{array}\right\} \text{T} \otimes \text{S} \left\{\begin{array}{l}\text{防御体系}\left\{\begin{array}{l}\text{门禁系统}\\ \text{监控系统}\\ \text{照明设施}\end{array}\right.\\ \text{应对能力}\left\{\begin{array}{l}\text{安保能力}\\ \text{联动能力}\end{array}\right.\end{array}\right.$$

图 7—1　校园突发治安事件条件构成

（三）校园突发治安事件的后果

校园突发治安事件发生后，会产生多种类型的后果和损害。一是造成师生私人财物或学校公共财物受损，例如 2015 年 11 月，湖南师大附中海口中学发生多起盗窃案，许多学生的财物被盗。二是造成学校师生及员工伤亡，如 2014 年 5 月 20 日 12 时 28 分，湖北麻城市南湖办事处五里墩小学，一名福建男子闯入学校砍伤学生。三是损害公众安全感，破坏校园秩序，如湖北十堰小学砍人事件导致学校停课。

（四）校园突发治安事件的分类

根据《中华人民共和国治安管理处罚法》相关规定，本章将校园突发治安事件细分为以下几类。

故意损毁公共财物。故意损毁校园公共财物事件通常是由某种现实原因造成的。行为人可能出于对学校或相关人员的打击报复、嫉妒心理或其他类似有针对性的心理态度，毁坏财物，从而使学校的公有财产受到损失的事件。

偷盗。偷盗事件是指偷盗者不经财产所有人的允许，拿走属于其财物的事件。校园偷盗是指发生在校园内部的偷盗事件。在校园内学生、老师与其他校职人员的私人财物遭遇偷盗和学校公有财务遭到偷盗都属于校园偷盗事件。

贩毒吸毒。贩卖毒品事件是指贩卖者明知是毒品而故意有偿转让毒品的事件，吸毒是指行为人明知是毒品仍然自愿吸食、注射毒品的事件。校园贩毒吸毒是指发生在校园内部的行为人是学生或教职员工的贩毒吸毒事件。

闯入伤害。闯入伤害事件是指校外人员在未获得学校许可的情况下强行或以翻越、伪装的形式进入校内，使用暴力、诱骗等手段对校内师生实施伤害的事件，具体包括强奸、凶杀等事件。

校内伤害。校内伤害事件是指发生在校园内，主要由校内人员（学生、老师或校职工）参与或引发的使用暴力并致人伤残或死亡的事件。

二　校园突发治安事件的典型案例

（一）"12·17"广西官垌中学强奸案[①][②]

2011年12月17日广西浦北县官垌镇官垌中学内发生一起未成年人性侵害案，事件性质恶劣，为校内猥亵强奸案典型。学校及相关部门应急反应速度较慢，应急处置机制完备性较差，值得引起各类学校的关注与反思。

1. 环境维度

与事件发生相关联的环境因素主要包括以下两个方面。

（1）官垌中学安保人员不足

官垌中学占地面积27亩，建筑总面积达5365平方米，在校学生共1068人。但是，学校现有教职员工仅60人，其中安保人员比例极低，安保队伍建设极度不完善，远远无法满足校园安全管理要求。

（2）案发宿舍报警机制存在重大缺陷

官垌中学门卫报警机制不健全，数名社会青年轻易窜入女生宿舍，其时未有巡逻安保人员发现。在被害女生大声呼救后，也并未有学校管理人员或安保人员前往现场保护其人身安全，导致犯罪嫌疑人在逃离途中，发现无人追捕，再次潜入女生宿舍。

---

① 《12·17广西官垌中学强奸案》，百度百科（https://baike.baidu.com/item/12·17广西官垌中学强奸案/5813363?fr=aladdin）。

② 《广西"12·17"校园强奸案七涉案人员被批捕》，浙江在线（http://china.zjol.com.cn/05china/system/2012/01/10/018136463.shtml）。

【相关法律、法规及政策】

2012年12月，教育部办公厅颁布《关于近期发生多起学生意外伤害事件的通报》，通报中明确要求：切实落实校园安全防范措施。各地教育部门和中小学校要按照2012年12月17日发出的《教育部办公厅关于河南光山县22名小学生被砍伤事件的通报》要求，全面落实人防、技防和物防措施。特别要加强门卫，严防校外无关人员闯入校园。要高度重视农村寄宿制学校特别是女生宿舍的夜间值守，严格落实出入登记、值班巡逻制度，坚决防止外来人员进入。

2. 事件维度

事件按发展演化顺序可分为事件发生、事件恶化及后续处理三个阶段。

（1）事件发生阶段

2011年12月17日凌晨2时，经犯罪嫌疑人覃某提议并伙同犯罪嫌疑人李某、皆某、张某、黎某、张某、彭某等人利用绳索爬墙窜入浦北县官垌中学女生宿舍，意图侵犯熟睡的女生。后因女生惊醒大声呼救，七名嫌疑人逃离现场，并从原路爬墙回到校外。在围墙处，遇见犯罪嫌疑人青某和廖某。

（2）事件恶化阶段

半个小时后，上述犯罪嫌疑人发现没有被老师和校警察觉，再次潜回女生宿舍，并对3间宿舍的女生进行猥亵和轮奸。

（3）后续处理阶段

事发当日10时，浦北县公安机关抓捕刑拘2名犯罪嫌疑人。

隔天，3名犯罪嫌疑人彭某、青某和李某向公安机关投案自首，并被刑拘。

12月19日，1名犯罪嫌疑人黎某向公安机关投案自首，并被刑拘。

12月30日下午，广西浦北县政府对外公布"12·17"校园强奸案情况，6名非法进入该县官垌中学校园对女学生进行侵害的社会青年被刑事拘留，官垌中学校长和分管安全的副校长被停职。

2012年1月6日，经公安机关全力追查犯罪嫌疑人，检察机关也适时提前介入，积极引导公安机关侦查取证，9名犯罪嫌疑人全部落网。

1月9日，浦北县检察院以涉嫌强奸罪批准逮捕犯罪嫌疑人覃某、青某、张某、廖某、彭某、黎某；以涉嫌强制猥亵妇女罪批准逮捕嫌疑人张某。因犯罪嫌疑人李某（15岁）涉嫌强奸罪共犯的证据不足，且其未达强制猥亵妇女罪的刑事责任年龄，检察机关以事实不清，证据不足，不予批准逮捕；而犯罪嫌疑人皆某（14岁）因不构成强奸罪共犯，且未达强制猥亵妇女罪的刑事责任年龄，检察机关以不构成犯罪，不批准逮捕。

【相似案例】

2013年5月23日晚12时，河北省泊头富镇中学一女生宿舍发生猥亵强奸案，泊头公安局当日下午将犯罪嫌疑人董某、郭某某控制。[①]

3. 管理维度

参与事件的管理行为主体可分为学校、政府相关部门两类。

（1）学校

学校在"12·17"广西官垌中学强奸案的应急处置与善后处理中，表现乏善可陈，主要有两方面的不足。一是校方应急反应速度较慢。案发过程长达两小时，其中不断有女生呼喊求救，校方却无一人赶往现场保护学生安全。二是信息公开机制存在缺陷，校方恶意隐瞒事件真相，事件发生后，校方无一人就事件具体情况进行说明与公开。案件发生于2011年12月17日，但12月28日经网友发帖爆料后，该案方被社会大众知晓。

（2）政府相关部门

广西浦北县政府于12月30日下午对外公布"12·17"校园强奸案情况。

浦北县教育局决定官垌中学校长、分管安全的副校长停职接受调查，县纪检监察等部门组成督察组对事件展开进一步调查处理。

浦北县检察院于2012年1月9日依法批准逮捕备受社会关注的广西浦北县"12·17"官垌中学强奸、猥亵妇女案七名犯罪嫌疑人。

事发后，浦北县教育局召开全县校长会议，要求对全县各级学校校园安全工作进行整顿，举一反三，排查各方面的安全隐患，切实做到防

[①] 《六女生遭性侵 河北一校长停职》，新京报网（http://epaper.bjnews.com.cn/html/2013-05/30/content_436183.htm?div=-1）。

微杜渐，确保校园安全。

4. 案例启示

"12·17"广西官垌中学强奸案有如下启示。

（1）升级校园安保设施，隔绝突发治安风险

官垌中学安保设施不完备是"12·17"广西官垌中学强奸案的主要原因。犯罪嫌疑人仅利用绳索便可爬墙窜入女生宿舍，女生宿舍走廊及过道内的监控设备易遭破坏且无人随时管理监控。学校应升级校园安保设施，提高安全软硬件设施的技术含量，除升级传统门禁系统、视频监控技术外，还应安装电子巡更、自动报警等设备，提高学校整体防护能力，做到人防、物防、技防三者统一，降低突发治安事件的风险。

（2）及时公开事件信息，减缓事件负面影响

"12·17"广西官垌中学强奸案发生后，校方及政府相关部门无一人就该事件进行情况说明，甚至对该事件进行了消息封锁，直至12月28日网友曝出，该事件才被社会大众所知。英国危机公关专家里杰斯曾提出"危机沟通三T原则"：一是以我为主提供情况（Tell your own tale）；二是提供全部情况（Tell it all）；三是尽快提供情况（Tell it fast）。校方及政府部门应提高信息公开意识，主动、快速地发布事件相关信息，完善信息公开机制，掌握事件话语权，避免事件的社会影响进一步恶化。

（二）"9·1"湖北十堰小学砍人事件[①]

2014年9月1日上午10时20分左右，湖北省十堰市郧西县突发一起持刀伤害师生事件。犯罪嫌疑人陈某持刀闯入该县东方小学校园，将教师刘某刺伤，并刺伤8名学生，导致包括刘某在内的4人死亡，1人重伤，4人轻伤。犯罪嫌疑人在事发现场跳楼自杀。据当地警方初步调查，事件的起因是犯罪嫌疑人陈某的女儿暑期作业没有完成，学校不让其报名，陈某怀恨在心，以给孩子报名为由进入学校后作案。

1. 环境维度

（1）郧西县整体贫困程度较高

2001年，郧西县被列入国家新一轮扶贫开发重点县。据统计，郧西

---

① 《9·1十堰东方小学砍人事件》，搜狗百科（https://baike.sogou.com/v83022245.htm）。

县农业人口占总人口的84.23%，当地居民收入水平较低。总体来看，贫困程度较高的地区，群众普遍欠缺法制意识。此外，整体收入水平较低的地区，教育水平普遍偏低、教育机会单一，家长往往没有择校权。

（2）学校管理沟通渠道缺失

学校未设立沟通渠道，导致犯罪嫌疑人陈某的女儿暑假作业未能完成，学校老师不允许其报名，陈某请求老师四次未果后采取极端行动。如学校设立沟通渠道，陈某在请求老师未果后，可前往学校教务部门或校长办公室为女儿争取入学，不致持刀入校砍伤数名学生。

2. 事件维度

事件按发展演化顺序可分为入学被拒、入校伤人、应急响应、善后处理四个阶段。

（1）入学被拒阶段

2015年9月1日上午9时，陈某带其女儿前往郧西小学办理开学报名工作，因其女儿未完成暑期作业，老师未让其女儿报名，令其女儿完成作业后再来报名注册。陈某曾向多名熟悉的老乡和朋友抱怨称，他恳求老师多次，并未获得同意。

（2）入校伤人阶段

10时20分左右，陈某藏匿一把水果刀，进入东方小学五楼将正在分发学习资料的女教师刘某刺伤，并刺伤8名学生，在民警抓捕过程中，陈某从五楼跳下，当场死亡。

（3）应急响应阶段

事发后，民警和师生及时将受伤人员送往县医院抢救，3名学生伤者在送医院救治过程中死亡。截至晚8时10分，伤情严重的1名教师经抢救无效死亡，1名伤势较重的学生仍在抢救中，其他4名学生伤势平稳。

当天下午，相关领导赶往郧西县看望受伤师生，要求医疗部门全力以赴抢救，并部署召开全市视频会议，布置学校、幼儿园的安全防护等工作。郧西县委、县政府迅速成立事件应急处置工作领导小组，分专班组织开展医疗救治、案件侦破、善后处理、社会稳定等工作。

（4）善后处理阶段

当天14时，湖北省公安厅发布案件通报，并在其官方微博"平安十堰"发布案件通报。

【相似案例】

2010年4月29日,江苏省泰兴市泰兴镇中心幼儿园内发生一起持刀砍人事件,造成31人受伤,其中学生28人、老师2人、保安1人,犯罪嫌疑人被当场抓获。[①]

2014年5月20日,湖北麻城市南湖办事处五里墩小学,一名男子冲进学校砍伤8名学生。[②]

3. 管理维度

参与事件的管理行为主体可分为学校、政府相关部门两类。

(1) 学校

"9·1"湖北十堰小学砍人事件发生时,学校老师奋力保护教室内的学生,与犯罪分子展开周旋,但不幸被捅伤肺部。校长在听到呼叫后及时拨打了"110""120"求救电话。后多名老师赶过来与犯罪嫌疑人展开对峙,随后警察也赶到现场,犯罪嫌疑人从5楼直接跳下。

事件发生后,学校及时将9名受伤师生送往郧西县人民医院抢救,其中3名学生在送医院救治过程中死亡。

(2) 政府相关部门

接到案件通报后,湖北省领导当即指示,十堰市、郧西县要迅速行动,全力以赴,不惜一切代价全力救治受伤人员,做好善后处置和师生、家属安抚工作。公安、教育部门要迅速查明原因,以此为警鉴,举一反三,采取有力、有效措施,迅速在全省进一步强化校园安保工作,确保校园安全和正常教学秩序,做到守土有责、守土尽责、失守必追责。

郧西县委、县政府成立事件应急处置工作小组,分别组织开展医疗救治、案件侦破、善后处理、社会稳定等工作。

---

① 《江苏泰兴中心幼儿园发生砍杀幼儿事件》,网易新闻(http://news.163.com/10/0429/14/65EOBHKE00014AEE.html)。

② 《湖北麻城一男子持刀冲进学校砍伤8名小学生》,网易新闻(http://news.163.com/14/0521/05/9SOCQ4OS00014Q4P.html)。

4. 案例启示

"9·1"湖北十堰小学砍人事件有如下启示。

(1) 强化校园安保系统

据中国网事的统计，2010年至2014年，全国共发生了至少18起校园流血案件，约180名师生死伤在歹徒的屠刀下。[①] 校园安保系统的羸弱是此类流血事件不断发生的重要原因。学校应加强校园出入管理，落实人防、物防、技防，严防校外无关人员闯入滋事，干扰学校正常的教学秩序。

学校应强化特殊时期的安保工作，大部分校园闯入滋事事件均发生在校园开学、放学时段，这一时段，因学生、家长人数较多、校园周围人员复杂，给了犯罪嫌疑人乘虚而入的机会。因此，在学校开学、放学时段，应增加安保人员数量，密切注意视频监控系统内的人员出入，切实做好校园安保工作。

(2) 做好信息发布与信息沟通

学校和政府相关部门应做好信息发布和信息沟通工作，及时发布事件原因及处置结果。"9·1"湖北十堰小学砍人事件发生后，政府相关部门及学校并未公开书面材料说明事件原因，也未召开新闻发布会，导致事件原因及伤亡人数一度被讹传，引起网民的猜疑与讨论。

应急信息发布是指在应急管理工作中，行政机关或授权组织依照法定程序，及时、准确、有效地向社会公众发布信息的行为或者过程。[②] 学校在事发后应积极主动发布相关信息，缓解公众负面情绪，同时，正确面对外界的批评。目前大部分组织在面对媒体或公众的批评时，都选择视而不见。事实上，学校和相关政府部门应本着平等对话的精神，以开放和负责的态度向公众提供正确的信息。此外，事件发生后，学校与政府应成立信息沟通小组，及时与遇害师生及家属做好信息沟通工作，告知事件真相，安抚家长情绪。

---

① 《4年全国发生18起校园流血事件 约180名师生死伤》，腾讯网（https://new.qq.com/cmsn/20140902/20140902026975）。

② 万鹏飞：《从应急信息发布看冰雪灾害应对》，《中国减灾》2008年第2期。

(三)"10·18"湖南省邵东学生劫杀教师事件[①]

2015年10月18日,3名犯罪嫌疑人预谋去新廉小学对在校教师实施抢劫。当日12时,3人窜至新廉小学宿舍楼,将被害人李某云老师(52岁)叫出宿舍进行殴打,致被害人李某云死亡,3人将李某云手机及2000余元现金抢走。同时,3人将尸体藏匿并在清理现场后逃离现场。10月19日,办案民警分别在邵东县城和廉桥镇将3人抓获。

1. 环境维度

(1)新廉小学安保值班人员不足

新廉小学周末未安排巡逻队和守门的值班人员,由一名高龄女教师守校,客观上为劫杀教师事件的发生提供了一定的条件。3名犯罪嫌疑人发现学校大门被封锁后,由学校围墙爬入,在无人护校的情况下,3名犯罪嫌疑人实施了杀人、抢劫、盗窃等犯罪行为。

(2)新廉小学安保设施存在重大缺陷

新廉小学缺乏完备的安保硬件设施,主要体现在两方面:一是缺乏入侵报警系统,3名犯罪嫌疑人翻墙进入学校后,先是前往小卖部偷盗食品,然后将女教师杀害,整个过程中,无论是进入学校还是闯入办公室、小卖部,均未出现警报,导致事件后果不断恶化;二是未设置视频监控系统,由于校内并未安装视频监控系统,办案民警不得不根据附近居民提供的线索,方才确认犯罪嫌疑人身份。

2. 事件维度

事件按发展演化顺序可分为入校偷盗、劫杀教师、应急响应和善后处置四个阶段。

(1)入校偷盗阶段

2015年10月18日7时,3名犯罪嫌疑人到廉桥镇一网吧上网。中午12点左右,刘某、赵某(其中2名罪犯嫌疑人)提出,到新廉小学玩耍。进入学校后,3名犯罪嫌疑人盗走小卖部面包、棒棒糖若干。

[①] 《湖南对"被学生劫杀女教师"报批"因公死亡"》,中国青年网(http://news.youth.cn/sh/201510/t20151023_7232996.htm)。

（2）劫杀教师阶段

在小卖部偷盗后，3名犯罪嫌疑人发现，学校仅有1名女老师守校，便商量抢老师的钱。随后，赵某将女老师引诱出房间，3人将其打倒在地。后刘某到卧室搜寻财物。几分钟后，女教师死亡。3人将李某云藏于卧室床底，随后逃离。

（3）应急响应阶段

19时，邵东县公安局刑侦大队接到廉桥镇群众刘某报警称，其母亲李某云在该校宿舍楼遇害。接警后，邵东县公安局刑侦大队全体赶往现场。勘察发现，现场有大量喷溅血迹，且尸体有被搬动痕迹，现场死者包内现金遗失。经附近居民提供线索，警方很快确认3人身份。

（4）善后处置阶段

10月19日上午9时，孙某被抓获，14时，刘某、赵某也被抓获。

随后，涉案3人即被送往邵阳市工读学校。遇害教师"因公死亡"启动报批程序。

与此同时，为净化青少年成长环境，邵东县开展为期三个月的网吧专项整治行动，涉嫌违规接纳未成年人的3家上网服务营业场所已被责令停业。

10月26日，邵东县委宣传部通报称，女教师遇害案目前已启动追责程序。同时，县纪委对县文广新局领导进行立案调查，对县文化市场综合执法局局长给予免职并立案调查。

3. 管理维度

参与事件的管理行为主体可分为公安部门、教育行政管理部门和政府相关部门三类。

（1）公安部门

邵东县公安局刑侦大队接警后，迅速赶往现场，经现场勘察和附近居民提供线索后，警方很快确认犯罪嫌疑人身份，于次日抓获了犯罪嫌疑人孙某、刘某、赵某。

（2）教育行政管理部门

案发后，县教育局立即召开相关会议，研究如何组织开展善后处理工作。考虑死者家庭经济状况不是很好，教育局决定先行垫付部分资金办理丧事，并同时为死者（李某云）申报"因公殉职"。

（3）政府相关部门

邵东县委宣传部于 10 月 19 日晚将涉案 3 人送往邵阳市工读学校，为遇害教师启动"因公死亡"报批程序。

邵东县开展为期 3 个月的网吧专项整治行动，涉嫌违规接纳未成年人的 3 家上网服务营业场所已被责令停业。

邵东县委宣传部 10 月 26 日通报称，女教师遇害案目前已启动追责程序。同时，县纪委对县文广新局局长进行立案调查，对县文化市场综合执法局局长给予免职并立案调查。

4. 案例启示

"10·18"湖南省邵东学生劫杀教师事件有如下启示。

（1）增强安全防范意识

"预防为主"是校园安全管理的基本方针，[①] 但由于突发事件存在一定偶然性、不可预测性，许多学校领导在校园突发治安事件的预防方面缺乏重视，态度消极。新廉小学周末仅安排 1 名女教师守校，导致学校小卖部遭盗，女教师被劫杀，体现了学校领导的安全防范意识不足。从学校领导到师生个人都应增强安全防范意识，做好风险防范措施，避免校园突发治安事件的发生与恶化。

（2）加强校园安保队伍建设

"10·18"湖南省邵东学生劫杀教师事件的发生主要是由于新廉小学安保人员不足。大多数人认为，校园保安的职责就是看门、值班、抓小偷等，从事安保工作的人只需力气大，身体强壮即可，导致校园安保队伍呈现整体素质不高，工作能力无法适应现今校园安保工作需要的特点。为消除校园突发治安事件风险，整体提升校园安保系统水平，学校应高度重视校园安保队伍建设，通过优化招聘程序，开展工作评估等方式提升校园安保队伍整体素质。

[①] 寇丽萍、张小兵：《论中小学校园突发事件应急能力建设》，《中国人民公安大学学报》（社会科学版）2013 年第 5 期。

三 校园突发治安事件风险评估

(一) 风险识别

根据突发治安事件的构成条件，校园突发治安事件风险因素可分为威胁性因素和安防脆弱性两类。

1. 威胁性因素

威胁性因素主要指可能诱发校园突发治安事件的个人或群体的犯罪倾向，具体可分为内部威胁与外部威胁两类。

(1) 内部威胁

内部威胁主要指校内学生或教职员工为了达成个人或群体目的，偷盗损毁私人或公共财物、贩卖或吸食毒品、伤害校内人员人身安全的危险性。校内学生和教职员工犯罪倾向与暴力倾向高低是影响校园突发治安事件发生概率的重要因素。研究发现，我国未成年人犯罪案件总数和未成年罪犯占当年刑事罪犯总数比例均逐年下降，2009—2013 年，全国法院判处的未成年罪犯人数占刑事罪犯总人数比例由 6.18% 下降至 4.82%。但未成年人暴力犯罪数量远超单纯财产型犯罪数量，暴力犯罪倾向严重，犯罪动机多为一时冲动、哥们儿义气和好奇心。[1]

(2) 外部威胁

外部威胁主要指外来人员未经校方允许进入校内偷盗或损毁学校公共财物、伤害学生及教职员工人身安全、财产安全的危险性。外部威胁性因素强弱可通过校园周边犯罪率、辍学率和失业率等指标体现。一般而言，校园周边犯罪率、辍学率和失业率的高低与校园突发治安事件的发生概率成正比。

2. 安防脆弱性

安防脆弱性是指学校安保体系抵御威胁和应对突发治安事件的能力，安防脆弱性的高低决定了校园突发治安事件的发生概率和学校受损程度，具体又可分为校园防御体系和应对能力两类。

---

[1] 路琦、牛凯：《2014 年我国未成年人犯罪研究报告——基于行为规范量表的分析》，《中国青年社会科学》2015 年第 3 期。

(1) 校园防御体系

校园防御体系是指校园安保体系防守抵御威胁性因素的能力，具体又包括门禁系统、监控系统、照明设施三项因素。校园防御体系高低直接关系着校园突发治安事件由威胁转化为危机的可能性。我国校园总体防御体系较弱，人防、物防、技防水平较低。据环球网报道，浙江省学校存在视频监控探头布点不合理，监控设备图像模糊、不能正常回放录像以及学生、幼儿在校园时报警装置未设防或失灵的情况；在贵州，部分学校、幼儿园还没有安装视频监控系统，由于改造、搬迁、修路等原因，贵州省还有9396所学校无法进行封闭管理。[①]

(2) 应对能力

应对能力是指学校应对突发治安事件时内部控制能力和外部联动能力，具体又可包括安保队伍能力和协调联动能力两类。安保队伍能力是指校内安保人员应对校园突发治安事件时的现场反应和现场控制能力。协调联动能力是指校园突发治安事件发生时学校对外联络医疗系统、公安部门的反应速度和联动部门的响应能力。学校应对能力越高，校园突发治安事件的后果和损失越低。

(二) 风险分析

校园突发治安事件的风险分析主要立足于校园所受的威胁性因素和安防脆弱性，将风险因素分为不可控因素与可控因素两类，对风险应对过程中的重要因素和关键环节进行剖析。

1. 不可控因素分析

校园突发治安事件的不可控因素是指学校所面临的外部威胁，如黑社会势力，但却会给学校带来不同程度的风险，影响学校突发治安事件风险程度的评定，故本书将对这些不可控因素的了解、把握也列为学校风险应对工作的重要因素之一。不可控因素可从当地的犯罪率、辍学率、失业率三个方面进行了解、分析、把握。

[①] 《校园安全隐患突出保安素质不佳缺专业技能》，环球网（http://china.huanqiu.com/roll/2011-10/2081009_2.html）。

(1) 犯罪率

犯罪率是指在一定时空范围内犯罪者与人口总数对比计算的比率，是犯罪密度相对指标之一，犯罪率较高的地区发生校园突发治安事件的概率也较高。学校可在本区（县）公安部门咨询近年来本地犯罪率、严重刑事犯罪件数、社会治安犯罪件数等数据信息，对学校所在地的社会治安状况、学校所面临的外部威胁做出判断。

(2) 辍学率

辍学率是指辍学学生占学生总数的比率，也叫控辍率。处于辍学状态的青少年因年龄问题，大部分无法进入社会工作，属于闲散人群。辍学后，他们通常仍与在校学生保持着密切联系并保有校服、校徽等可以方便其进入校园的标识，是最容易进入校园的校外人员，给校园治安带来了一定的风险。因此，辍学率较高的地区可能面临的外部威胁也比较高。学校可在本区（县）教育局查询本地辍学率的相关信息，根据国家"两基普九"制定的辍学率警戒线3%，对学校所处地理位置的辍学率高低做出基本的判断。

(3) 失业率

失业率是指失业人口占劳动人口的比率（一定时期全部就业人口中有工作意愿而仍未有工作的劳动力数字）。失业人群的犯罪成本较低，易产生危害社会治安的举动。[①] 学校可在本地统计局咨询到相关数据信息，按照国家失业率警戒线7%，对本地失业率水平进行判断。

2. 可控因素风险分析

校园突发治安事件的可控因素是指学校可以直接调控的、直接影响治安安全的因素，是学校风险应对过程中的关键环节，主要包括对内部威胁的防控、防御体系以及应对能力。

(1) 内部威胁

内部威胁在学校管理范围内，属于校内可控因素，学校可通过提高本校师生法律意识，及时排查、处理可能诱发校园突发治安事件的校内风险因素，来降低校园内部威胁性。

在校学生心智不成熟，法律意识淡薄，常常不能意识到其行为举止

---

① 李殊琦、柳庆刚：《城乡收入差距、人均收入及失业率对犯罪率的影响——基于2003—2007年我国省级数据的面板分析》，《中南财经政法大学学报》2009年第6期。

可能带来的严重后果，因此成为构成校园内部威胁的重点人群。学校可通过开设思想道德及法律基础的相关课程，举办法律知识讲座，组织学生学习《小学生日常行为规范》《中小学生守则》、学校校规校纪等工作，帮助学生形成正确的价值观，做到知法、懂法、守法，不进行可能引发校园突发治安事件的危险活动。学校可每学期举办1—2次法律知识讲座，高校应按照教育部要求开设《思想道德修养与法律基础》课程，设置学分并在结课后安排考试，检查学生学习效果。

目前，我国在校教职人员组成结构参差不齐、鱼龙混杂，对校园治安具有一定的威胁性。学校应在其入职时了解其过往工作经历以及有无犯罪记录，以便及时发现内部威胁因素并进行妥善处置。另外，学校可为在校教职人员建立工作档案，记录其工作状况以备查询。

(2) 防御体系

防御体系是指学校为预防校园突发治安事件所做的人防、物防、技防工作，其关键因素包括校门、门禁系统、校园监控系统以及照明设施。

校门是外来人员进入学校的必经之路，也是学校防御的第一道关口。如无必要，学校应尽量选用可封闭大门，并在校门旁设置保安亭。同时，学校应建立出入登记制度，对来往校外人员进行实名登记，有条件的学校可以安装人脸识别报警设备，避免校外人员混入学校。

门禁系统主要建设在学校的教学区域以及宿舍楼，其防御范围更具针对性，是学校防御的又一道重要关口。教学区域应装有可封闭大门，并安排专门的物业人员负责管理，以保证在需要时可以第一时间进行关闭。宿舍应装有门禁系统并配备专门的宿管人员对其进行管理。

校园监控系统包括两个方面：一是校园巡逻队伍，学校应对校园巡逻队伍进行专业技能培训并为其配备必要的巡逻设施，如巡逻车、手电筒、喇叭等。二是校园视频监控系统，学校应安装视频监控系统并配备专门的监控室管理员。监控室管理员主要负责日常的视频监控工作以及监控设备的保养、报修工作。

漆黑的环境通常会为犯罪分子提供可乘之机。由此可见，完善的照明设施是预防校园夜间犯罪的必要手段，学校应保证校内照明全覆盖，尤其是在学校建筑物（如教学楼、宿舍楼、食堂等）、校园道路以及校门、围墙附近。同时，学校应安排专门的后勤人员负责照明实施的维护、维修工作，保证照明设施的正常使用。

(3) 应对能力

学校对校园突发治安事件的应对能力主要包括两个方面：一是学校安保队伍的应对能力。学校应建设自己的校园安保队伍，定期对其进行技能培训，严明纪律，频率以每学期1次为宜。二是与附近公安部门协调联动、处理危机的能力。学校应与所在地的公安部门保持密切、友好关系，每学期可邀请当地民警赴校进行1—2次的安防知识讲座并指导学校进行安防演练。同时，学校可委托当地公安部门为其制定校园突发治安事件应急预案，有条件的学校还可以向当地派出所提出申请，要求派出所为其配备驻校民警。

(三) 风险评定

校园突发治安事件风险评定工作可以帮助学校了解本校突发治安事件的风险等级以及具体风险因素，为后续的风险防控工作奠定基础。校园突发治安事件风险评定对不可控因素（内部威胁与外部威胁）按客观差异进行分级，并按不同级别进行赋分；对学校可以控制的因素（防御体系与应对能力），则采用累计加分的方式，要求学校客观测评本校可能存在的风险因素，并按照赋分标准对各评估指标进行打分，最终将测评结果如实填入校园突发治安风险评定表中，表格总分为100分。

校园突发治安事件风险等级可根据评定表得分分为高、中、低三类：60分及以下为高风险，表示学校发生校园突发治安事件的概率较高，应立即组织召开校园突发治安事件风险防范会议，尽快落实校园突发治安事件风险管理要求；60—80分为中风险，表示学校较易发生校园突发治安事件，应立即根据风险评定得分情况组织制定切实可行的改进计划；80分及以上为低风险，表示学校存在一定的发生校园突发治安事件的可能性，应安排专人进行相关风险排查工作并逐个完善，及时解决风险隐患，做好风险防范措施。

根据过往研究[1][2]以及《中国法律年鉴》《全国教育事业发展统计公报》《中小学校教室采光和照明卫生标准》《辽宁省普通高校"安全文明

---

[1] 邓科：《中国实际失业率已达到警戒线》，《吉林人大》2002年第12期。
[2] 于京东：《少数民族农村地区辍学现象的公共政策分析——基于宁夏D乡的个案研究》，《福建行政学院学报》2012年第5期。

校园"评估标准》等制定评定表（见表7—1）。

表7—1　　校园突发治安事件风险评定表

风险因素	评估指标	赋分标准	得分
外部威胁（15分）	犯罪率（5分）	至所在区（县）公安部门咨询，酌情打分	
	辍学率（5分）	小于等于1%的，依情况记5分； 大于1%，小于3%的，依情况记3—4分； 大于等于3%的，依情况记0—2分	
	失业率（5分）	小于等于4%的，依情况记4—5分； 大于4%，小于7%的，依情况记2—3分； 大于7%的，依情况记0—1分	
内部威胁（15分）	学生法律意识（10分）	开设思想道德教育课程（+3分）	
		课程内容翔实，结课后安排考试（+2分）	
		定期举行法律知识宣传活动（+3分）	
		活动形式多样，内容丰富实用（+2分）	
	职工档案（5分）	调查教职人员入职前有无犯罪记录（+3分）	
		具备在校教职人员工作档案（+2分）	
防御体系脆弱性（40分）	校门（10分）	具有封闭式校门（+3分）	
		具有来访登记制度（+3分）	
		具有入侵报警系统（+4分）	
	门禁系统（10分）	具有宿舍门禁系统（+3分）	
		教学区域大门可紧急关闭（+3分）	
		具备宿管、物业人员进行管理（+4分）	
	校园监控系统（15分）	具备校园巡逻队（+5分）	
		巡逻队管理严格，具备专业素养（+3分）	
		具备视频监控系统（+5分）	
		具有监控室管理员（+2分）	
	照明设施（5分）	校园照明覆盖率达到100%（+3分）	
		具有后勤保障制度，及时维修（+2分）	

续表

风险因素	评估指标	赋分标准	得分
应对能力脆弱性（30分）	安保队伍（15分）	具备校园安保队伍，纪律严明（+8分）	
		定期对安保人员进行技能培训（+7分）	
	协调联动能力（15分）	当地民警定期来校进行安防知识宣传（+4分）	
		同公安部门配合，定期开展安防演练（+3分）	
		具有当地派出所驻校民警（+3分）	
		当地公安部门具备突发治安应急预案（+5分）	
总得分			

注：本风险评定表仅供参考，学校可根据当地实际情况对评估指标与赋分标准进行相应的调整。

四 校园突发治安事件风险管控要点

校园突发治安事件发生频率高、负面影响大。为切实维护师生生命安全、财产安全，维护学校教学秩序，学校应针对校园突发治安事件特点，制定风险管理方案，消除校园突发治安事件风险隐患，减缓事件负面影响。

（一）优化校园周边环境

校园周边环境极易为校园治安犯罪提供隐蔽场所。例如，校园周边开设的出租店所出租的黄色、暴力书籍和影碟往往成为校园突发治安事件发生的诱因；周边闲散的社会人士往往成为校园突发治安事件的犯罪者，据统计，校园伤害事件中施暴者为校外人员比例高达48.8%；同时，校园周边区域是校园突发治安事件的高发区，据统计，约有34.9%的校园流血事件均发生于校园周边及校门口附近。[①]

因职能、资金有限，学校难以管理周边环境，政府相关部门如教育部门、公安部门、司法行政、建设部门、交通部门、文化部门应联合行

[①] 李春雷：《校园伤害案件及防控对策的实证分析与比较研究》，《中国人民公安大学学报》（社会科学版）2010年第5期。

动，听取学校和社会各界对学校安全管理的建议和意见，研究部署校园周边环境整治。学校也应积极改善校内风险管理，强化学生自我防范意识，消除师生犯罪倾向，可成立安保人员和师生共同组成的校园巡逻队伍。

（二）细化校园安全措施

2010年5月，《中国青少年校园安全教育》调查结果显示，88.4%的受访者认为缺乏完整的安全教育体系和管理机制是青少年安全教育中存在的主要问题。① 目前，我国大部分农村、小城镇学校尚无能力配备新型安保设施或聘请专业安保队伍；安排公安部门巡逻、设置专门校园警察队伍等措施仅仅只能作为特殊时期的非常规行动。因此，学校应建立并推行可操作性强、平民化的校园安全管理措施，如要求所有人员凭证件出入学校、加强对学生的监视、安装教室电话、让学生携带防爆报警器等。

（三）加强学生防卫能力

作为校园突发治安事件的受害方，师生在面对校园突发治安事件时是否能保持冷静、应对得当，直接关系到其生命财产受损程度。要加强学生自我防卫能力，应从以下几个方面入手。首先，培养学生的安全意识。家庭、学校、社会等都应共同努力，培养学生从小树立安全意识，防害意识。认识自身能力，学会拒绝伤害的正确方法，学会解决问题，避免伤害。其次，培养学生树立正确的自我保护观念，不应采取"以暴制暴"的错误方式，也不能屈服于暴力威胁。最后，要增强学生防护能力。学校应将简单实用的自我防卫、自救技能课程加入教学计划，教授学生一些有效可行的急救常识和防身技巧。政府应设立专款，帮助学校开展紧急疏散演练，训练学生如何应对凶徒入侵校园等突发情况。

---

① 《七成受访者称学生缺乏安防意识》，新京报网（http://www.bjnews.com.cn/news/2010/05/30/38412.html）。

（四）健全风险监测机制

校园突发治安事件的风险监测是指利用各种技术手段全面监控校内突发治安事件风险隐患，防止风险转化为危机的过程。风险监测一方面可以及时避免风险隐患转变为突发治安事件，另一方面可以反映学校本身和当地社会的治安情况。

建立健全校园突发治安事件的风险监测机制应从以下两方面入手：一是成立专门的风险监测小组，定期排查校园治安隐患，做到早发现、早解决；二是充分利用视频智能化技术，从传统的"事后查阅录像"前移为"事中及时响应"和"事前风险预警"，提高系统实时性，提升传统视频监控技术的实用价值。

（五）完善应急预案编制

校园安全的应急预案是指提供应付、处理突发校园安全事件所需要的人力、组织、方法和措施的一整套方案。一套完善的校园突发治安应急预案应遵循统一指挥、快速反应、分级负责、预防为本、及时控制等原则，包含校园突发治安事件应急管理中学校各级部门应发挥的作用及相应的责任等内容，规范学校管理部门如何在校园突发性事件中实施协调与管理职能，最大限度地减缓校园突发性事件的消极影响。同时，根据学校及学校所在地的具体情况，如出现当地外来人员增多、学校办学规模扩大等变化，对校园突发治安应急预案进行调整与更新。

（六）做好应急处置工作

结合校园突发治安事件的普遍性强、危害程度高、影响范围大、社会关注程度高等特点，做好校园突发治安事件事中与事后的应急管理工作应做到以下几点。一是快速响应。在校园突发治安事件发生后，学校应迅速联系教育、公安、医疗、司法等相关部门成立应急处置小组，控制事态发展，减缓事件造成的不良影响。二是及时发布信息。校园突发治安事件发生后，应迅速建立正规统一的消息传播渠道，及时向外界公布事件真相，避免媒体及大众舆论主观放大事件的负面影响。三是做好沟通交流。学校及教育部门应做好与师生的交流沟通工作，安抚师生情绪，避免因校园突发事件影响和干扰学校的正常教学和生活秩序。四是建立事后心理疏导机制。受校园突发事件影响，一些学生及家长可能会产生恐慌、抑郁等心理问题，这就需要建立一套完善的心理疏导机制，了解学生及家长的心理状态，对相关当事人进行心理疏导，使其逐渐走出事件所带来的心理阴影。五是恢复教学秩序。校园突发事件发生后，学校应尽快恢复正常的教学秩序，针对突发治安事件发生原因反思自身，提升自身安全管理水平。六是追究责任。对校园突发事件隐瞒、缓报、谎报的，要依法给予行政处分。对因应急处理不当，行动迟缓，玩忽职守，失职渎职，致使事件蔓延、扩大的，要追究相关单位、人员的行政责任。

第八章

校园欺凌事件风险分析

一 概 述

校园本应是最阳光、最安全的地方,但我国校园暴力频发,不仅伤害未成年人身心健康,也冲击社会道德底线。2016年6月,国务院总理李克强批示教育部要会同相关方面多措并举,特别是要完善法律法规、加强对学生的法制教育,坚决遏制漠视人的尊严与生命的行为。[①] 这是继《国务院教育督导委员会办公室关于开展校园欺凌专项治理的通知》后,总理直接关注校园暴力。

根据2011年4月至2016年7月在中国安全教育网、全国校安全网、人民网、新华网及部分地方性网站等200余家新闻媒体关于校园安全事件的公开报道,本书搜集并筛选出1000余例校园安全事件,其中校园欺凌事件118起,占比11.74%。2015年,中国青少年研究中心针对10个省市的5864名中小学生调查显示:经常被欺负的中小学生占被调查总数的32.5%。一项从欺凌者视角分析个人欺凌习惯与情景变量之间关系的定量研究发现,校园欺凌与宗教、性别、风险行为、心理健康和家庭环境等密切相关。同时,无论欺凌者还是被欺凌者,欺凌行为都会影响他们的教育教学过程和个体健康。[②] 那么,我国校园欺凌事件频发不止,如何

[①] 《李克强对近期校园暴力频发做出重要批示》,中国政府网(http://www.gov.cn/guowuyuan/2016-06/12/content_5081199.htm)。

[②] Oliveira, W. A., et al., "Associations Between The Practice of Bullying and Individual and Contextual Variables from The Aggressors' Perspective", *Jornal De Pediatria*, Vol. 92, 2016, pp. 32-39.

防范和管治？本章通过风险分析的方法建构校园欺凌事件的意涵与类型，并分析其发生条件与影响。

（一）校园欺凌事件的概念

2016年4月28日，《国务院教育督导委员会办公室关于开展校园欺凌专项治理的通知》要求各地各中小学校针对发生在学生之间，蓄意或恶意通过肢体、语言以及网络等手段，实施欺负、侮辱造成伤害的校园欺凌进行专项治理，以期加强法制教育，严肃校纪校规，规范学生行为，促进学生身心健康，建设平安校园、和谐校园。

校园欺凌，一个世界性的难题。相较于我国，国外学者对校园欺凌的关注早，在校园欺凌概念方面，基本上达成共识。校园欺凌是指个体使用他们的身体、精神或社会资源控制和伤害相对较弱的个体，伤害包括打、踢、推、戏弄、侮辱、排斥，或追求其他不必要的社会影响。[1] 除了这个一般性的定义，不同领域的学者对不同特征的欺凌行为和事件进行了分类研究。有学者提出了直接欺凌与间接欺凌的概念。[2] 还有学者根据不同类型的欺凌表现，将欺凌行为进行差异分类，包括身体欺凌（如身体攻击性行为）、语言欺凌（如用语言伤害或羞辱他人）、关系欺凌（如使用社会影响进行排斥）和网络欺凌等（如使用手机和社交媒体伤害他人）。[3]

基于上述背景和研究，本书认为校园欺凌行为有以下几个特点：第一，欺凌是一种被强迫的、侵犯性的行为；第二，欺凌发生在现实力量不平衡的学生之间；第三，欺凌常常重复发生；第四，欺凌行为对被欺凌者和欺凌者都会产生严重的、持久的影响。据此，可将校园欺凌事件定义为：在校园中，强势群（个）体蓄意通过各种手段对弱势群（个）体实施欺凌行为而造成生理、心理伤害的事件。

---

[1] Pontzer, Daniel, "A Theoretical Test of Bullying Behavior: Parenting, Personality, and the Bully/Victim Relationship", *Journal of Family Violence*, Vol. 25, 2010, pp. 259–273.

[2] M. F. Peskin, S. R. Tortolero, C. M. Markham, "Bullying and Victimization Among Black and Hispanic Adolescents", *Adolescence*, Vol. 41, 2006, pp. 467–484.

[3] Paul R. Smokowski, K. H. Kopasz, "Bullying in School: An Overview of Types, Effects, Family Characteristics, and Intervention Strategies", *Children&Schools*, Vol. 27, 2005, pp. 101–110.

(二) 校园欺凌事件的条件

校园欺凌事件的构成需满足以下三个条件：一是欺凌者对受害者有敌意倾向，即欺凌是故意造成的伤害，而不是偶然的；二是欺凌表现为双方力量的不平衡，欺凌者使用他们的体力，或是散布令人尴尬的信息等来控制或伤害对方；三是欺凌行为会重复发生，即欺凌行为不止一次发生。

一般而言，校园欺凌事件的发生可用如下公式表示：

$$\text{School bullying event} = \text{Inducement} \otimes \text{Vulnerability}$$

其中，School bullying event 表示校园欺凌事件；Inducement（I）表示诱因，即校园欺凌风险的衍生环境；Vulnerability（V）表示脆弱性，即学生的脆弱性。据此，校园欺凌事件是诱因和脆弱性共同作用的结果，各影响因素内容如图8—1所示。

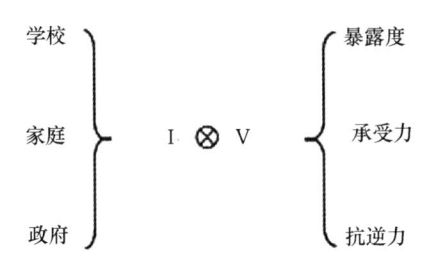

$$\left.\begin{array}{c}\text{学校}\\\text{家庭}\\\text{政府}\end{array}\right\} \text{I} \otimes \text{V} \left\{\begin{array}{c}\text{暴露度}\\\text{承受力}\\\text{抗逆力}\end{array}\right.$$

图8—1 校园欺凌事件影响因素

(三) 校园欺凌事件的影响

校园欺凌事件会造成以下后果：一是使受害者感受到痛苦，如受害者遭受从轻微到严重的心理、社会或物理创伤；二是欺凌者认为自己得到好处，如心理上、物质上的所得。

(四) 校园欺凌事件的类型

校园欺凌可能是物理欺凌或情感欺凌，它可以发生在学校操场、教室和校车，也可发生在网络空间。总结归纳，校园欺凌事件的类型主要有以下几种。

校园关系欺凌：涉及伤害他人的社会交往、破坏他人的社会关系。例如，散布关于受害者的谣言，中伤、讥讽、贬抑评论受害者的宗教信仰、国籍或其他；使受害者在公众面前难堪，孤立或排挤受害者。

校园身体欺凌：对受害者进行重复性的身体攻击；破坏受害者的个人物品，如教科书、衣裳等。

校园网上欺凌：在各类网络社交工具或论坛上发布对受害者的人身攻击言论和视频。

校园敲诈欺凌：通过恐吓、威迫等手段，强索受害者的金钱或物品，威胁受害者跟随做坏事。

二 校园欺凌事件的典型案例

根据校园欺凌的类型，本章选取广东从化事件、甘肃正宁事件、安徽怀远事件等典型案例进行三维复盘，还原事件经过，分析校园欺凌事件的重要特征。环境维度通过再现欺凌事件发生时的自然属性与社会属性，可发现事件的发生情况；事件维度主要通过事件发生过程来再现事件的全貌，并展现事件进程维度的重要记录；管理维度侧重分析事件中的处置任务、多主体应对行动和资源配置的过程。

（一）广东从化"6.29"智障生遭戏弄事件[①]

14岁的小亮就读于从化市太平第二中学初二年级，四岁左右被检查出有智力障碍，母亲为小亮办理了三级智力残疾。2015年6月29日，小亮堂哥向小亮母亲邓女士发了一张小亮遭受校园欺凌的照片，邓女士得知小亮在学校被欺负，十分气愤，把照片发给班主任讨要说法。经调查，打人者是同班同学，对方家长均同意支付小亮的医药费、精神损失费、心理辅导费和营养费，双方家长在学校进行协商，校方未予以回应。

---

① 《广东从化智障男生遭同学戏弄棒打，烟头插鼻》，搜狐新闻（http://news.sohu.com/20150703/n416099132.shtml）。

1. 环境维度

(1) 对智障学生等特殊群体关注不够

从化市太平第二中学创办于1968年,是一所公办初级中学,1979年由从化县教育局接管,于1997年从屈洞村旧校搬迁到太平镇康乐西路现址办学,学校地处乡镇,属偏远地区学校。反观事件,可以发现学校对特殊学生关注不够。

(2) 对网络舆情的监督管理不到位

事件中,学校没有监测到照片的存在,而是由家长发现后讨要说法,学校才得知网传照片的事情。同时,学校并没有相关监测设备,类似事件仅通过教师与学生沟通才可发现。据此,网络舆情控制情况可见一斑。

【相关法规】

《未成年人保护法》第三章学校保护的第二十二条规定,学校、幼儿园、托儿所应当建立安全制度,加强对未成年人的安全教育,采取措施保障未成年人的人身安全。第二十三条规定,教育行政等部门和学校、幼儿园、托儿所应当根据需要,制定应对各种灾害、意外伤害等突发事件的预案,配备相应设施并进行必要的演练,增强未成年人的自我保护意识和能力。

2. 事件维度

整个事件按发展演化顺序可分为事件缘起、事件发展、后期处置三个阶段。

(1) 事件缘起

2015年6月29日下午,邓女士突然收到小亮堂哥发来的照片,照片上小亮正在遭受校园欺凌。看到照片后的邓女士异常气愤,赶紧联系了班主任反映情况。因小亮有智力障碍,平时很少与别人说话,所以邓女士也知道儿子在校常被人欺负。可这次的照片让邓女士无法接受。

(2) 事件发展

6月30日上午,与小亮就读同一所学校的堂哥突然打电话给邓女士,让她赶紧去学校一趟。邓女士到学校后发现办公室里站着几名同学,同时还有几名家长。

小亮的堂哥说他在微信上得知堂弟被人打了，随后在该校学生的朋友圈中发现了打人视频。视频中的打人者，全是小亮的同班同学兼舍友，打人的地点位于学校的男生宿舍内。

（3）后期处置：打人者家长愿赔付医药费

事件发生后，小亮不肯开口说话。听到打人视频发出的声音时，小亮才有些反应。尽管彩超和CT结果均显示小亮身体无大碍，但小亮一直称自己肚子很痛。

最后，邓女士与打人的学生家长在学校进行协商。对方家长均同意支付小亮的医药费、精神损失费、心理辅导费和营养费。同时，也都表示会教育好自己的孩子，不会让这样的事情再度上演。而校方一直无回应。

3. 管理维度

（1）学校

事件中，学校层面并没有形成校园反欺凌制度，发生欺凌事件后也只是就事论事，学校并没有给予相应的关注，学校的沉默让"校园之殇"的欺凌事件更具隐蔽性。学校亦没有预防为主的意识，还是以事后处置为主的应急管理为解决此类事件的方法，事件中学校仅通知了家长，没有积极参与事件处置，后期也没有回应。

（2）家庭

家长及时发现了欺凌事实并进行了制止，但家长知道小亮经常被欺负的事实，等事情"大"了，才采取措施，这种做法也不是很妥当，没有与孩子沟通，对于特殊的孩子长期被欺凌采取"漠视"态度。同时，欺凌视频的传播，会对小亮的心理进行二次伤害，这一点家长并没有注意到。

【相似案例】

2012年7月，江西省新余某中学女生小邓因"嘴巴多"，被同班的4名女同学在街头强行扒光衣服游街，巡逻民警路过此处，阻止了这4名少女的荒唐行为。[①]

[①]《中学女生险遭同学强扒衣服游街》，央视网（http：//news.cntv.cn/20120706/109117.shtml）。

2013年10月,因本地户籍同学对汕尾籍同学不满,东莞信息技术学校8名学生在操场群殴,百余人围观起哄。①

4. 案例启示

通过还原广东从化事件的过程,可以发现,校园欺凌具有普遍性,其存在于各类校园之中,特别是中小学校,这个学段的学生心智不成熟,由此成了校园欺凌的高发地带。

(1)学校应当在校内宣传对校园欺凌行为说"不"

通过整合资源,学校要多渠道宣传校园反欺凌,使学生不参与欺凌,不围观欺凌,不隐瞒被欺凌经历,更不传播欺凌视频对被欺凌者造成二次伤害。因此,学校要加强欺凌风险源头治理,从根本上避免和减少此类事件的发生,建立以风险防控为核心的主动防范模式,让学生敢于也愿对欺凌行为说"不"。

(2)家长在校外营造良好的家庭氛围

家长要及时与孩子沟通,了解孩子的近况,随时观察孩子在生活中各方面的表现,鼓励孩子诉说在学校发生的不愉快的事情,全面掌握孩子的心态。同时与学校取得联系,尤其是班主任,要时常交流孩子在校的情况,积极营造温馨的家庭环境,逐步加强家校合作。

(3)特殊学生群体就读特殊学校

进行普通义务教育的学校受众太多,因而极易对智障学生、单亲家庭学生和留守家庭等特殊学生关注不够。因此,可将类似小亮这样的特殊学生全部安排就读于特殊学校,进行具有针对性的教育和关注,这样就可以降低校园欺凌风险演化的可能性。

(二)甘肃正宁"10·13""恶霸"被群殴致死事件②

正宁县第四中学阿伟好勇斗狠,年纪轻轻恶名在外。新学期开学之

---

① 《东莞一学校发生群殴引百余学生围观起哄》,网易新闻(http://news.163.com/13/1025/16/9C205KRF00014AED.html)。

② 《高中生屡欺负同学惹众怒,被18名男生群殴致死》,腾讯网(https://new.qq.com/cmsn/20130712/20130712000173)。

际，因为一只篮球的归属问题，阿伟多次前往该校高三（3）班寻衅、殴打、辱骂多名同学。一群受气"绵羊"终于忍无可忍，合伙殴打阿伟致其死亡。

1. 环境维度

（1）对问题学生的排查管理不到位

正宁县第四中学是一所农村完全中学，位于甘肃东部子午岭山区边缘。学校注重教育水平的提升，对问题学生管理不善，事件中班主任老师已经发现了阿伟的过激行为，并且阿伟"名声在外"，但没有跟进管制和全程跟踪监测，让这个已在"黑名单"的"恶霸"继续作恶，最终导致悲剧发生。

（2）学校师生沟通渠道不畅通

事情发生后，被欺凌学生的选择不是与学校相关部门及老师沟通，而是等待事件恶化。反之，学校老师亦没有与学生沟通，沟通协调的延误最终致使风险转化，结果对欺凌者、被欺凌者均造成了巨大的伤害。

【甘肃省相关政策法规】

甘肃省在《国务院教育督导委员会办公室关于开展校园欺凌专项治理的通知》指导下及时开展了校园欺凌与暴力专项整治活动，开展校园欺凌专项治理情况专项督导检查，依据《中华人民共和国义务教育法》《学生伤害事故处理办法》《中小学幼儿园安全管理办法》等一系列国家法律、政策来治理校园欺凌、处置相关事件。

2. 事件维度

（1）事件缘起

2009年9月，正值开学之初，正宁四中高三（3）班学生学生集资购买了一个篮球，用于本班同学活动。

10月10日下午，课外活动后，前不久刚丢了篮球的阿伟突然闯进高三（3）班教室，因篮球归属问题起了争执，并殴打该班学生，班主任赶来教室制止。

（2）事件发展

10月10日晚，阿伟再次以篮球之事为由来到高三（3）班教室，威胁该班同学。

10月11日下午,阿伟第三次来到该班教室,质问该班班长"篮球到底是谁的",班长回答说是他们班的。阿伟因此殴打班长,并涉嫌对部分学生实行勒索。

10月13日17时50分,学生们吃晚饭的时间,高三(3)班18名男生恐遭阿伟殴打,均未离开教室,只有本班的两名女生前去就餐。

5分钟后,阿伟来到教室,勒令教室里所有学生回到自己的座位,教室内的学生便手持凳子一拥而上,直到阿伟头部出血后方才住手。不久,阿伟经抢救无效死亡。

(3)事件处置

事件发生后,根据罪行相适应原则,施暴男生均获缓刑,但该案是由于阿伟多次前往被告人所在班级闹事,殴打、威胁学生,引发了伤害行为,阿伟对此有重大过错。法院一审判处5名被告人有期徒刑3年。

宣判后,5名被告人不服提出上诉。与此同时,正宁县检察院以量刑畸轻为由,提出抗诉。庆阳市中级人民法院对该案进行二审后认为,原判认定5名被告人的犯罪事实清楚,证据确实充分。阿伟案发前曾多次到高三(3)班携带凶器威胁、殴打他人,在引发案件上有重大过错,而被欺凌者进行的反击行为符合正当防卫的条件。但从造成被害人死亡的结果看,防卫行为显然超过了必要的限度,应认定为防卫过当。

后省高级人民法院核准该改判结果。其中4名被欺凌者被不同的大学录取,现均在读,故在减轻处罚的同时依法适用缓刑,有利于他们在一个良好的社会环境中健康成长。

3. 管理维度

(1)学校

阿伟第一次闯进高三(3)班教室,并殴打该班学生小曾,最终班主任赶来制止了阿伟。但此后阿伟不听老师劝阻,老师也没有及时关注阿伟的行为,导致事件一发不可收拾。阿伟数天内多次前往该班级寻衅,其中一次携带菜刀,并殴打、辱骂班级同学,其不当言行是引发事件的直接原因,但校方对阿伟这种恃强凌弱行为未能及时制止,是导致事件发生的主要原因。

（2）司法机关

一审法院正宁县法院审理后认为被欺凌者行为均构成故意伤害罪，而后庆阳市中级人民法院对该案进行二审后对5名被告人改判，最终省高院同意了二审判决。处置过程中，司法机关的参与以正义的方式为事件画上了句号，为此类事件的处理奠定了案例基础。

【相似案例】

2012年6月，四川省乐山市沐川县高笋学校小学生因斗地主欠债400元，遭学长用打火机烧伤。[1]

2015年9月，山东省东营市东营蓝海职业学校16岁女生因掏作业本慢了一些，班长说了她几句，双方争吵后，遭校园暴力，手指被烧。[2]

4. 案例启示

正宁四中事件体现了校园欺凌的隐蔽性。因校园欺凌行为大多发生在隐蔽、不引人注目的校园角落，学校很难管理。学校老师虽然采取了制止的措施，但悲剧仍然发生了，反映出如下需要。

（1）跟进农村地区反欺凌教育

该事件中教育行政部门、学校、家庭、学生选择了集体沉默，这种"低调处理"的方式反映了各主体反欺凌意识薄弱。因此要重点加强偏远地区学校的反欺凌教育与安全教育，有条件的要进行反欺凌培训，不断清除隐藏在校园中的欺凌行为。

（2）改善学校氛围，建立心理辅导机制

要积极倡导尊重、互助、合作、和谐的校园文化，营造关怀、扶弱、正义的校园风气。建立健全学校心理健康教育体系和心理健康辅导机制，配备保健和心理专业教师，培养学生的健康心理和抗挫折能力，开展对学生不良心理的疏导和矫治。

---

[1]《乐山高笋学校学生斗地主欠钱400元 遭玩伴殴打》，人民网（http://society.people.com.cn/n/2012/0626/c1008-18380338.html）。

[2]《东营蓝海职业学校16岁女生遭校园暴力手指被烧 施暴者为其8名同学》，搜狐新闻（http://www.sohu.com/a/44782223_119700）。

(三) 安徽怀远"5·6"小学生逼同学喝尿事件①

2015年5月6日,一则"安徽怀远火星小学某班副班长向同学索要钱财并虐待同学"的消息在网上广受关注。经查明,该名副班长确以查作业和背书为名索要财物。后班主任被降级,教师资格被撤销,调离学校,安排其他工勤岗位,校长被撤职。

1. 环境维度

(1) 小学生法律意识与安全意识教育未实现常态化

随着教育改革,火星小学很多学生陆续转学,在校学生越来越少。事发班级从最初的20多人,到六年级时,已经只有7个人。如此数量的学生,学校应较容易开展法律意识与安全意识教育,但事实却非如此。对于受副班长欺诈的所有班级成员,竟没有一人敢于揭露事实。表面看来,与大多数欺凌事件一样,是被欺凌者惧怕欺凌者报复,究其根本,还是小学生法律意识淡薄,安全意识教育没有到位,导致其不敢也不知如何维护自身权利。

(2) 偏远地区学校对于校园欺凌管理未形成制度化

怀远县火星小学位于城郊,此前属于火星村,多年前因为发展工业区拆迁,火星小学搬到了现在的地方,保留了一个教学点,属于典型的偏远学校。从事件的发展来看,学校并未定期开展此类事件的风险排查,学校的"疏忽"让恶行一直延续。事件通过社会化媒体进入公众视野后,"小事"演变成了大事,学校才"亡羊补牢"。总体来看,无论是预防教育与基础安全设施,还是管理措施,火星小学的校园欺凌管控工作都没有制度化。

> 【安徽省相关法规政策】
>
> 在校园欺凌治理方面,安徽省教育厅发布《安徽省加强中小学生欺凌综合治理实施方案》,按照《中华人民共和国刑法》等国家法律法规和国务院关于校园欺凌治理的规章进行专项治理。

---

① 《安徽一小学生逼同学喝尿,校长和班主任被撤职》,人民网(http://society.people.com.cn/n/2015/0508/c1008-26972288.html)。

2. 事件维度

（1）事件缘起

2015年5月6日，一则"安徽怀远火星小学某班的副班长向同学索要钱财并虐待同学"的消息在网上广受关注。

初步调查发现，小赐把班级同学学习情况汇报给老师，老师就会体罚没有完成任务的孩子，某同学家长发现这个问题后，挨个家访确认了该班其他5位同学均有此类经历，家长们找到学校，并把情况汇报到当地教育行政部门。

（2）事件发展

据悉，5月3日，火星小学召集了双方家长在学校见面，小赐承认班级6名同学拿钱给他，也承认虐待同学，小赐父母表示要归还孩子们的钱，但小赐及其家长称，这一切都系同学们自愿。5月4日，小赐转到了其他学校。5月6日上午，当地教育行政部门纪工委负责人找到涉事的6名学生进行调查。

随着调查的深入，事件的根源逐渐浮出了水面。根据孩子们的讲述，再现了小赐成为"孩子王"的过程。从最初的几块钱，到后来的几十块上百块，再到上五年级时几百几百地要。家长们也明白了这些年的一个怪现象：孩子从不在家吃早饭。事发后他们才知道，孩子们是想借着上街吃早饭的名义向家长要钱。这是一个长期的过程，孩子们自己都不记得有多少次。

（3）事件处置结果

安徽电视台披露此事后，当地警方也立刻介入调查，当地教育局很快认定了部分事实，并做出处理：撤销班主任的教师资格，调离火星小学；撤销校长职务，调离火星小学。

最终，家长们提出了三点意见：一是为了挽救小赐，将他送到工读学校；二是这些年孩子们一心筹钱，没心思学习，要求全部留一级；三是归还小赐所索要的钱财大约3万元，另外进行精神损失赔偿。

5月15日，当地教育局召集家长，对该事件进行答复。相关方面表示，已经联系了小赐的家长，对方矢口否认此事，这与当初其承诺退钱的说法大相径庭。家长们表示，将联系律师，起诉小赐家长和学校。

3. 管理维度

（1）教育行政部门

该事件以当地教育局为处置主体，网络报道后，教育局及时开展调查，确认了事件的真实性，而后对相关责任人进行了处理，但此事之前，教育行政部门并没有任何政策性文件来约束校园欺凌，只是就事论事处置校园敲诈事件。

（2）学校

班主任对长期的欺诈行为毫无察觉，说明火星小学并没有进行反欺凌培训和教育，也没有进行欺凌风险排查，就更谈不上欺凌预案设置了，校长作为学校主要负责人，对校园安全事件的管制没有任何作为，因此他们受到了较重的行政处理。

（3）家庭

家长参与学校管理，有助于推进学生积极的学习态度及良好的行为效果，同时家长会是减少校园欺凌的有效措施。该事件中家长积极作为，从发现事实真相到最后事件的彻底调查，家长都尽到了自己应尽的义务。但大部分同学的家长都存在不善于与自己孩子沟通的问题，事情发生后，没有刨根问底，而是根据表象对孩子进行身体处罚，在不知情的状况下站在道德的高度去审视孩子。

【相似案例】

2013年5月，湖南省常德市某小学生因拒绝参与班上女生与男生争夺食堂座位的打架，遭围殴成重伤。[1]

2015年6月，江苏省南京市浦口区陡岗中学生被高年级学生索要钱物，拒绝后遭到殴打。[2]

---

[1] 《女小学生未帮忙打架 遭同班女生围殴摘掉脾脏》，中国新闻网（http：//www.chinanews.com/edu/2013/05-23/4847320.shtml）。

[2] 《校园暴力事件频发 大事化小施暴者可能再施暴》，搜狐新闻（http：//news.sohu.com/20150625/n415585592.shtml）。

4. 案例启示

安徽怀远"5·6"校园欺凌事件表现了校园欺凌的失衡性，在校园欺凌中，欺凌者力量与被欺凌者相比，差异甚大，有时甚至表现为群体欺凌个体，具有"压倒性的优势"，具体启示如下。

（1）对欺凌者、被欺凌者均要进行教育

一是欺凌导致被欺凌者自卑等负面情绪产生，要进行及时的心理疏导；二是进行反欺凌培训要给学生灌输欺凌是不可接受的思想，培养学生认识欺负者的方法，鼓励学生采取反对欺凌的立场。需要注意的是，在实行以上两个方面时，也要关注欺凌者的教育问题。

（2）一种社会权力效应投射出的监督不严

这个事件中小赐比较"聪明"，他善于运用自己的那么一点权力，并自发地运用权力对群体进行制衡，比如他可以让多数学生通过背书，可以让这些学生去打他要收拾的人。最终，他通过虐待同学、矮化人格、打击自尊的方式，彻底解除了同学们的本能防御，让他们臣服于自己。任何一个群体，都会产生权力。而权力的监督，必然来自赋予权力者。赋予权力者监督的失职，是导致权力为所欲为的原因。所以，就这起事件来看，老师的监督失职，是悲剧的根源。

三 校园欺凌事件风险评估

任何欺凌风险带来的不良后果都是一个渐变的过程，有的是因为我们还不能掌握其发生的规律或科学地预测而发生，也有的是因为我们的疏忽或错误而发生，前者可谓"天灾"，后者则是"人祸"。因此必要的风险评估可以有效化解和防范风险，正确的控制应对能使风险可能造成的损失降到最低。

（一）风险识别

根据校园欺凌事件的构成条件，校园欺凌风险因素可分为风险因子、环境条件与承受体脆弱性三类。据此，借鉴运用故障树分析法，化简事件树，识别能引起校园欺凌事件发生的最少诱因的组合，进而对校园欺凌事件风险源进行识别。

由图8—2可知，校园欺凌的主要风险来自于欺凌者、受害者与学校管理的不当,下面从上述三个方面进行风险识别。

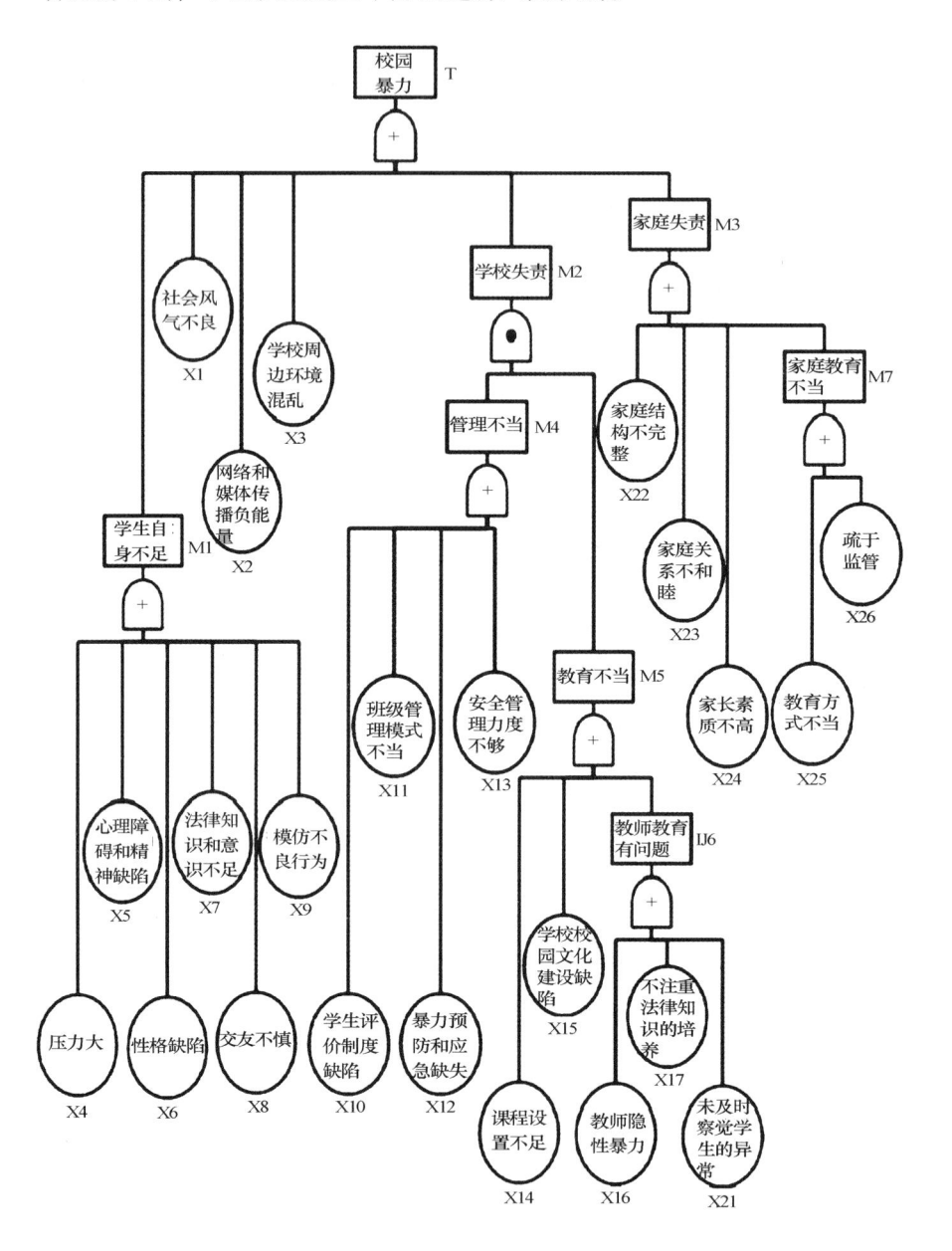

图 8—2　校园欺凌事件风险源识别

注：T 表示顶上事件；M 表示中间事件；X 表示基本原因事件。

1. 欺凌者

首先，校园欺凌事件大多数是由于欺凌者主观意愿造成的，往往伴随着校园暴力的亚文化，欺凌者认为欺凌他人是"本事"，能给自己带来威风和面子。从一份来自中央研究院和国外非营利组织联合调查的结果来看[1]，校园欺凌事件中欺凌者有明显的个人特质，如无目标、无希望的人生态度；个性上比较冲动、自我控制能力差；不合群、自主性低又或支配性强；过于敏感与主观；自卑、消极又或是过于自信；嫉妒及报复心强；性格固执倔强；对人态度强硬。因此，常给被欺凌者起绰号，并对其谩骂、侮辱、排斥、敲诈甚至攻击。

其次是欺凌者心理健康教育的缺失。现实生活中，学生往往会在交往需要与是非善恶之间存在疑惑，在需要与人生目标之间产生矛盾，这些矛盾的激化，很容易导致学生心理障碍和校园暴力。

最后是欺凌者文化营养的失衡。我国主要以应试教育为主，学校、家长更多地关注学生的成绩，对其他方面的要求不是同步的，各种价值观涌入校园，暴力文化在互联网上传播再加上社会不良青年的引诱，作为世界观、人生观还在形成期的在校学生，容易受到影响。这个道德的短板在暴力文化的影响下，强化了部分学生的欺凌意识。

由此可知，加强教育引导、心理辅导与学生综合素质发展成为预防校园欺凌的重要手段，学校可以及时清除上述风险源头，从而降低欺凌风险的危害。

2. 受害者

校园欺凌的产生从受害者角度来看，第一是学生性格方面的弱点，有些学生性格懦弱，逆来顺受，缺乏与欺凌者之间的沟通能力，对欺凌行为选择沉默的态度。时间久了，就会性格孤僻，惧怕群体活动，进而对部分言语过于敏感，主观意识很强。第二是家庭的关注不够，家庭对个体个性的养成、情感的培养和人格的塑造等都起着至关重要的作用。家庭的规模和结构、家庭的教育培养方式、家长的人格品行和家庭经济条件等都会对个体产生一定的影响，很多受害学生都是被"边缘化"的

---

[1] 《校园暴力之现状与原因调查报告综合整理》，北斗星社区（http：//www.bdstar.org/Article/Print.asp？ArticleID=5051）。

群体，家长很少关注他们的生活，久而久之，受害者受帮派哥们义气的影响，进而变成欺凌者。第三是教师缺乏关爱，对于这种弱势学生，老师不主动接近，他们对老师的管理就会产生抵触对抗心理。因此，特殊群体的反欺凌教育、家校合作以及营造良好的家庭氛围都是减少校园欺凌风险甚至预防其发生的手段。

3. 学校管控

学校是连接家庭与社会的桥梁，频发的校园欺凌问题与学校安全监管、校园文化风气有着密切的关系。校园安全风险隐患的产生，还应归因于校园自身的特殊性。

学校管控失灵表现在管理不当与教育不当两个方面。管理不当方面，一是没有完善的学生评价制度，唯学习论盛行；二是班级管理模式存在问题，如过分鼓励学习成绩优异的学生，故意批评综合素质较差的学生；三是预防和应急管理能力不够，很多学校没有校园欺凌风险预防的管理方案，也没有编制应急管理预案，应急管理机制、体制与法制均存在不健全的情况；四是安全管理的能力不够，尤其是偏远农村地区，既没有基础的安防设备，辅导员配备也严重不足，心理咨询师更是稀缺。

教育不当方面，一是除了常规的理论课程，很少设置校园安全教育的课程，更别说校园欺凌专题教育了；二是对学校校园文化建设不够重视，良好的校园文化氛围是引导学生积极向上的关键；三是教师管理行为的不当，如对校园欺凌行为的漠视，不及时关注各类问题学生，不重视学生法律意识的培养等。

由上述可知，反校园欺凌可从学校学生管理与学校反欺凌教育两个方面发力，通过硬的学生管理工作与软的反欺凌文化的影响来减少欺凌风险的转化。

（二）风险分析

风险分析主要是根据校园欺凌事件的特征，总结归纳类似事件的演化规律，依托校园欺凌风险源，制定风险源排查防范表，以期对校园安全治理提供有效指导。通过综合分析收集的 118 起校园欺凌典型案例来看，欺凌行为成逐年增加的趋势，并且欺凌形式更加多元。同时各类事件基于社会化媒体传播，尤其在网络时代背景下，基于新媒体的传播扩大了校园欺凌事件的影响。

1. 主要形式

法制网舆情监测中心对2015年1—5月媒体曝光的40起校园暴力事件进行统计分析，发现"肢体冲突"占40起校园暴力事件的70.0%，九成以上的事件造成人身伤害，在这些有伤害后果的事件中，因暴力行为致死的案件占比为16.7%。[①]

2. 多发学段

从案例统计来看，义务教育学段成为欺凌"重灾区"。如图8—3所示，欺凌行为多发于中小学，还有部分中职院校。从教育部出台的政策看，亦是针对各地中小学校发生在学生之间的校园欺凌进行专项治理。

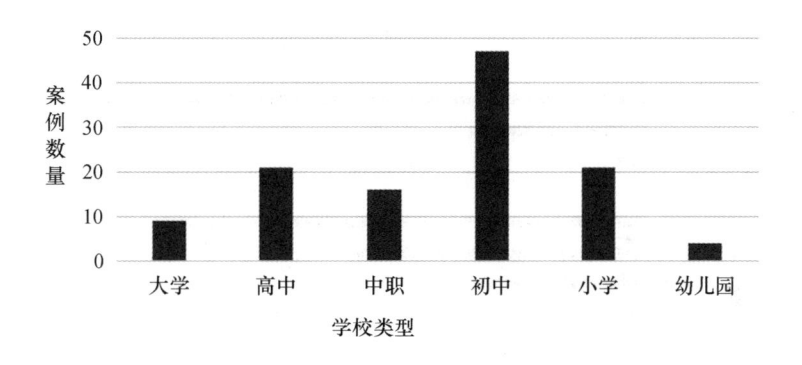

图8—3 欺凌行为学段分布

3. 区域分布

由于大部分学校集中在城区，同时乡镇等学校地处偏远地区，信息传播不畅，就各类平台报道的欺凌事件来看，六成以上的欺凌事件发生在城区学校，如图8—4所示。

4. 欺凌场所

通过案例分析发现，欺凌行为多发于教室、寝室和卫生间等隐蔽性较

---

① 《治理校园欺凌需系统长效的防范机制》，新浪新闻（http：//news.sina.com.cn/o/2016-05-10/doc-ifxryahs0586945.shtml）。

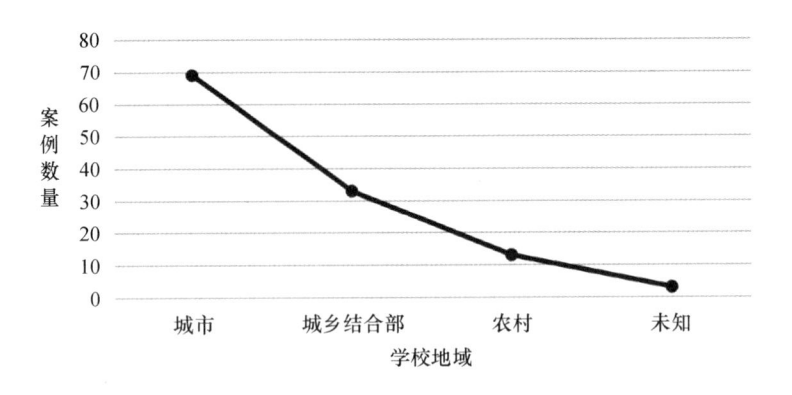

图 8—4 校园欺凌学校地域分布

强的场所。同时，校外发生的校园欺凌事件数量仅次于寝室，如图 8—5 所示。

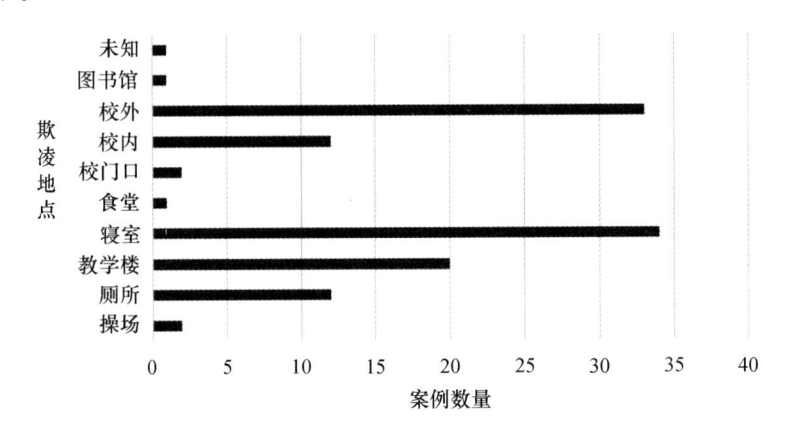

图 8—5 校园欺凌地点分布

5. 性别特征

由典型案例可知，校园欺凌不仅呈现出参与人群低龄化，而且近七成有女生参与，校园欺凌事件女生成"主角"，且事件后果更加趋于严重。

6. 发生时间

梳理收集的案例，发现欺凌行大多都在夜晚实施，这也是其隐蔽性的重要体现，如图 8—6 所示。

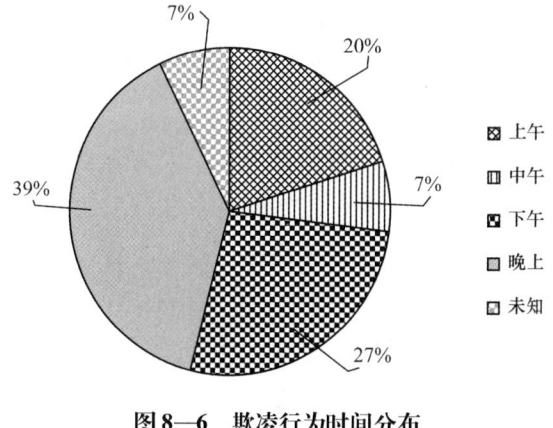

图 8—6　欺凌行为时间分布

（三）风险评定

风险评定，就是进行校园欺凌风险评价与定级。因此，从体系构建与评定模式两个方面进行阐述说明。

1. 体系构建

有学者提出灾害损失的严重程度由致灾环境的危险性、承灾体的脆弱性，以及区域的应急能力决定，建立了针对自然灾害的区域承灾体脆弱性评估指标体系。[①] 借鉴这一风险分析框架，并结合校园欺凌风险的特征，可将其领域划分为风险因子和承受体脆弱性两个方面。其中，风险因子包括国外成熟做法的安全设施、风险监测与反欺凌教育，以及我国典型的应急处置方式"一案三制"；并根据联合国开发计划署发布的旗舰出版物《2014年人类发展报告》，将校园欺凌承受体脆弱性分为暴露度、承受力和抗逆力三个板块。

暴露度指承受体暴露在风险因子范围之内的数量或程度，其取决于风险因子的普遍程度、发生概率和范围内承受体的数量，由校园不利条件决定，不易变化。承受力和抗逆力是承受体本身的特性，表示其承担风险和抗击风险的能力和程度。值得注意的是，暴露度既是脆弱性的表现形式，又是脆弱性的影响因素。暴露度使得承受体的脆弱性发生改变。

---

① 张斌、赵前胜、姜瑜君：《区域承灾体脆弱性指标体系与精细量化模型研究》，《灾害学》2010年第2期。

抗逆力是指由承受体本身的物理特性决定的回应风险从而减少和规避损失的能力，是由承受体自身性质决定的。

2. 评定模式

基于上述分析，校园欺凌的影响来自于人为因素、环境诱导和管理缺失三个方面。其中，人为因素包括欺凌者和被欺凌者两个方面，通过典型案例分析发现，部分欺凌者曾经也是被欺凌者，欺凌行为不仅对受害者有影响，对欺凌者也有很大影响，尤其是心理方面。

环境诱导包括政府、学校、家庭、社会四个方面，政府刚性的法律保障是反欺凌的重要因素；学校作为主要管理主体，其学习氛围和校园文化深刻影响着学生的行为；家庭方面主要是家长要积极与学校和孩子协调沟通，良好的沟通是减少欺凌的重要途径；社会要主动参与校园欺凌治理，包括清朗网络空间，发挥社会组织的积极作用等。同时，在这些冷暴力的校园欺凌里，孩子可以不懂事，但环境的无视最可怕，家长和老师的冷漠最可怕。人们不一定是实施欺凌的人，但如果漠不关心，每个人都在助纣为虐。当下，针对校园环境质量的综合评价研究并不多，对校园环境质量选择研究主要是通过构建评价指标体系建立数学模型进行评价选择。[①] 因此，对于很难确定的校园欺凌风险而言，要更多地注入一些人文情怀，关注政府、社会、家庭等构成的这个协调系统下的大环境是识别校园欺凌的重要方式。

管理缺失包括两个问题：一个是制度的缺失，治理校园欺凌需要一个刚性的环境，从而多渠道开展管控；一个是设备的缺失，尤其是偏远学校，要有专项资金支持校园安防系统建设。因此风险排查是重要的解决方式，根据校园欺凌风险的性质，可将欺凌风险分为可预测与不可预测的，可预测的有些人们可以阻止其发生，有些人们无力阻止的。无力阻止的，要提高承受体的抗逆力。有能力阻止的，主要通过风险排查的方式预防校园欺凌。

综上所述，本书建议按照这样的公式进行校园欺凌风险评定标准化：校园欺凌风险评定值 = 风险因子危害性 $\otimes$ 风险因子的可能性 $\otimes$ 学生脆弱

[①] 夏颜志、李建华、杨秀娟、张丽黎：《校园环境质量的模糊综合评价》，《科技信息》2009年第2期。

性。评价步骤为：确定风险评估范围；资料收集；划分欺凌风险种类；风险分析；风险定级；制定措施。

关于风险定级，依据如下：一是校园欺凌事件的影响。包括造成的学生伤亡、财产损失以及对心理的影响，影响越大，风险等级越高。二是校园欺凌风险的可控性。如可预测的欺凌具有一定可控性；风险越难以让承受体所影响或者控制，风险等级越高。三是学生的反欺凌意识。学生的反欺凌意识处于不同层次，对风险的可接受性有所不同，接受度越低，风险等级越高。四是相关利益者群体认知风险的能力。风险的本质就是不确定，认知过程越复杂，对风险可接受性程度越低，风险等级越高。

本书参考《突发事件应对法》，根据校园欺凌风险的识别情况，制定风险评价表，如表8—1所示，等级分为高、中、低三个级别。59分以下为高风险，学校应该召开紧急专题会议，并启动应急预案防止校园欺凌事件发生；60—80分为中风险，由学校领导小组督导相关部门妥善清除校园欺凌风险；81—100分为低风险，此时，学校可在重点领域加强风险排查即可。

四 校园欺凌事件风险管控要点

2016年4月，由21世纪教育研究院发布的《中国教育发展报告》根据2015年被媒体报道的校园暴力案件，对中国校园欺凌现象进行了综合分析。对于校园欺凌事件的起因，报告列出的原因包括欺凌者看对方不顺眼，或者怀疑对方跟自己喜欢的异性走近一些等，原因众多，且千奇百怪。那么，围绕校园欺凌事件的演化过程，对其风险进行管控，进而总结经验，就可有效提升校园安全管理水平。具体可从以下四个方面入手。

（一）完善相关法律法规

首先，我国与学生在校合法权益保护的相关法律规定散见于《宪法》《未成年人保护法》《义务教育法》等之中，但没有具体的关于校园欺凌的条款或者说明。鲜有的条款中，对政府、学校、家庭、社会等各主体对于校园欺凌的权责笼统不清、定位含糊不明。同时，校园欺凌行为的违法成本太低，因此加大打击力度是治理欺凌的必然选择。

表 8—1 校园欺凌事件风险评定表

风险领域	风险点	普遍程度 高	普遍程度 中	普遍程度 低	评定指标	得分说明	得分
风险因子（50分）	基础安全措施（10分）	√			A. 印发《校园安全手册》；（2分） B. 专业安保人员至少2名①；（3分） C. 设立警务室；（2分） D. 设立门禁系统，及时更新安全设备（3分）	有/无，得2/0分； 2名及以上，得3分，否则0分； 有/无，得2/0分； 有/无，得3/0分；	
	隐患点排查（10分）		√		A. 操场、宿舍、卫生间等隐蔽性场所的排查；（3分） B. 对以前欺凌事件的总结学习；（2分） C. 建立校园反欺凌制度（日重点巡查、月集中检查）（5分）	有/无，得3/0分； 根据实际，酌情记分； 有/无，得5/0分；	
	反欺凌教育开展（10分）			√	A. 反欺凌教育与安全意识教育结合度；（2分） B. 反欺凌培训的参与度；（2分） C. 设立24h校园反欺凌热线电话；（2分） D. 掌握具有暴力倾向学生名册；（1分） E. 重点学生群体进行特别教育；（1分） F. 印发《校园反欺凌手册》（2分）	根据实际，酌情记分； 参与90%以上，得2分；否则0分； 有/无，得2/0分； 有/无，得1/0分； 根据实际，酌情记分； 有/无，得2/0分。	

① 注：依据教育部相关要求，山东省政府发布的《山东省中小学幼儿园安全管理暂行办法》中明确规定，规模在500人以内的学校应当至少配备2名安全保卫人员。专职安全保卫人员配备的数量应根据学校规模和实际确定：规模在500人以内的学校，应当至少配备2名安全保卫人员；规模在500—1000人的学校，应当至少配备3名安全保卫人员。规模在1000人以上的学校，按照不低于新增加规模的2%增配安全保卫人员。

续表

风险领域	风险点	普遍程度 高	普遍程度 中	普遍程度 低	评定指标	得分说明	得分
	应急预案编制（5分）		√		A. 内容全面、准确、适用、清晰；（2分） B. 衔接有关各方，预案编制完成后，要进行演练；（1分） C. 演练，发现不足并及时更新（2分）	根据实际，酌情记分； 有/无，得1/0分； 有/无，得2/0分	
	体制建设（5分）			√	A. 明确学校、家庭、社会等管理主体的关系；（2分） B. 实现各主体指导下的校园反欺凌制度的衔接；（1分） C. 建立全校参与式的反欺凌体系，尤其是学生参与；（1分） D. 班主任及有关人员分工合作（1分）	职责明确，得2分，否则0分； 有/无，得1/0分； 有/无，得1/0分； 根据实际，酌情记分	
	机制建设（5分）		√		A. 建立政府、学校、社会、家庭参与的反欺凌机制；（2分） B. 建立各管理主体之间的协调机制（如召开家长会）；（1分） C. 学生反映意见渠道；（1分） D. 伤害者事后心理辅导（1分）	有/无，得2/0分； 有/无，得1/0分； 根据实际，酌情记分； 根据实际，酌情记分	
	法治建设（5分）	√			A. 告知欺凌者法律后果，避免报复行为；（2分） B. 由政府相关工作人员开展依法治校类讲座；（1分） C. 改进学校欺凌的处罚方式；（1分） D. 加大欺凌事件的学校负责人的行政处罚力度（1分）	有/无，得2/0分； 根据实际，酌情记分； 根据实际，酌情记分； 根据实际，酌情记分	

续表

风险领域	风险点	普遍程度 高/中/低	评定指标	得分说明	得分
脆弱性（50分）	暴露度（15分）	中 ✓	A. 监测常用暴力解决问题以及性格内向、懦弱的学生；（4分） B. 关注学生之间拉帮结派、成群结党现象；（4分） C. 观察微信、微博、网络等各类媒体平台的信息；（4分） D. 校园文化建设情况（3分）	有/无，得4/0分； 根据实际、酌情记分； 根据实际、酌情记分； 根据实际、酌情记分；	
	承受力（20分）	高 ✓	A. 监测特殊学生群体（单亲、留守、智障；（4分） B. 排查学校反欺凌制度的运用情况；（4分） C. 关注社区、校园心理站的工作情况；（4分） D. 观察学习气氛；（4分） E. 师生关系①（尤其是特殊群体）（4分）	有/无，得4/0分； 根据实际、酌情记分； 根据实际、酌情记分； 根据实际、酌情记分； 根据实际、酌情记分；	

① 注：除了正常的批评、写检查、警告、责骂外，韩国教育法律规定，老师有权使用直径在1厘米左右、长度为50厘米的棍子来惩罚学生；可以打手、屁股等脂肪丰富的地方，并有专门学生的教具公司制作配发给每个老师。美国佛罗里达州达得县教育委员会规定，教师可以惩罚学生，包括用不超过2尺长、3寸宽的木板打学生的臀部，但不能超过5下，并且不能造成身体的明显伤害。参考国外的做法，教师要特别注意处罚学生的方式与程度，不要使得部分学生成为"弱势群体"，进而变成被欺凌的对象。

续表

风险领域	风险点	普遍程度 高	普遍程度 中	普遍程度 低	评定指标	得分说明	得分
	抗逆力（15分）		√		A. 接受反欺凌教育的效果；（3分） B. 学生适应环境的能力（设立朋辈互助站等）；（3分） C. 重塑心理的能力；（3分） D. 邀请社会公益组织加强宣传；（3分） E. 与第三方合作，综合评估校园欺凌治理情况（3分）	根据实际，酌情记分； 根据实际，酌情记分； 根据实际，酌情记分； 有/无，得3/0分； 有/无，得3/0分	
总分							

备注：请各学校根据实际情况调整评定指标的权重分级，此表格仅供参考。

其次，尽快完善相关法律法规。目前，我国处理校园欺凌只能援引《治安管理处罚法》《未成年人保护法》等处理。而实际处罚很少，力度也不够，有的只是赔钱了事，不足以对此现象产生震慑。我国可比照最高人民法院、最高人民检察院、公安部、民政部出台的《关于依法处理监护人侵害未成年人权益行为若干问题的意见》，尽快制定专门的反校园欺凌法规，加大对典型校园欺凌案件的惩罚力度，各方形成合力，预防和减少校园欺凌的发生。

（二）健全反欺凌体制

一是要强化反欺凌意识宣传。披露校园欺凌行为，形成强大的社会舆论压力，特别要引起家长、老师和学生的共识、共鸣，如英国政府从2005年起在每年的11月举办全国性的反欺凌周活动，集中开展各种宣传活动，建议各类学校设立"反校园欺凌宣传周"或"宣传日"。

二是不断净化影视、游戏及网络空间。对相关资料中的暴力、欺凌等内容要严格审查管理，加大处罚力度。同时，要特别增强正能量的宣传报道，为青少年树立好榜样、好导向，从而减少校园欺凌带来的次生伤害。

三是突出校园欺凌教育培训的针对性。除了常规的校园安全培训外，学校还应该开展针对校园欺凌的专项培训。将反欺凌培训纳入教学计划和年度重要工作中，每学年定期和不定期地开展反欺凌培训，特别是要针对特殊学生开展专门的教育，甚至是一对一的培训。

四是加强反校园欺凌的领导机构。各个学校应当成立具有一定权威的反欺凌工作小组，成员可以包括学校领导、班主任、学校心理教师、学生家长以及学生代表，设立反欺凌工作办公室，有人轮流值班接受反欺凌举报。

值得注意的是，制度的建立是为了促进校园欺凌风险管控的常态化。因此还要逐步建立校园欺凌举报制度、校园安全教育制度、校园欺凌治理制度，即不仅要创造良好的校园制度环境，也要提高学生的安全意识，构建良好的校园欺凌举报、治理措施，在源头上阻止校园欺凌风险的产生。

（三）完善反欺凌机制

总体来看，校园是特殊的社会，作为欺凌行为的发生地，学校要通过反欺凌教育严防负面情绪转化为校园欺凌；欺凌行为多发于中小学，作为防止校园欺凌的重要阵地，家庭的价值教育至关重要，特别是对于留守儿童、单亲家庭儿童等特殊学生群体；社会作为校园欺凌衍生的大环境，要避免次生风险演化造成的二次伤害；还要引入第三方的监管机构，对校园欺凌进行联治。

一是建立校园欺凌应急管理机制。学校在应对欺凌事件中应尽早、主动、持续地公开相关信息，牢牢掌握信息发布的主动权。充分考虑情感因素，考虑不断变化的网络文化；采用新的数字技术整合管控校园欺凌；制定新的规章制度，规范新的程序，保证欺凌问题不再次发生。

二是建立反校园欺凌的社会机制。要着重加强家庭、学校、政府机构、社区以及第三方评估机构的有机协作，引导家长、师生和教育管理者关注校园欺凌，使各方整合资源，不断推进校园欺凌治理。

三是落实反欺凌培训机制。推进校内培训与校外实践基地培训相结合，落实校园反欺凌预案的演练，并以政府购买的形式推进学校组织学生到校外基地实训。

四是强化校园欺凌处置程序。各个学校应当制定适合本校的反欺凌处理方案，明确欺凌的举报、受理、调查、决定等一系列程序，保证反欺凌工作能够快速地开展，并在合理的期限内处理完毕。[1]

五是积极发展校园责任保险。保险作为一种分散民事损害赔偿责任风险的市场机制，有助于妥善解决侵权事件，保障民事法律制度落实。依法治教背景下的校园安全管理应引入责任保险，面对校园安全风险呈上升趋势、校园事件赔偿标准有待完善所带来的挑战，为进一步完善校园安全保险保障体系，完善保险保障体制建设，加大校园风险防范体系投入提供一定的保障。

---

[1] 陈荣鹏、方海涛：《美国校园欺凌的法律规制及对我国的借鉴——以2010年〈新泽西州反欺凌法〉为研究视角》，《公安学刊》2015年第6期。

（四）加强风险来源监测

一是加强重点人员排查。整合利用好教师、辅导员掌握的信息，确定风险排查的重点人员；充分重视具有高心理压力特征、反社会行为倾向特征、孤僻特征的风险群体。

二是加强重点场所排查。加强对可能爆发校园突发欺凌事件的场所的例行检查，加强宿舍、教室、操场的安全责任落实，强化天台、广场的安全设施配备。

三是全面升级校园欺凌监控系统。利用人脸移动识别技术和安全监控信息技术对现有的校园欺凌监控系统进行升级改造，打造可以自动识别非法进入校区人员的安全监控报警系统，并推动校园安监数据与当地公安部门联网，建立校园欺凌应急出警机制。

四是要打造校园欺凌风险监控队伍。建设校园欺凌风险辅导员（班主任）监控体系。组织相关专家团队对学校辅导员与班主任群体进行系统培训，强化校园欺凌责任意识，增强风险监控能力；建立专门风险监控情况汇整机制，建立专门的校园欺凌应急响应机制；建立"网格化"校园欺凌风险学生监控体系；重视团委、学生会、学生社团组织特别是学生心理互助队的"并联"发展，建立专门的"联席"机制，调动学生自主参与校园欺凌风险监控的积极性。

五是筹措监测设备专项购买资金。一分部署，九分落实。强制的法律手段与有效的监管机制落实需要基础资金保障。因此，校园欺凌管控应有专项的资金，为各项校园安全工作的开展提供有力支撑，包括安保人员的聘请与培训，校园安全设备的采购与更新，以及校园反欺凌培训等一系列活动。

第九章

校园个体健康事件风险分析

一 概 述

经教育部、国家体育总局、卫生部、国家民族事务委员会、科学技术部共同组织的第五次全国多民族大规模的学生体质与健康调研发现，我国大、中、小学生肺活量呈持续下降趋势，其跑步速度、爆发力、力量耐力、耐力素质水平进一步下降，肥胖检出率不断提高，学生个体健康状况不容乐观。据不完全统计，2011—2015年间我国公开报道的校园个体健康事件数量达159起，共导致118人死亡，59人受伤，事件曝光率（当年个体健康事件曝光数/近五年校园安全事件曝光总数）呈逐年上升态势，如图9—1所示。校园个体健康事件发生频率高，具有对学生危害大、家庭伤害深、社会影响广的特点。事发时若不能得到及时妥当处理，会延误事件当事人病情甚至间接导致当事人死亡，在事发学校及社会产生负面影响。

（一）校园个体健康事件的概念

根据世界卫生组织对健康的定义，个体健康是指个体在躯体健康、心理健康、社会适应良好和道德健康四个方面保持完好状态。个体健康事件是指个体先天的脆弱性因素在环境诱因的刺激下转化为对自身实际损害（包含生理损害与心理损害）的事件。

在校园安全的语境下，校园个体健康事件是指在校学生的先天脆弱性因素在校内诱因下对自身产生实际损害的事件。

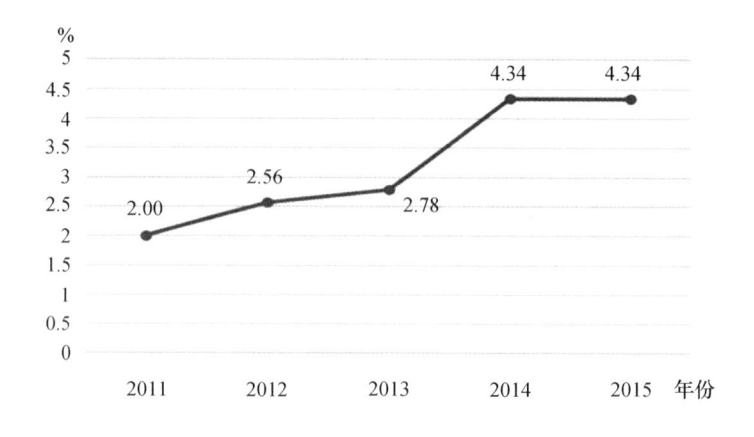

图 9—1　2011—2015 年个体健康事件曝光率

（二）校园个体健康事件的条件

校园个体健康事件的发生可用如下公式表示，如图 9—2 所示。

$$Event = Inducement \otimes Vulnerability$$

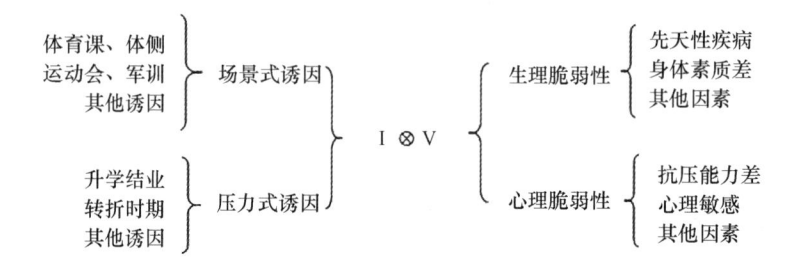

图 9—2　个体健康事件条件构成

其中，Event 表示个体健康事件，Inducement（I）表示校内诱因，Vulnerability（V）表示个体脆弱性。构成校园个体健康事件的条件有校内诱因和个体脆弱性两个因素。校内诱因强度越强和个体脆弱性程度越大，则其导致的个体健康事件可能造成越大的危害。

（三）校园个体健康事件的后果

校园个体健康事件会给当事人的身体状况造成实际损害、干扰学校正常教学秩序并给社会带来次生风险，其具体后果如下。

1. 对当事人的个体健康造成实际损害

校园突发疾病事件可能会造成病发学生产生不可逆伤害、致残甚至失去生命；校园心理失范事件可能造成相关个体产生心理阴影、行为障碍、形成反社会人格甚至自杀或伤害他人。

2. 产生一系列次生影响

校园个体健康事件发生后会对学校及其他在校人员产生次生影响。一是可能会损害在校学生或教职人员的安全感，使人们产生恐慌心理，甚至在严重的情况下，导致相关个体产生人格障碍；二是往往会破坏学校的正常教学秩序，甚至产生家长、学生、老师、校方和政府间的冲突事件；三是导致负面信息的广泛传播，对学校乃至地区的声誉造成损害。

（四）校园个体健康事件的分类

根据世界卫生组织对健康的定义，本章将校园个体健康事件细分为以下两类。

突发疾病，是指当事人突发生理不良症状，如不及时进行处置会对生命健康造成进一步损害的情况。校园突发疾病是指学生在校内诱因的刺激下突发生理不良症状的情况。

心理失范，是指当事人因自身脆弱性因素对自我、环境的知觉与认知结构冲突所导致的非常态行为。校内心理失范是指学生的自身脆弱性因素在校内诱因的刺激下对自我、环境的知觉与认知结构冲突所导致的校内非常态行为。

二 校园个体健康事件的典型案例

（一）江苏南京"10·24"大三男生体测猝死事件[①][②][③]

2015年10月24日，南京某大学一大三男生黄某在体能测试时突然倒地，经医院抢救无效死亡，死亡原因可能为心脏骤停。该事件属于个体健康事件中典型的校园突发疾病类事件。学校虽安排了医疗人员在操场旁待命，但因缺乏对个体健康事件的风险排查，未能避免悲剧发生。

1. 环境维度

一般而言，心脏问题的"黄金急救时间"为4—6分钟。突发情况产生后，需在心脏停搏后4分钟以内进行有效救助，如果不进行急救处理而贸然远距离转送病人，反而会错过救治时机。从心脏问题急救的要求看来，有三个因素导致了这起悲剧。与事件发生相关联的环境因素主要包括以下三个方面。

首先，该学校较少发生校园个体健康事件，风险意识薄弱。据该校一名体育老师表示，这是他20多年来第一次遇到该校学生体测猝死事件。从事件经过来看，该学校缺乏完善的校园个体健康事件防范应急培训系统，事前也未就体测时可能存在的风险对学生进行有效的知识培训，这使得在场的老师与学生风险意识较为薄弱，既缺乏对黄某进行应急救治的意识也缺乏急救知识。

其次，事发现场缺少胜任的医疗人员。据统计，体测是一项学校组织的且易于发生各类伤害和突发状况的活动。对于此类活动，校方都会要求组织部门做好医疗救助准备，以防万一。从事件发生经过看，这次体测的现场并不具备有足够救援能力的医疗救助组。虽然该校区建有校医院，距离事发地点仅有850米，只有大约4分钟车程，但校医院缺乏相

---

① 《南京大三男生体测跑1000米猝死专家建议调整时间》，新浪网（http://jiangsu.sina.com.cn/news/life/2015-10-26/detail-ifxizwsf8846710.shtml）。
② 《南京大学大三男生跑千米体测时晕倒在地离世》，央广网（http://news.cnr.cn/native/gd/20151025/t20151025_520268423.shtml）。
③ 《南京大学一男生1000米体测猝死事发时全身抽搐》，搜狐体育（http://sports.sohu.com/20151026/n424130969.shtml）。

关急救条件、救援能力不足，无法提供心脏骤跳方面的急救服务，故不得不将黄某送往校外医院进行抢救。

最后，学校未与周边医院建立急救联动机制。因此事发时只能借助120急救中心联系距离最近的急救中心网点医院，耽误了宝贵的急救时间。急救中心联系的南京鼓楼医院仙林医院并非距离事发地点最近的医院。若学校提前与附近医院建立了急救联动机制，或许能起到关键作用。

【相关法规】

教育部2014年印发的《高等学校体育工作基本标准》规定：大学生测试成绩列入学生档案，作为对学生评优、评先的重要依据。毕业时，学生测试成绩达不到50分者按结业处理（因病或残疾学生，凭医院证明向学校提出申请并经审核通过后可准予毕业），这意味着体测不达标就不能拿到大学学位毕业证。50米、800米（女生）、1000米（男生）等都是大学生体育测试必测项目。

2. 事件维度

事件按发展演化顺序可分为事件发生、善后处理两个阶段。

（1）事件发生阶段

学校按照教育部要求，于2014年10月24日安排本校大三学生进行体能测试，并招募了本校大学生作为体测志愿者协助体育老师完成工作。

黄某在1000米测试时晕倒，现场同学立刻叫来值班校医，并拨打"120"急救电话。校医院值班医生对黄某进行了人工呼吸和胸外心脏按压并一直持续到救护车赶到。救护车到达事发现场时，该生已经丧失意识。随后，该生被送到医院，经医生抢救无效死亡。

（2）善后处理阶段

事件发生后，当地派出所表示已排除他杀可能；学校选择采取冷处理的方式，校医院及体育部的相关负责人均拒绝了媒体采访，无相关赔偿信息。

【相似案例】

2014年5月26日晚，南昌某大学一名学生在校园跑步锻炼时突感不适，学校将其送往医后，该生经抢救无效死亡，公安部门立即介入排查死因。[①]

2014年9月15日，宁波某学院一名男生在参加1000米跑步测试时发生意外，现场体育老师立即拨打"120"急救电话并对其进行心肺复苏，几分钟后，"120"救护人员赶到现场并将其送往附近的医院抢救，后抢救无效身亡。[②]

3. 管理维度

参与事件的管理行为主体可分为学校、医疗系统和政府相关部门三类。

（1）学校

事发前，学校在体测地点安排了体育老师、体测志愿者以及校医院值班校医，以便及时处理学生体测时可能发生的身体健康问题；事件发生后，校医院值班医生对黄某进行了紧急救治；黄某死亡后，校方采取冷处理的方式，该校医院及体育部的相关负责人均拒绝了媒体采访。校方有无对相关管理人员进行追责、是否对当事人家属进行赔偿、是否对现场师生进行心理辅导均无从查证。

（2）医疗系统

根据指挥调度原则，"120"急救中心应根据患者病情及所处位置选择最近的"120"网点医院进行救助。据现场同学描述，救护车在十几分钟后才赶到现场并实施救助。根据地图显示，该医院并非离事发地点最近的医院。

（3）政府相关部门

事发后，派出所及时组织调查黄某死亡原因，排除他杀可能，在维持校园正常秩序、避免校园恐慌、减少次生风险方面发挥了积极作用。

---

① 《南昌航空大学一学生跑步后突感不适 抢救无效死亡》，人民网（http://jx.people.com.cn/n/2014/0527/c190260-21294409.html）。
② 《宁波大学生刚开学跑步猝死 专家："体测"也要量力》，浙江新闻—浙江在线（http://zjnews.zjol.com.cn/system/2014/09/16/020258743.shtml）。

4. 案例启示

（1）学校应在举行体测前了解学生身体状况

学校应建立学生健康档案，并在进行体测活动前对学生基本的身体指标进行检测，对其是否适合进行激烈的体育活动做出基本判断，对于身体偏胖、心脏负荷较重的学生应给予及时的关注与劝阻，尽可能地避免将突发疾病高危学生置于场景式风险中。

（2）学校应在举行体测前进行健康知识培训

学校在举行高负荷体能活动前应对参与学生、教职人员进行健康知识培训，告知其身体出现异常时应及时终止运动，报告医生并进行休息。有条件的学校应对在校学生或教职人员进行救护培训，使"第一目击者"能正确处理个体健康事件并启动紧急救护系统。

（3）学校应在进行体测时安排医疗急救人员

学校在举行高负荷体能活动时，应考虑到学生身体素质状况及可能出现的突发疾病种类，安排相关医疗急救人员及救护设施，尽可能地减少突发疾病对当事人造成的损害，有条件的学校可以安排救护车随时待命。

（二）学生哮喘猝死事件[1][2]

海南省某学院发生一起大一新生哮喘病突发在校死亡事件，校方称死者符某有哮喘病病史。事发后，死者家属认为校方漠视生命、管理不当、延误了抢救的最佳时机，在学院大门前拉横幅索赔100万元，要求校方道歉，引起了社会的广泛关注。

1. 环境维度

通常而言，哮喘病人应常备特效药物，病发时应立即将患者置于通风处并及时给药，有条件的应配备家用吸氧瓶，给病人供氧。与事件发生相关联的环境因素主要包括以下两个方面。

---

[1] 《三亚一大学新生疑哮喘病发作猝死家长索赔100万元》，三亚新闻网（http://sanya.hinews.cn/system/2015/10/28/017894376.shtml）。

[2] 《大一新生在校猝死家长拉横幅索赔100万元》，网易新闻（http://news.163.com/15/1028/00/B6VN3CTL00014SEH.html）。

(1) 对相关风险准备不足

据学校相关负责人的陈述，事发前，校方对符某的病情有所了解。但学校事先并未意识到符某哮喘病病史的潜在风险，未能叮嘱符某常备哮喘病方面的急救药物，未能提前对符某本人、符某舍友及其生活老师进行相关的健康知识培训，使得其风险意识薄弱，自救、他救能力差。

(2) 应急处理慌乱、失当

学校地处偏僻、路况复杂，校园内缺乏明显的指路标示，GPS定位上也没有该校宿舍楼的具体路况信息。事发时间为凌晨，路况照明不佳，救护车司机在不熟悉路况的情况下，相关老师处置慌乱，导致救护车在校内迷路。另外，符某病发后，学校相关负责人没有进行妥善的善后、赔偿工作，引起符某家属到学校闹事。

2. 事件维度

事件按发展演化顺序可分为事件演化、后续处理两个阶段。

(1) 事件演化阶段

符某病情发作，其宿舍的其他3位同学立即拨打"120"急救电话，并叫来了社区值班老师（即生活老师）和班长协助抢救。28分钟后，医院急救车到达。据符某同学表述，学校生活老师（社区老师）并未及时接通电话，"120"救护车也因在校内迷路，未能及时赶到。后医生宣布符某抢救无效死亡。

(2) 后续处理阶段

符某家属赶到医院时，符某已经去世，按照当地风俗，符某家属当日将死者拉回老家安葬。校方出于人道主义给予死者亲属5000元慰问金。

符某家属在学校门口拉横幅向学校索赔100万元，当地警方现场维护治安秩序。

学校微博协会转发相关报道，意指校方管理并无不妥，但学校自身并未对事件做出明确表态。

【相似案例】

某学校的9岁学生小青（化名）在讲台前晕倒，学校立即用校车将其送到医院抢救，最终抢救无效死亡。事件发生后，警方介入调查确定这不是一起刑事案件。记者在医院出具的病情记录单看到，小青是入院前死亡，很可能是突发哮喘导致死亡。据该校负责人介绍，学校将此事上报教育局，并向学生家属支付了5万元的补偿金。①

一名大四学生小舟（化名），因长期性在封闭的空调房间上网并长时间没有进食，引发急性哮喘。病发后，小舟及时冲出房门呼救，被路人与派出所民警送往医院救治。此后不久，小舟又被送往第一人民医院救治，最终脱离生命危险。据医生表示小舟是急性哮喘发作，如果再延误5分钟到10分钟，就有生命危险。②

3. 管理维度

参与事件的管理行为主体可分为学校、医疗系统和公安部门三类。

（1）学校

事件发生后，符某家属称学校在符某病逝后采取置之不理的态度，无人对家属进行安慰。学校相关负责人在接受记者采访时坚称学校管理并无过错且态度强硬。

（2）医疗系统

当地医疗系统在接到符某同学报警电话后及时派出救护车进行救助，但由于医院与学校距离较远，同时救护车在校内迷路，导致延误了患者的最佳救治时机。

（3）公安部门

符某家属在校门口进行抗议时，当地公安部门及时出警维护学校门口治安，及时规避了可能产生的其他风险。

---

① 《小学生讲台上突然晕倒死亡》，网易新闻（http://news.163.com/09/0423/12/57J9KGP4000120GR.html）。

② 《大学生突发哮喘险些丧命》，网易新闻（http://news.163.com/10/0825/04/6ETGSOLM00014AED.html）。

4. 案例启示

(1) 应掌握在校学生病史

学校在新生入学时,应对其进行体检并了解其疾病史以及家族病史,对于有病史的学生尤其是患有心脏病、哮喘等慢性疾病的,学校除为其建立专门的健康档案外,还应配备相关急救物品,做到及时救治。

(2) 事发后学校应启动应急预案

学校应具有突发疾病应急预案,并在日常安排演练、告知学生如何启动(如拨打救护电话或通知辅导员等)。应急预案一经启动,学校应安排专人负责救护协调工作,避免救护车校内迷路等不必要状况。

(3) 应在事发后对当事人家属及目击学生进行心理疏导

校园突发疾病事件会对当事人家属及目击学生造成一定程度的心理压力,产生次生风险,学校应安排专业人员对其进行心理疏导,避免群体性事件或其他个体健康事件的发生。

(三) 学生跳楼案[1][2]

某中学发生一起学生跳楼自杀案,贺某自五楼教室跳下,经抢救无效死亡。警方侦查认为,贺某系高坠颅脑损伤致死,基本排除暴力致死的可能。事发后,多家权威媒体对案件进行了报道,引发社会广泛关注,是在校学生或教职人员心理失范的典型案例。案件进程中学校及当地公安部门应急处置是有典型性,值得引起各类学校的反思和关注。

1. 环境维度

与事件发生相关联的环境因素主要包括以下两个方面。

(1) 高三学生压力大

贺某所在的学校采取全封闭式管理,各个年级段均划分有重点班、普通班、专科班、国际班,这种分班方式,可以增强学生的竞争意识,同时也给学生们带来了"比较"和巨大的心理压力。

---

[1] 《浙江平阳县高中生跳楼2008年至今已发生6起类似事件》,搜狐滚动(http://roll.sohu.com/20140321/n397008768.shtml)。

[2] 《高三生大笑跳楼事件还原 两天前发现有怪异举动》,腾讯网(http://baike.baidu.com/view/12523409.htm)。

（2）当事人长期处于自卑状态

喜欢唱歌、会跳鬼步舞、能写小说的贺某在同学们眼里是个怪异的人，很多同学对他的回忆仅停留在舞台上。不知什么原因，在何时起，同学们给他起了一个"蛤蟆哥"的绰号。因为这个绰号，贺某经常受到嘲讽。据贺某父亲描述，事发当天数学课后，贺某被单独留在班主任办公室，没能去吃晚饭。据贺某同学描述，事发当天，老师发放了练习试卷，唯独贺某没有。这一事件可能极大地刺激了贺某的自尊心。

2. 事件维度

事件按时间顺序可分为意念形成、矛盾冲突、行为实施以及后续处理四个阶段。

（1）意念形成阶段

贺某的班主任老师发现其有异样言语、举动（比如没有放学却把自己的书包全都整理起来，经常提及"世界末日""黑暗天空"等字眼），并通知贺某家长。

（2）矛盾冲突阶段

贺某的父母来到学校，与老师沟通后同贺某共进晚餐，期间谈话内容未知。贺某在老师的陪同下回到教室，坐到自己的位置上，拿出英汉词典阅读。

（3）行为实施阶段

贺某突然起立转身，跳出窗外。

（4）后续处理阶段

救护车赶到学校。

送医途中贺某因重度颅脑损伤抢救无效死亡。

贺某家属和学校签署了赔偿协议。

3. 管理维度

参与事件的管理行为主体可分为学校和公安部门两类。

（1）学校

学校老师在发现贺某异常举止后，第一时间联系了贺某的父母，但并未将贺某送至心理辅导老师处；案件发生后，学校以调查为名拒绝了一切相关采访；之后，贺父和学校签署赔偿协议。

(2) 公安部门

案发后，公安部门立刻介入调查并排除他杀可能，没有发现校方存在明显过失。据初步的尸体检查推断，死者属高坠重度颅脑损伤致死，除坠楼伤痕外，未发现其他伤痕，基本排除校园暴力的可能。

4. 案例启示

(1) 应注意管理方式，避免给学生带来过重的心理负担

事发时距离高考仅有 86 天，在校学生正处于升学备考的关键时期，心理压力比较大，需要外界的支持与鼓励。对待此类型的学生，学校及教师应注意管理的方式方法，尽量避免强硬的管理方式。

(2) 应实时关注在校师生的心理状况

如案例所示，校园心理失范类个体健康事件往往会经历一个持续时间相对较长的意念形成阶段，学校应设置心理辅导室并安排心理辅导老师，有条件的学校应对在校教师进行心理辅导培训并在各个班级内任命心理委员，以实时关注在校学生或教职人员心理状况，及时发现心理异常情况。

(3) 应及时进行心理干预

一旦发现在校师生及教职人员存在心理异常情况，学校应及时进行心理干预，除通知当事人家属外，还应将其送往心理辅导中心或心理辅导老师处，使其接受专业辅导，有必要可将其送往相关医院治疗。

三　校园个体健康事件风险评估

(一) 风险识别

根据校园个体健康事件的构成条件，个体健康事件风险因素可分为校内诱因和个体脆弱性两类。

【相关法规】

《浙江省中小学校学生人身安全事故预防与处理办法》第二十三条规定：发生学生安全事件后，学校应当立即采取措施救护受伤害学生，保护事件现场，保全相关证据，及时通知受伤害学生的父母或者其他

监护人。第三十四条第七款指出：学校知道学生有不适应某种场合或者某种活动的特殊体质、异常心理状态、特殊疾病，未采取必要措施造成学生安全事件的，学校应当承担相应的责任。

1. 校内诱因

校内诱因是指可能诱发校园个体健康事件的校内因素，包括场景式诱因、压力式诱因两大类。

（1）场景式诱因

校园内的场景式诱因主要包括体育课及体测、长跑、军训、各种球类运动比赛、运动会等。研究发现，校园突发疾病事件的发生概率与场景因素有关，校园内较易引发突发疾病事件的场景或活动即为个体健康事件的场景式诱因。徐昕等的调查显示，较易引发突发疾病的项目依次为田径（包括中长跑、短跑和跳高）、篮球、足球和排球；[1] 研究显示，突发疾病的易发项目前5名为：体育课和训练课（包括体测）、长跑（尤其是晨跑）、篮球、田径以及足球。[2] 其共性是以运动量较高、运动强度较大的激烈项目为主，尤其是在竞赛、体测等带有竞技性的活动中最为明显。

（2）压力式诱因

校园内的压力式诱因主要包括进入新阶段的彷徨、转折时期的不安、毕业升学的焦虑以及面临重大生活转折的无措等。压力式诱因来源于学习、生活中的不确定因素，通常是指给学生带来较大心理负担的一段时间或一个阶段。邹润宇的研究表明就业与学习问题已成为青少年学生最大的压力源；学生在进入一个新环境或面临转折时期（如文理分班、大学转专业等）时，由于不确定因素较多，学生会产生较大的心理负担并表现出较高的自杀倾向；同时，在校学生的人生阅历较少，在面临亲人离世、父母离异、失恋等重大生活转折时，较难做到坦然面对，容易产

---

[1] 徐昕、高棕玄、张丽申等：《我国运动猝死调查研究》，《中国运动医学杂志》1999年第2期。

[2] 李之俊、冯曙明、陈文：《上海和华东地区运动猝死调查研究》，《中国运动医学杂志》1999年第3期。

生消极心理。①

2. 个体脆弱性

个体脆弱性是指个体因自身问题而天然容易发生个体健康事件的特性，包括生理脆弱性和心理脆弱性。

（1）生理脆弱性

学生的生理脆弱性通常体现在入学前患有疾病或有家族病史、体型肥胖、身体机能差等。生理脆弱性是指个体在生理健康方面存在一定程度的不足（或者说处于亚健康或不健康状态），导致其相较于健康人群更易产生突发疾病的特质。据我国2010年的一次全国学生体质与健康调研结果显示，我国学生体测成绩一直呈下滑趋势，身体素质普遍下降；同时，我国学生肺活量较低，肥胖检出率较高，城市、乡村男生肥胖的检出率分别为13.33%和7.83%，城市、乡村女生肥胖的检出率分别为5.64%和3.78%。种种情况表明，应当对学生群体生理脆弱性因素予以重视。

（2）心理脆弱性

学生的心理脆弱性一般可分为两类：一类是因患有精神疾病而具有的心理脆弱性，如抑郁症、焦虑症等；一类是不同年龄阶段所产生的心理脆弱性，如青春期的叛逆心理。有资料显示，中国至少有3000万青少年处于心理亚健康状态，20%的中国儿童面临抑郁症威胁，其中4%为需要接受临床治疗的重症抑郁。小学生有心理和行为问题的占总数的10%左右，初中生占15%左右，高中生约为19%。大学生中患有强迫症、适应不良、情绪不平衡、人际关系紧张与敏感等问题以及网络成瘾者，达3.5%。②另据《中国青年报》的一份调查结果显示，14%的大学生出现抑郁症状，17%的人出现焦虑症状，12%的人存在敌对情绪。另外，处在儿童时期的学生容易对老师的言行举止产生"放大效应"，老师无意的一句话便可能对其产生较大的心理伤害；处在青春期的学生容易逆反，这些成长阶段中的心理特点，因为学生的心智尚不成熟，而成了其心理脆

---

① 邹润宇、陶学榆：《校园自杀事件的成因分析》，《教育与职业》2007年第30期。
② 《3000万中国抑郁症患者》，中国新闻网（http://news.163.com/07/0417/08/3C92UE6000011SM9_3.html）。

弱性的构成因素之一。

（二）风险分析

校园个体健康事件的风险分析从突发疾病和心理失范两类事件的角度，分别着眼于场景式诱因与生理脆弱性、压力型诱因和心理脆弱性的风险因素，对风险应对过程中的重要因素和关键环节进行剖析。

1. 突发疾病风险分析

校园突发疾病类事件多发生在幼儿园、大学阶段，易发生于酷热、严寒等恶劣天气，事发地点多为操场、教学楼以及学生寝室，校园突发疾病事件通常发生较为突然、对急救要求较高，若救助不及时则会对个体产生较大损害。

（1）场景式诱因

场景式诱因是突发疾病类事件的导火索，学校可通过避免场景式诱因的产生来降低个体健康事件的风险；对于不可避免的场景式诱因，如体育课、体测、军训等，学校可以通过做好风险防控工作来降低个体健康事件的损害程度。

正常情景下学生的各项身体指标均会维持在一个较为平稳的状态，但在场景式诱因中，人体机能指标会在短时间内发生剧烈变动，一旦变动幅度超出人体可承受范围，就会发生突发疾病类个体健康事件。规避场景式诱因主要有两种方法。一是建立活动调节机制。学校应按照教育部要求定期安排学生进行体能测试，了解本校学生的身体素质状况，并根据了解情况合理安排活动形式及活动内容，避免安排大部分学生无法负荷的体育活动。二是培养学生健康意识。让学生学会分辨不适合自身进入的场景并避免进入该场景是避免场景式诱因的关键。学校应定期举办健康知识讲座，以每学期 1 次及以上为宜，重点讲解校园活动过程中可能出现的身体不适状况及其自救方法；学校可开展形式多样的健康知识宣传活动，培养学生在突发疾病方面的风险意识；有条件的学校，也可开设健康知识课程，并设置学分或在结课时安排考试等。

出于对学生身体素质的培养与监测以及学生个体意识的不确定性，场景式诱因难以做到百分之百的完全规避，一旦诱发校园突发疾病事件，其"黄金救命时间"通常为4—6分钟，为保障患者在4分钟内可以得到有效救治，学校的具体操作可分为两类。一是制定、演练突发疾病应急预案。应急预案应符合国家要求，包括特殊场景的风险防范工作，如在体测时安排校医值班并配置救护车，高负荷活动前对参与人员进行体检等；也应包括事发后相关人员的权责（如急救、协调工作应分配到人）、与学校周边医院的急救联动机制等。为了保证突发疾病应急预案的有效性、可操作性，学校可对其进行演练，并根据演练结果做出调整。二是培养学生急救能力。学生是学校的主人，他们活动在学校的各个地点，也可以成为此类事件中的施救者。学校可定期邀请急救专业人士或相关社会组织（如红十字会）对本校学生进行常见的急救技能培训，频率以每学期1—2次为佳，有条件的学校可以安排急救知识课程，并在每次培训结束后对培训效果进行考核。

（2）生理脆弱性

生理脆弱性通常是学生的先天特质，根据《残疾人保障法》和《义务教育法》的相关规定，只要其能适应学校的学习生活，学校就有义务接收，不可进行人为规避。对此，学校需要借助一些测评工作来了解本校学生的生理健康状况，做到心中有数；同时，学校应做出相应的准备工作，以确保在事件发生时学校能够在第一时间做出应对。

学校对本校学生身体素质应保有知情权，具体了解方式可分为以下三种。一是建立、完善体检机制。按照《中小学生健康体检管理办法》规定，学校应每年组织学生体检1次，校内常规的健康体检项目有，内科常规检查、外科检查、眼科检查、口腔科检查、形体指标检查以及生理功能指标检查，学校可根据自身实际进行小范围调整。[①] 经分析发现，体检频率达到半年一次更能有效排查学生潜在的生理疾病。二是做好病史掌控工作。分析相关案例后，我们发现在校学生常见的疾病包括：先天心脏病、癫痫、肺结核、胃溃疡、哮喘、肺炎、肾炎、伤残及其他隐

---

① 《关于印发〈中小学生健康体检管理办法〉的通知》，中华人民共和国教育部（http://www.moe.gov.cn/s78/A17/twys_left/moe_943/moe_793/tnull_52366.html）。

性的严重疾病。学校可在新生入学时安排其填写病史档案登记表，如无必要，学校应对学生的病史进行保密，有条件的学校可以和学生签署具有法律效力的保密协定，以免因信息泄露问题，给学校和当事人带来不必要的困扰。三是建立、完善学生健康档案。按照《中小学生健康体检管理办法》规定，学校应在新生入学时为其建立健康档案，确保档案搜集信息全面、准确，学校应安排专人对学生健康档案进行管理并定时更新，有条件的学校可将档案数据化，为后期的准备工作以及意外发生时的急救工作打下良好基础。

学校在了解在校学生的生理健康状况后，应为生理脆弱性较高的学生准备急救药品和急救设施。条件稍差的学校可与学校附近的社区医院或大医院合作，重点关注此类学生的身体状况；有条件的学校可安排校医定期询问此类学生病情，根据患病种类和人数，做好药品储备工作。一旦这些记录在案的学生突然发病，老师或其他同学便可立即找到当事人的急救药物，对其进行救治。

2. 心理失范风险分析

心理失范类事件多发生在中学、大学阶段，超过半数发生在城市中，具有社会影响大、个体损害严重的特点。

（1）压力式诱因

压力式诱因通常为心理失范类事件发生的时间背景，因其是每个学生都必须经历的人生阶段，故学校无法完全避免压力式诱因的产生，只能通过缓解该阶段的压力、提高学生的心理素质来降低心理失范类个体健康事件的风险。

校园心理失范事件的发生通常与学生心理压力大、心理负担超出自身承受范围有关，学校可以通过优化学校管理方式来减轻本校学生负担。不同阶段的学生具有不同的心理特点，需要采取不同的管理方式，良好的管理方式不仅不会给学生带来过重的心理负担，还会帮助学生缓解、释放压力；相反的，如若不注意管理的方式方法，可能会对学生的心理健康造成打击，严重时可能会令学生产生极端行为。学校管理者应具备此类管理意识，建立规范教师言行举止的制度，确保学生与教师的沟通渠道畅通，保障学生的压力能够得到及时的舒缓。

校园心理失范事件发生的另一个原因是学生心智不成熟,心理承受能力较差,因此提高学生心理素质是减少心理失范事件的又一关键应对环节,具体办法主要有以下两大类。一是建立心理辅导室,开展团体、个人咨询服务。大多中小学学生面临的心理问题大多是应激性、情绪性的,而非病理性的,[①] 通过专业教师的引导即可获得解决,学校心理辅导室应聘用具有国家认可的心理健康教师上岗资格证的教师进行辅导,除对学生进行面对面辅导外,也可开设心理咨询热线或结合互联网采用线上辅导的模式,在申请流程上要尽可能简单、便捷,方便学生前来咨询。二是心理健康知识培训。学校可定期举办心理健康知识讲座,培养学生正确的世界观、人生观、价值观,一般来说以每学期1—2次为宜,有条件的学校还可以开展形式多样的心理健康知识宣传活动,开设心理健康知识课程,设置学分并安排考试,以确保心理健康知识培训的效果。

(2) 心理脆弱性

心理脆弱性是校园心理失范类事件最为常见的风险因素。学校需要借助一些评估工具来了解本校学生的心理健康状况,同时,在了解需要重点关注的人群之后,学校应做出相应的干预工作,以避免校园心理失范类事件的发生。

了解本校学生的心理脆弱性,主要包括以下三个工作环节。一是做好心理状况评估工作。学校可借助现有的较为成熟的心理健康评估量表,如明尼苏达多相人格问卷(MMPI)、一般自我效能感问卷(GSES)、贝克抑郁问卷(BDI)、状态—特质焦虑问卷(STAI)、社会支持量表(SUPP)、特质应对方式问卷(TCSQ)、艾森克人格问卷(EPQ)、生活事件量表(ASLEC)、UCLA孤独感量表、自杀意念量表(SII)、自杀可能性量表(SPS)、多维态度自杀倾向量表(MAST)等,来对在校师生心理状况进行评估。按照校园心理失范事件发生的节律性,学校最好每学期进行2次或以上的心理状况评估(期中、期末)。二是掌握学生生活状况。学校应安排专门人员,如生活老师、辅导员、

---

① 杨泰山:《中小学生心理危机预防及应对的调查研究——以上海市五所学校为例》,《教育参考》2018年第2期。

心理委员等了解学生家庭生活状况，同时，学生班主任也有义务了解本班学生的家庭生活状况。如因没有及时了解学生生活状况，而未能及时发现校园心理失范事件风险并导致悲剧发生的，则需对相关老师进行追责。需要了解的信息有：是否为离异家庭、单亲家庭、留守儿童、富裕家庭、贫困家庭以及近期是否有重大生活变动（如亲人离世、失恋等）。三是建立、完善心理健康档案。心理档案应尽可能多地收集学生相关信息，多角度反映学生及教职人员的心理健康状况和心理健康背景，应包括师生的基本情况（如身体健康状况、家庭氛围、家族精神病史、行为习惯等）、人格特征描述（性格类型、气质类型等）、心理健康状况（有无心理问题或心理障碍等）、学习能力状况以及职业倾向分析等方面，应安排专门人员负责管理，每学期至少更新1次，有条件的学校应建立电子化的心理档案。

对高危人群做好心理干预工作。校园心理干预是指学校在对学生进行心理状况评估后，对发现的高危人群进行的心理干预，因为学校心理干预能力、手段均有限，故通常为学校将其转入专业医院治疗的过渡工作，主要内容是避免其负面情绪进一步恶化。在此阶段，学校应及时通知学生家长，并给家长普及必要的心理问题方面的知识，使家长正确认识、对待孩子的心理问题。

（三）风险评定

校园个体健康事件风险评定工作可以帮助学校了解本校个体健康事件的风险等级以及具体风险因素，为后续的风险防控工作奠定基础。个体健康事件风险评定采用累计加分的方式，要求学校客观测评本校可能存在的个体健康事件风险因素，并按照赋分标准对各评估指标进行打分，最终将测评结果如实填入校园个体健康事件风险评定表中。两类校园个体健康事件的风险评定独立进行，每类事件总分为100分，默认权重为每类各占50%，学校可根据自身情况进行调节。

校园个体健康事件风险等级可根据评定表得分分为高、中、低三类：60分及以下为高风险，表示学校发生校园个体健康事件的概率较高，应立即组织召开个体健康事件风险防范会议，尽快落实个体健康事件风险管理要求；60—80分为中风险，表示学校较易发生校园个体健康事件，应立即根据风险评定得分情况组织制定切实可行的改进计划；80分及以上为低风险，表示学校存在一定的发生校园个体健康事件的可能性，应安排专人进行相关风险排查工作并逐个完善，及时解决风险隐患，做好风险防范措施。

1. 校园突发疾病事件风险评定

经本书系统分析以及对过往研究的归纳，根据《残疾人保障法》《义务教育法》《中小学生健康体检管理办法》以及《国家学生体质健康标准》制定本评定表。见表9—1。

表9—1　　　　　　校园突发疾病事件风险评定表

风险因素	评估指标	赋分标准	得分
场景式诱因（50分）	活动调节机制（10分）	定期进行体测，了解学生身体素质（+5分）	
		具备活动调节机制，调节及时（+5分）	
	学生健康意识（15分）	开设健康教育课程（+3分）	
		课程内容翔实，结课后安排考试（+2分）	
		定期举行健康知识讲座（+3分）	
		讲座内容丰富实用，通俗易懂（+2分）	
		举办健康知识宣传活动（+3分）	
		活动形式多样，宣传效果良好（+2分）	
	突发疾病应急机制（15分）	具备突发疾病应急预案（+5分）	
		应急预案内容合规，可操作性强（+3分）	
		定期组织开展应急演练（+5分）	
		及时总结演练不足，做出调整（+2分）	
	学生急救能力（10分）	开设急救知识课程（+2分）	
		定期举行急救知识培训（+4分）	
		培训人员专业，培训内容实用（+2分）	
		培训后进行培训效果考核（+2分）	

续表

风险因素	评估指标	赋分标准	得分
生理脆弱性（50分）	体检机制（15分）	每学年至少进行1次体检（+5分）	
		每学期进行1次体检（+3分）	
		体检机构正规、专业（+2分）	
		体检内容满足国家要求（+3分）	
		体检设施符合国家规范（+2分）	
	病史掌控（5分）	安排学生填写病史档案登记表（+3分）	
		具有相关制度保护学生隐私（+2分）	
	健康档案（15分）	具备学生健康档案（+5分）	
		档案更新及时，具备专门管理人员（+3分）	
		健康档案收录信息全面、合规（+2分）	
		健康档案数据化（+5分）	
	急救物品准备（15分）	配备常规急救设施及药品（+5分）	
		具有专门的管理人员（+5分）	
		根据学生病史精确备药（+5分）（如为有病史记录的学生设立专门药柜）	
总得分			

注：本风险评定表仅供参考，学校可根据当地实际情况对评估指标与赋分标准进行相应的调整。

2. 校园心理失范事件风险评定

根据过往研究以及《中小学心理健康教育指导纲要》《关于培育和践行社会主义核心价值观进一步加强中小学德育工作的意见》，经分析制定本表。具体见表9—2。

表 9—2　　校园心理失范事件风险评定表

风险因素	评估指标	赋分标准	得分
压力式诱因（40分）	管理方式（10分）	管理方式符合学生心理特点（+2分）	
		具有规范教师言行举止的制度（+3分）	
		学生与老师沟通渠道畅通（+5分）	
	心理辅导室（15分）	具备心理辅导室（+7分）	
		配备专业心理辅导老师（+6分）	
		流程简洁，便于学生申请服务（+2分）	
	心理健康知识培训（15分）	开设心理健康教育课程（+5分）	
		定期举行心理健康知识讲座（+3分）	
		课程、讲座内容丰富，形式多样（+2分）	
		举办心理健康知识宣传活动（+3分）	
		活动形式多样，宣传效果良好（2分）	
心理脆弱性（60分）	心理状况评估（20分）	定期进行心理状况评估（+10分，每学年1次记6分，每增加1次多1分）	
		心理评估量表设计科学合理（+5分）	
		汇报反馈机制（+5分）	
	生活辅导机制（15分）	配有生活老师（+5分）	
		班级设有心理委员（+5分）	
		具备责任追究制度（+5分）	
	心理健康档案（10分）	具备学生心理健康档案（+3分）	
		档案信息全面（+2分）	
		档案更新及时，具备专门管理人员（+3分）	
		档案数据化（+2分）	
	心理干预机制（15分）	具备家校沟通制度，及时通知家长（+5分）	
		具有专业的心理疾病方面的校医（+4分）	
		具备与专业心理医院的联动治疗机制（+6分）	
总得分			

注：本风险评定表仅供参考，学校可根据当地实际情况对评估指标与赋分标准进行相应的调整。

四　校园个体健康事件风险管控要点

（一）制定校园个体健康事件应急预案

校园个体健康事件应急预案是学校处理个体健康事件的工作指南，在校园个体健康事件爆发时启动应急预案，可最大限度地减少损失并有利于后续恢复。校园个体健康事件应急预案应遵循生命第一、预防为主、分级管理、职责清晰、快速反应、依法管理、具备可操作性的原则，内容包括组织指挥体系、危机管理流程和保障措施三大块。① 其中，组织指挥体系应包括领导机构、应急人员构成、职责分配和应急机制；危机管理流程应包括危机预防、危机准备、应急反应和危机恢复；保障措施主要是指建立学校应急后勤保障体制、做好日常宣传培训演习工作、定期监督检查。

（二）建立学生应急能力培养体系

结合过往研究②以及国外经验，学生作为校园里的主要构成人员，应成为校园危机干预的主体之一，学校应系统地培养学生个体健康事件应急能力，以减少事件发生时对当事人以及学校造成的损害。学生应急能力包括预警能力、干预能力以及恢复能力，②其培养体系包括生理健康知识教育、心理健康知识教育、健康与体育、急救知识宣传、急救技能培训等。学校应定期举办相关知识讲座，有条件的学校可邀请专业人士对本校学生进行培训，也可与本地社区医院、相关非营利组织等确立合作关系，要求本地专业救援组织设置专员或定期派出人员赴校进行培训。同时，学校应对培训效果进行把握，可通过应急演练、急救知识竞赛等活动确保学生具备应急救援能力。

（三）完善对高脆弱性学生的管理

高脆弱性人群是指学校在了解本校学生生理、心理健康状况后，筛

---

① 孙华：《论大学校园应急预案的编制》，《煤炭高等教育》2007 年第 2 期。
② 简敏：《大学生应对校园突发事件能力构成及培养途径》，《社会科学家》2006 年第 4 期。

选出来的具有较高生理脆弱性或心理脆弱性的学生，此类学生是校园个体健康事件的高危人群，学校应予以重点关注。学校除为高脆弱性学生建立必备的生理、心理健康档案外，还可按照疾病类型建立本校学生的疾病档案，安排专人进行管理、更新。学校可根据各类疾病特点，定期安排疾病档案上的学生进行体检，并为其准备必要的急救物品和急救设施。同周边医院建立合作关系的学校，可将本校学生健康信息在医院留底备份，方便医院在发生校园个体健康事件时快速响应。

（四）建立校园个体健康事件监测系统

校园个体健康事件监测系统是指数据化的、能够对在校学生身体健康状况进行实时监测以及预警的系统。校园个体健康事件监测系统应遵循长期坚持、全员参与、地方联合、系统运行的原则。[①] 要求学校做到信息搜集准确、及时、全面，对外做到与社会支持系统对接，同学校附近的医疗机构、公安部门等保持良好合作关系，定期进行校园个体健康事件风险评估，确定风险种类及等级。

学校可引入穿戴式生物医疗设备来对校园个体健康事件进行监测。穿戴式生物医疗仪器是指可实现对人体进行非介入式、无创的医疗诊断监测的设备，具有可移动操作、使用简便、长时间持续工作、智能显示诊断结果、异常生理状况警报、无线数据传输等特点。[②] 常见的穿戴式生物医疗仪器有无损血糖监测仪、光电式无损微型血压计、脉冲式血氧饱和度测量计等。学校可在进行体测、体育课、运动会等高风险活动前及时掌握学生及运动员的身体状况，做出风险评估，大大降低校园个体健康事件发生的风险。

（五）建立学校医院应急联动机制

学校、医院应急联动机制是指学校同周边医院建立密切合作关系，保证在校园个体健康事件发生时，学校、医院能够做到同步响应的制度。

[①] 解丽颖、苏永志：《地方高校危机预警体系的构建》，《中外企业家》2015 年第 17 期。
[②] 鲍淑娣、张元亭：《远程医疗：穿戴式生物医疗仪器》，《中国医疗器械信息》2004 年第 5 期。

学校可在律师指导下，同周边医院签订合作协议，要求医院为学校定期提供医疗服务（如体检、接种疫苗等）、必要的药品和急救设施；不能自行聘请校医的学校，可委托医院派遣驻校医生，满足本校学生的医疗需求。同时，学校也应与医院进行信息共享，将本校学生的身体健康状况，尤其是高脆弱性学生的疾病状况及时告知医院，以便在校园个体健康事件发生时，医院可以同学校共同响应。

第十章

校园群体性事件的风险分析

一 概 述

随着社会转型期的到来,因利益关系和管理要求方面的冲突,学校与周边商户和居民、学校与学生(及其家长)矛盾凸显,群体性事件时有发生于校园内,严重影响了学校正常教育教学秩序。相较于其他校园安全风险事件,校园群体性事件的"导火索"具有复杂性,学校后勤管理、学籍管理存在缺陷或其他校园安全事件的发生均有可能引致学生不满心理,甚至还有教职工因薪酬、职称等原因产生不满,均可能引发校园群体性事件。

(一) 校园群体性事件的概念

根据群体性事件的内涵来定义校园群体性事件,是指未经依法批准发生在校园内的,以在校师生或学生家长为参与主体,采取集会抗议、聚集示威、群体罢课甚至冲击学校机构、阻碍校内交通等形式,导致学校正常教学和管理秩序遭到破坏的事件。

(二) 校园群体性事件的条件

根据校园群体性事件的参与者、事件诱因、行动过程等因素,校园群体性事件的社会稳定风险分析,校园群体性事件发生的条件可以由以下公式表达:

$$Event = f\ (inducement,\ cognition\ \&\ action,\ consequence)$$

其中,Event 表示校园群体性事件;inducement 表示可能引发校园群体性事件的因素，例如对薪酬的不满、对后勤管理的不满等；cognition 指利益相关人的认知心理；action 表示利益相关人所采取的行动，当事人的认知心理与行动选择共同构成了行动因素；consequence 表示这些行动所导致的后果。

（三）校园群体性事件的后果

校园群体性事件后果主要分为三类：一是造成财产损失和人身伤害，如 2014 年 11 月 4 日，广东省经济贸易职业技术学院人和校区 3000 名学生集体示威，砸食堂、小卖部、机房、门窗、空调，放火，并群殴校长。二是破坏学校正常教学秩序，如 2016 年 9 月 7 日，河南省上蔡县苏豫中学上千名学生集体罢课，抗议学校伙食太差，导致学校无法正常上课。三是影响社会稳定，例如合肥工业大学学生游行事件造成了校门口路段车辆无法通行，出现学生纵火等行为，对社会稳定造成了不良影响。

（四）校园群体性事件的分类

维权型校园群体性事件，是指校内学生或教职员工为表达自身利益诉求，维护自身权利，开展的较大规模聚集示威、罢课甚至冲击学校机构、阻碍校内交通等群体性事件。

泄愤型校园群体性事件，是指因学校对校园突发治安事件、校园公共卫生事件或校园个体健康事件处理不当，由在校学生或其家长组织进行的大规模群体性事件。相比较维权型校园群体性事件而言，泄愤型校园群体性事件的参与者绝大多数与触发事件没有直接利益关联，他们往往出于打抱不平的同情心和正义感介入事件中。

二 校园群体性事件的典型案例

（一）"9·10"青岛黄海学院抗议游行事件[①]

2014 年 9 月 10 日，青岛黄海学院多名学生投诉，该校 2013 级部分

---

① 《青岛黄海学院 2 千多学生遭劝退　校内游行抗议》，网易新闻（http://news.163.com/14/0912/09/A5UBD9T500011229.html）。

实践考核本科和试点专科的学生被校方劝说退学，同时黄海学院当年招收的"预科班"涉嫌违规，原本承诺被录取的2014级新生被校方建议报考其他院校。为此，数千名学生在校内游行抗议。

1. 环境维度

（1）学校学籍管理存在缺陷

公开资料显示，青岛黄海学院创建于1996年，其前身是青岛黄海职业技术学院。2011年，经国家教育部批准，青岛黄海学院晋升为普通本科高校，目前设立了本科和专科专业。参与此次校园群体性事件的大部分是2013级和2012级试点专科和实践考核本科的学生，事件的导火索主要是学校原本对试点专科的学生承诺在本校保留学籍以及统招专科文凭，但并未兑现。该校2012级、2013级实践考核本科的学生至事件发生前均未获得正式的注册学籍。

（2）招生流程涉嫌违规

2014年，青岛黄海学院遭到学生举报，称其违法并暗箱操作，违背国家规定的招生名额，多招收学生牟取利益。

（3）招生过程虚假宣传

青岛黄海学院在招生过程中未告知学生入学后没有学籍，在宣传中将"实践考核本科"与统招本科画等号，并未告知学生实践考核本科实质上就是一种自考的形式，以这种方式入学的学生需要通过相关课程的考试才能拿到毕业证。

2. 事件维度

（1）事件发生阶段

2014年9月10日，青岛黄海学院的多名学生投诉，该校2013级部分实践考核本科和试点专科的学生被校方劝说退学，同时黄海学院2014年招收的"预科班"涉嫌违规，原本承诺被录取的2014级新生被校方建议报考其他院校。为此，数量较多的学生校内抗议并打出横幅。

（2）应急响应阶段

9月11日，有关部门向媒体反映，目前黄海学院正在处理此事。但记者联系学院，并未得到对方的正面回应。隔天，学院出面回应，称"争取妥善解决"但"主动权不在学校"。

（3）善后处理阶段

9月12日，青岛黄海学院在其官网澄清了网络上的不实言论。发布《关于春季高考学生志愿填报情况的通报》称："因今年春季高考录取政策发生较大变化，虽然有很多学生高考成绩超过了最低录取控制线，但由于招生计划受限，故不能满足全部考生。"黄海学院相关负责人称，学校没有劝退学生，有1000多名学生过了最低录取控制线没有被录取。

【相似案例】

2012年4月5日晚，湖北省京山县第一高级中学学生因学校乱收费惹怒学生，部分学生采取激烈反抗行为，并拒绝进入教室上课。[①]

2013年9月14日，河南省商丘市柘城县第二高级中学上千名学生抗议学校的封校制度以及校内食堂、超市出售高价食品。[②]

2013年10月24日，河北廊坊某职业技术学院3000名学生罢课，抗议学校封闭管理、出售高价饭菜、不许从外面订饭、热水收费等政策。[③]

3. 管理维度

参与事件的管理行为主体可分为学校、教育行政管理部门两类。

（1）学校

学生抗议游行事件发生后，学校发布声明表示："游行队伍经学校负责人和教师劝说后解散，具体游行持续时间不详。"学校院办及招生办负责人在应对媒体时表示"不清楚内情，去问学校宣传科"。校宣传科电话一直处于无人接听的状态。

---

① 《教育部通报中学生焚书事件 湖北京山县一中校长被停职》，凤凰网（http://news.ifeng.com/c/7fcAHGSav78）。

② 《河南商丘千名中学生打砸学校 抗议封校、超市高价出售食品》，观察者网（https://www.guancha.cn/Education/2013_09_17_173080.shtml）。

③ 《河北廊坊学生打砸食堂续：学校垄断经营引不满》，中国青年网（http://news.youth.cn/gn/201310/t20131028_4098319.htm）。

（2）教育行政管理部门

青岛市教育局宣传科的工作人员称"目前学校正在处理此事"，其他细节则以不清楚为由未予告知。山东省教育厅发展规划处、学生处、高等教育处等多个部门，均未就黄海学院学生抗议事件发布书面说明或召开新闻发布会，也未接受记者采访。

4. 案例启示

（1）深化学校管理体制改革

学校是青少年成长和人才培育的摇篮，学校的一切活动最终目的应是为学生创建优良的教学环境，为社会培养有用的人才，如果学校偏离这一教育宗旨，为自身盈利而不顾学生利益受损，极易诱导校园群体性事件的发生。因此，学校应深化学校管理体制改革，减少校方与学生的利益纠纷，净化校园环境，从根本上防止校园群体性事件的发生。

（2）建立沟通协商机制

目前，我国大部分学校在处理校园群体性事件时均采用强制性解决方法，即动用警力等暴力手段强制消除校园群体性事件，使校园群体性事件在外在形态上归于消灭，学校教学秩序得到恢复。但采用强制性手段无法解决深层次矛盾，校园群体性事件存在复发的可能。学校应在校内建立民主协商机制，吸纳学生对学校管理和教学的相关意见，将学生会的定位转变为学生与学校之间利益诉求表达的桥梁，预防学生因无处表达利益诉求而引发校园群体性事件。

（3）做好事后信息公开工作

青岛黄海学院和青岛市教育部门在学生抗议游行事件发生后均未接受记者采访，体现其对媒体舆论控制意识和能力不高。事实上，在校园群体性事件发生后，学校应重视事件过程和事件处置的信息公开，充分利用和控制媒体舆论，掌握信息公开和发布的主动权，及时报道事实以控制事态。

(二)"11·17"黑龙江肇东教师罢课事件[①]

2014年11月17日,黑龙江省肇东市8000名教师开展大罢工活动,全市中小学全部停课。教师罢工的主要理由是工资太低,作为全国百强县的肇东的教师工资竟然低于贫困县1000元。事发后,当地启动应急处置机制,市委市政府领导前往事件现场向教师道歉并解释了住房公积金问题。

1. 环境维度

(1) 沟通机制不健全

黑龙江肇东教师罢课事件发生的主要原因在于教师对现有工资水平不满。在群体罢课事件发生前,中小学教师曾两次联名上书向政府表达诉求,但均未获得满意答复。由此可见,沟通机制存在缺陷,对教师联名上书表达诉求的重视程度不足,反馈意愿缺失。

(2) 上访处置能力欠缺

当地政府在应对中小学教师的联名上书行为过程中态度强硬,主要采取了以下两项措施:一是威胁教师群体如继续集会行为将予以严惩;二是向学校领导施加压力,说如果还有教师继续上访,将开除教师队伍,校长就地免职。这一强硬态度导致教师讨薪问题无法得到解决,引发了事态进一步升级。

【相关法律法规】

《中华人民共和国教师法》第二十五条明确规定:教师的平均工资水平应当不低于或者高于国家公务员的平均工资水平,并逐步提高,建立正常晋级增薪制度,具体办法由国务院规定。第二十六条规定:中小学教师和职业学校教师享受教龄津贴和其他津贴,具体办法由国务院教育行政部门会同有关部门制定。第三十九条明确规定:教师对学校或者其他教育机构侵犯其合法权益的,或者对学校或者其他教育机构作出的处理不服的,可以向教育行政部门提出申

[①]《黑龙江教师罢课 因待遇水平低上访》,网易新闻网(http://d.youth.cn/shrgch/201411/t20141119_6078684.htm)。

诉，教育行政部门应当在接到申诉的三十日内，作出处理。教师认为当地人民政府有关行政部门侵犯其根据本法规定享有的权利的，可以向同级人民政府或者上一级人民政府有关部门提出申诉，同级人民政府或者上一级人民政府有关部门应当作出处理。

2. 事件维度

事件按发展演化顺序可分为联名上书、群体罢课、应急响应和善后处置四个阶段。

（1）联名上书阶段

2014年11月初，黑龙江省肇东市中小学教师曾两次联名上书市委市政府表达诉求，呼吁提高工资，按规定发放补贴等。对于教师们的联名信，当地政府并没有给出满意的答复，并称"如继续集会"将"予以严惩"。

（2）群体罢课阶段

11月17日，肇东市一些中小学教师因为该市教师工资低、克扣养老保险等问题罢工，全市诸多中小学被迫停课。

（3）应急响应阶段

教师罢课事件发生后，当地政府立即召开专题会议针对教师提出的10项诉求，按照上级相关政策，逐条逐项形成明确答复意见，联合下发了《关于部分教师反映工资等问题答复意见》，称因为肇东未被列入艰苦边远地区市（县）行列，所以教师未能拿到相关补贴。并向教师承诺，严格执行上级调整津补贴文件，确保教师工资待遇。

市委市政府主要领导亲临现场，向到场教师解释住房公积金问题，承认没有补到位，接下来将补齐，并就相关问题致歉。

（4）善后处置阶段

11月20日，当地政府称经过连日工作部分教师上访问题已基本得到解决，落实有关各项政策。

【相似案例】

2014年3月4日上午，孝感市黄陂路高中老师集体罢课，据称是因不满学校降工资、拖欠工资。①

2014年12月22日,河南信阳固始县近千名教师到县政府门前"讨说法",要求"返还克扣工资,绩效(工资)按月发放"。②

2016年5月3日至6日,湖南衡阳县千余名教师聚集在该县县政府门前讨薪。③

3. 管理维度

参与事件的管理行为主体可分为学校、政府管理部门两类。

(1) 学校

在教师群体罢课期间,全市中小学停课,让全体中小学生在家休息,较好地防止了中小学生因教师讨薪行为受到伤害。

群体罢课事件发生四天后,多所中小学召集教师开会,传达市政府有关涨工资的会议精神。

(2) 政府管理部门

群体罢课事件发生前,当地政府对教师的联名上书行为采取强硬态度和威胁手段,进一步导致了大面积群体罢课事件的发生。

群体罢课事件发生后,市委办公室和政府办公室针对教师群体罢课事件联合下发了《关于部分教师反映工资等问题答复意见》,称因未被列入艰苦边远地区市(县)行列,所以教师未能拿到相关补贴。同时,罢课事件是教师对上级政策和本市的执行政策情况不了解,产生误解才导致的。

4. 案例启示

(1) 提高对上访教师的重视程度

在教师采用群体罢课这一方式要求提高工资水平前,曾采取联名上书的方式试图与市委市政府沟通协商。市委市政府显然对教师群体的联

---

① 《孝感工业学校高中部部分老师因不满降薪停止上课》,凤凰资讯(http://news.ifeng.com/gundong/detail_ 2014_ 03/04/34418649_ 0. shtml)。
② 《河南固始部分教师集体讨薪 县政府称将落实有关规定》,新京报(http://www.bjnews.com.cn/news/2014/12/22/346844.html)。
③ 《湖南衡阳上千教师县政府门前拉横幅讨薪》,央广网(http://news.cnr.cn/native/gd/20160507/t20160507_ 522085462. shtml)。

名上书重视程度不足，未考虑到这一风险可能引发群体性事件，进而影响全市中小学教学秩序和造成严重的社会不良影响。政府相关部门应重视信访工作，平等对待信访人群，避免社会稳定风险的进一步放大。

（2）完善沟通协商渠道

学校和政府应建立健全沟通协商渠道，定期调查学生及教师的不满及利益诉求，主动加强信息的收集、分析和处理，对教师和学生的意见及时予以解答。学校在教育教学中应"以学生和教师为本"，切实保障教师和学生群体的基本权利。

三 校园群体性事件风险评估

（一）风险识别

根据校园群体性事件的构成条件，可从诱发因素、利益相关人和行动后果三个维度进行风险识别。但由于诱发校园群体性事件的因素复杂多样，难以识别，本书将校园群体性事件风险识别的关键放在个体认知及危机管理环节上，如图10—1所示，个体认知及学校管理作为由诱发因素到校园群体性事件的中间环节和处置环节，在事件的演化中起着重要作用，做好这两项风险识别工作可有效抑制校园群体性事件的发生与扩展。

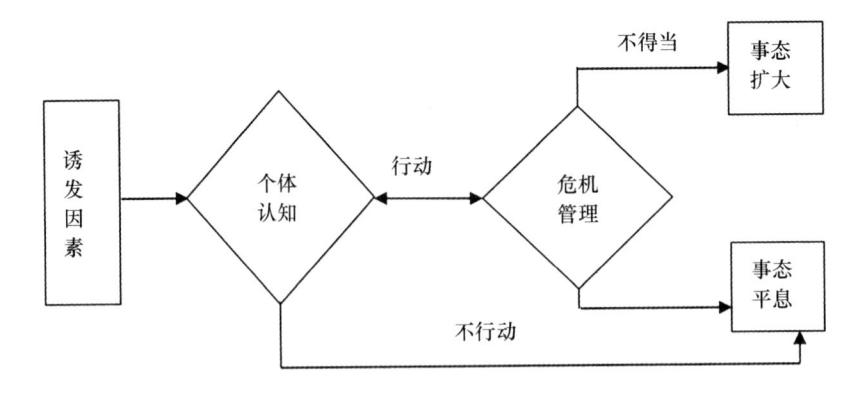

图10—1 校园群体性事件风险演化

1. 个体认知

校园群体性事件风险中的个体认知是指校内学生和教职员工基于对相关利益因素的认知和判断所形成的社会心理以及自身所固有的心理认知，主要包括满意度、信任度和理性程度三方面。

（1）满意度

满意度是指学生和教职员工对学校环境、学校制度与学校管理整体的满意程度，学生与教职员工满意度与校园群体性事件风险高低成正比，即学生与教职员工整体满意度越高，发生校园群体性事件的可能性越低。西方教育界普遍认可学生满意度调查评估工作有助于改善学校的设施条件及教研活动。随着教育是一种服务的认识在我国普遍化，各级学校对学生满意度的重视程度提高，许多国内学校已结合实际，编制了"学生满意度调查问卷"。

（2）信任度

信任度是指学生和教职员工对学校管理者的信任程度。信任度并不是与校园群体性风险直接相关的因素，而是作为个体认知的补充。假设学生和教职员工对环境因素的满意度较低，若其对学校管理的整体信任度水平较高，认为学校可以良好处理其利益诉求，爆发校园群体性事件的可能性将降低；若其对学校管理的整体信任度较低，极有可能放大事情的负面影响。具体来看，信任度可包括对学校理念的信任程度、对学校领导的信任程度、对学校文化的认同程度和对学生培养制度的认同程度。[1]

（3）理性程度

理性程度是指校内学生和教职员工在表达不满的过程中所采取的手段类型，对个体行为的理性控制程度。与信任度相似，理性程度仅作为个体认知的补充因素，理性程度越高，学生和教职员工采用非司法途径和暴力行为的可能性就越低，即校园群体性事件发生概率越低。

2. 危机管理

危机管理能力是指学校采用有目的的管理手段调节和控制群体性行动，将其遏制在萌芽阶段的能力，具体包括校园群体性事件发生前的预

---

[1] 傅根生：《简论高等学校社会公信力》，《黑龙江教育（高教研究与评估）》2009年第3期。

警防范能力、校园群体性事件发生时的应急处置能力和沟通协调能力。学校和政府的管理能力越高,校园群体性事件发生的可能性和危害就越小。

(1) 预警防范能力

预警防范能力是指学校和政府收集信息、掌握学生思想动态并进行一系列调节控制行动的能力,具体包括信息收集能力和舆情控制能力两类。如果学校和政府能建立多层次、多渠道的校园群体性事件预警信息网络,及时、准确地了解学生思想动态,并做好学生的思想教育和引导工作,可极大地降低校园群体性事件发生的风险。

(2) 应急处置能力

应急处置能力是指在校园群体性事件中,学校化解矛盾、控制事态、降低损失的能力。应急处置能力应包括应急组织能力、现场控制能力。校园群体性事件发生时,学校和政府如果能快速响应、处置得当,就可能化解危机,平息事态,维护学校和社会秩序稳定。

(3) 沟通协调能力

沟通协调能力是指校园群体性事件发生时,学校管理者与学生和教职员工沟通协商能力以及对外联络的能力,具体可包括内部沟通能力和对外联动能力。内部沟通能力是指在校园群体性事件发生时学校管理者与校园群体性事件行动者沟通的能力、平复其他相关学校和教职员工心理的能力;对外联动能力是指校园群体性事件发生时,学校信息发布的速度、真实性,以及与公安部门、政府部门的沟通能力。

(二) 风险分析

校园群体性事件的风险分析着眼于个体认知和学校危机管理能力两个方面,对风险应对过程中的重要因素和关键环节进行剖析。

总体来看,我国校园群体性事件时间、地点均颇有特点。维权型校园群体性事件的发生时间多为学生开学、期末及毕业阶段,泄愤型校园群体性事件发生时间多为校园安全事件发生后。校园群体性事件发生地多为位于城镇地区的高校,学生年龄与地区经济发展水平对校园群体性事件的发生概率与影响强度有重要影响。

1. 个体认知因素

个体认知是由导火索到事件爆发的关键环节，学校可通过提升校内学生、教职员工的满意度、信任度及理性程度来降低校园群体性事件的风险。

针对直接影响校园群体性事件风险的个体满意度因素，学校应建立健全满意度测评机制。满意度测评机制应包括以下几个方面。一是根据学校实际情况分别设计学生及教职员工满意度测评问卷。其中，针对教师的满意度测评问卷应着重设计薪酬、福利等满意度情况，面向学生的满意度测评问卷应主要考虑学校设施、后勤管理等满意度情况。二是定期安排校内学生及教职员工进行满意度调查。三是结合满意度调查结果，及时予以反馈，进行整改。

个体信任度和理性程度并不与校园群体性事件风险直接相关，而是作为个体满意度因素的补充。即使个体满意度并不高，若其对学校的信任程度及自身理性程度较高，爆发校园群体性事件的可能性将较低。学校可建立信任度测评机制和法制教育机制，安排专人定期开展信任度测评工作，根据测评结果进行自身调整，定期开展法制化教育讲座、课程等，提高校内学生及教职员工信任度及理性程度。

2. 危机管理能力

校园危机管理能力是学校在校园群体性事件风险预警和事件应对中需要增强的重要因素与环节，包含预警防范能力、应急处置能力与协调沟通能力。学校可通过加强信息收集工作和舆论引导能力来发现校园群体性事件风险，避免风险演化为恶性群体性事件。此外，学校需建立校园群体性事件应急预案，在应急预案中应包含校园群体性事件的应急响应机制，并成立校园群体性事件应急领导小组，培训提高安保队伍现场控制能力，切实提高学校在处置校园群体性事件中的应急能力。在沟通协调能力方面，学校则需要建立校内联系网络，及时通报情况，与公安部门、医疗系统共建联动系统，并提高信息发布速度，控制占领舆论高地。

（三）风险评定

校园群体性事件风险评定工作可以帮助学校了解本校校园群体性事件的风险等级以及具体风险因素，为后续的风险防控工作奠定基础。校园群体性事件风险评定采用累计加分的方式，要求学校客观测评本校可能存在的校园群体性事件风险因素,并按照赋分标准对各评估指标进行打分,最终将测评结果如实填入校园群体性事件风险评定表中。因维权类和泄愤类校园群体性事件的导火索复杂多样,不予进行风险评定,因而,校园群体性事件的风险评定主要考虑个体认知因素及校园危机管理。校园群体性事件风险评定表总分为100分,学校可根据自身情况进行调节。

校园群体性事件风险等级可根据评定表得分分为高、中、低三类:60分及以下为高风险,表示学校发生校园群体性事件的概率较高,应立即组织召开校园群体性事件风险防范会议,尽快落实校园群体性事件风险管理要求;60—80分为中风险,表示学校较易发生校园群体性事件,应立即根据风险评定得分情况组织制定切实可行的改进计划;80分及以上为低风险,表示学校存在一定的发生校园群体性事件的可能性,应安排专人进行相关风险排查工作并逐个完善,及时解决风险隐患,做好风险防范措施。

校园群体性事件风险评定指标体系的构建主要来自于三个方面的整合:个体认知因素具体指标以国内风险认知理论研究为主框架,结合我国各类校园群体性事件发生的规律、特点,综合确定;学校危机管理能力类具体指标以校园群体性事件应急管理理论为主框架,结合国家权威部门规范性文件的要求,综合确定;各风险因素及各个评估指标的赋分权重来自于本书对近20年以来校园群体性事件典型案例的归纳整理及规律分析,见表10—1。

表10—1　　　　校园群体性事件风险评定表

风险因素	评估指标	赋分标准	得分
个体认知因素(50分)	满意度评测机制(20分)	具备满意度评测制度(+10分)	
		安排专人定期组织满意度测评工作(+10分)	
	法制教育机制(15分)	在普法教育中加入校园群体性事件法制教育内容(+7分)	
		教育活动形式多样,宣传效果良好(+8分)	
	信任度测评机制(15分)	具备信任度测评制度(+8分)	
		安排专人定期进行学生、教师信任度测评(+7分)	

续表

风险因素	评估指标	赋分标准	得分
学校危机管理能力（50分）	信息收集机制（15分）	具备群体性风险信息收集制度（+6分）	
		安排专人进行风险信息收集工作（+4分）	
		具备良好的信息沟通与反馈机制（+5分）	
	舆论引导机制（10分）	建设校园宣传网站（+5分）	
		安排专人定期编写舆情简报、引导舆论动向（+5分）	
	应急处置能力（15分）	具有校园群体性事件应急预案（+8分）	
		提升保安现场控制能力（+7分）	
	沟通协调能力（15分）	开设内部联系沟通工具（+8分）	
		建立对外联络机制（+7分）	
总得分			

注：本风险评定表仅供参考，学校可根据当地实际情况对评估指标与赋分标准进行相应的调整。

四 校园群体性事件风险管控要点

（一）拓宽利益诉求表达渠道

维权型校园群体性事件发生的根本原因是学生的利益受到了损害，集聚不满情绪，建立健全校内利益诉求渠道，有利于减少校园群体性事件发生的风险。学校可从以下几个方面着手：第一，完善校长信箱系统，及时解答学生疑问，解决其不满；第二，要求辅导员（班主任）时刻关注学生利益受损情况，并及时向学校汇报；第三，定期组织开展走访调查工作，统计学生是否有利益受损情况。

（二）完善安全事件处理机制

泄愤型校园群体性事件的导火索在于学校在校园安全事件发生后的错误行动或无行动，完善校园安全事件处置机制，对预防泄愤型校园群体性事件有重要意义。校园安全事件发生后，学校应迅速启动应急处置机制，查明事件原因，运行信息公布机制和信息沟通机制，保证事件相关信息的真实性、可靠性和快速性。

(三) 建立健全沟通机制

校内学生、教职员工对学校的满意度和信任度高低与校园群体性事件风险高低成正比。学校应依照自身情况，建立健全沟通机制。一是设计满意度及信任度调查问卷，了解学生满意度及信任度水平；二是安排专人定期开展问卷调查工作；三是根据学生意见对学校软硬件设施、教育方案进行调整和修改；四是对学生意见和建议进行及时的反馈。

(四) 增强学生法制化水平

学校亟须加强对学生的政治教育和法律教育，让其通过了解国家政策法规，合理利用法律武器来维护和争取自身的权利和利益。一是开设国家政策普法的教育课程，使普法教育常规化。课程内容应丰富化，提高学生的法制化意识。二是组织开展法制教育黑板报大赛和演讲比赛等。三是定期组织开展法制化教育知识讲座。

(五) 提升学校预警防范能力

学校可从以下两方面提升自身对校园群体性事件的预警防范能力。一是成立学校的信息中心。学校应分层分级设立信息联络员，建立由学校管理者、教师、辅导员和学生共同构成的校园安全网络，实行有事报告、一事一报的制度。二是利用新媒体的力量建设网络舆论引导机制。在校内建设思想政治教育主题网站，定期撰写网络舆情报道，占领舆论高地，减少校园群体性事件发生的风险。

(六) 增强学校应急处置能力

学校可从以下几个方面增强自身应急能力。一是制定科学合理的应急预案。学校需要编制校园群体性事件应急预案，预案内应包含校园群体性事件的级别划分，指挥机构设立，事件信息处理，物资、卫生、医疗安排等。二是成立校园群体性事件应急指挥中心。学校应完善应对校园群体性事件的程序与规则，实行统一领导和严格的指挥责任制，保证在校园群体性事件发生时能够实现政令畅通。学校可设立校园群体行动管理的常设机构，在校园群体性事件发生时，机构可由正常状态转入应急状态，承担校园群体性事件的处置和应对工作。

（七）构建校园沟通网络

校园沟通信息网络的畅通是校园群体性事件得到妥善处置的基础。构建校园沟通网络应围绕以下两个方面进行。一是设立校内通信网。建立 QQ 群、微信群等网络联系工具，一旦发生校园群体性事件，及时发布事件信息，通知各班班主任（辅导员）关注学生动向，避免校园群体性事件的进一步升级与扩散。二是完善信息联动机制。学校应当逐步完善校园"110"报警系统，与学校有关职能部门实行联动，在此基础上，加强同校外公安、急救中心等单位的合作，及时合理地处置校园群体性事件。

参考文献

《安全生产事故隐患排查治理暂行规定》(国家安全生产监督管理总局令第16号)。

《建筑物设计规范》(中华人民共和国住房和城乡建设部公告第885号)。

《中华人民共和国国家标准：职业健康安全管理体系·要求》(GB/T 28001-2011)。

《中小学设计规范》(GB 50099-2011)。

《中小学幼儿园应急疏散演练指南》(教基一厅〔2014〕2号)。

《中小学与幼儿园校园周边道路交通设施设置规范》(GA/T 1215-2014)。

《自然灾害分类与代码》(GB/T 28921-2012)。

国家质量监督检验检疫总局、国家标准化管理委员会：《GB/T 24438.1-2009 自然灾害灾情统计第1部分：基本指标》，中国标准出版社2009年版。

《2012年校园安全风险管理理论与实践座谈会综述》，《中小学校长》2012年第10期。

白莉、曹士云：《学校意外伤害事故防范体系的构建与实践》，《杭州师范学院学报(自然科学版)》2015年第5期。

鲍淑娣、张元亭：《远程医疗：穿戴式生物医疗仪器》，《中国医疗器械信息》2004年第5期。

陈荣鹏、方海涛：《美国校园欺凌的法律规制及对我国的借鉴——以2010年〈新泽西州反欺凌法〉为研究视角》，《公安学刊》2015年第6期。

邓科：《中国实际失业率已达到警戒线》，《吉林人大》2002年第12期。

杜镶：《高校校园食品安全问题原因及对策》，《科技创新导报》2014年第 3 期。

傅根生：《简论高等学校社会公信力》，《黑龙江教育（高教研究与评估）》2009 年第 3 期。

何伟全、桂皎：《高校学生意外伤亡的十年管擦——基于云南某高校案例》，《云南师范大学学报（哲学社会科学版）》2013 年第 7 期。

简敏：《大学生应对校园突发事件能力构成及培养途径》，《社会科学家》2006 年第 4 期。

解丽颖、苏永志：《地方高校危机预警体系的构建》，《中外企业家》2015 年第 17 期。

寇丽萍：《张小兵. 论中小学校园突发事件应急能力建设》，《中国人民公安大学学报（社会科学版）》2013 年第 5 期。

李春雷：《校园伤害案件及防控对策的实证分析与比较研究》，《中国人民公安大学学报（社会科学版)》2010 年第 5 期。

李殊琦、柳庆刚：《城乡收入差距、人均收入及失业率对犯罪率的影响——基于 2003—2007 年我国省级数据的面板分析》，《中南财经政法大学学报》2009 年第 6 期。

李运刚、胡金明、何大明、柳江：《1960—2007 年红河流域强降水事件频次和强度变化及其影响》，《地理研究》2013 年第 1 期。

李之俊、冯曙明、陈文：《上海和华东地区运动碎死调查研究》，《中国运动医学杂志》1999 年第 3 期。

廖文科：《我国学校突发公共卫生事件应急处置的基本原则和要求》，《中国学校卫生》2007 年第 1 期。

刘立、刘东会：《国际医疗救援中疫情风险评估指标体系的构建》，《中国急救复苏与灾害医学杂志》2016 年第 11 卷第 5 期。

刘颖、周琴：《美国学校危机应对模式探析》，《外国教育研究》2014 年第 9 期。

路琦、牛凯：《2014 年我国未成年人犯罪研究报告——基于行为规范量表的分析》，《中国青年社会科学》2015 年第 3 期。

莫建飞、陆甲、李艳兰、陈燕丽：《基于 GIS 的广西洪涝灾害孕灾环境敏感性评估》，《灾害学》2010 年第 4 期。

牛海燕、刘敏、陆敏等：《中国沿海地区台风致灾因子危险性评估》，《华东师范大学学报（自然科学版）》2011年第6期。

钱国华、朱士新、周宇扬：《昆山市2012年餐饮食品安全风险评估及对策研究》，《中国初级卫生保健》2013年第10期。

孙华：《论大学校园应急预案的编制》，《煤炭高等教育》2007年第2期。

宛文博、葛怡、毕军、史培军：《灾害恢复力研究进展——基于文献调查的分析》，《自然灾害学报》2010年第4期。

万鹏飞：《从应急信息发布看冰雪灾害应对》，《中国减灾》2008年第2期。

王桂英：《高职院校体育课应急避险木箱的设计思路》，《科技世界》2015年第5期。

王建华、江东、陈传友：《我国洪涝灾害规律的研究》，《灾害学》1999年第14期。

王爵：《学校"防踩踏"必修课的施行探讨》，《中国职协2015年度优秀科研成果获奖论文集（中册）》2015年第12期。

王向东、熊建菁等：《我国中小学伤害流行及干预研究状况》，《上海预防医学杂志》2011年第12期。

温家洪、尹占娥、孟庆洁、叶欣梁等：《中国地震灾害风险管理》，《地理科学展》2010年第29期。

夏颜志、李建华、杨秀娟、张丽黎：《校园环境质量的模糊综合评价》，《科技信息》2009年第2期。

徐铭远：《校园意外伤害事件的防范机制及法律对刍议》，《法制博览》2016年第6期。

徐昕、高棕玄、张丽申等：《我国运动碎死调查研究》，《中国运动医学杂志》1999年第2期。

杨世刚、赵桂香、潘森等：《我国雷电灾害时空分布特征及预警》，《自然灾害学报》2010年第6期。

杨泰山：《中小学生心理危机预防及应对的调查研究——以上海市五所学校为例》，《教育参考》2018年第2期。

于京东：《少数民族农村地区辍学现象的公共政策分析——基于宁夏D乡的个案研究》，《福建行政学院学报》2012年第5期。

余柯、李晓红、杜一华、郝杰：《学校突发公共卫生事件的特点及其预防》,《教学与管理》2012 年第 10 期。

喻问琼:《日本防灾安全教育的经验和我国学校的安全教育》,《教育探索:比较教育版》2011 年第 7 期。

张斌、赵前胜、姜瑜君:《区域承灾体脆弱性指标体系与精细量化模型研究》,《灾害学》2010 年第 2 期。

张琼、詹思延:《中国中小学生伤害发生率分析》,《中华流行病学杂志》2007 年第 9 期。

朱华桂、洪巍:《论突发事件灾后恢复重建能力建设》,《南京社会科学》2008 年第 9 期。

邹润宇、陶学榆:《校园自杀事件的成因分析》,《教育与职业》2007 年第 30 期。

[英] 尼克·皮金等:《风险的社会放大》,谭宏凯译,中国劳动社会保障出版社 2010 年版。

疏学明、赵全来等:《校园安全风险分析与监测预警方法研究》,《"中国视角的风险分析和危机反应"——中国灾害防御协会风险分析专业委员会第四届年会论文集》,2010 年。

中国学校安全行为风险评估委员会:《学校安全风险评估 2015 年度报告》,2016 年。

Daniel Riffe, et al., "The Effectiveness of Random, Consecutive Day and Constructed Week Sampling in Newspaper Content Analysis", *Journalism Quarterly*, Vol. 70, 1993.

Holling, C. S., "Resilience and Sstability of Ecological Systems", *Annual Review of Ecology and Systematics*, Vol. 4, 1973.

Kasperson, R. E., Renn, O., Slovic, P., et al., "The Social Amplification of Risk: A Conceptual Framework", *Risk Analysis*, Vol. 8, 1988.

M. F. Peskin, S. R. Tortolero, C. M. Markham, "Bullying and Victimization among Black and Hispanic Adolescents.", *Adolescence*, Vol. 41, 2006.

Oliveira, W. A., et al., "Associations between the Practice of Bullying and Individual and Contextual Variables from the Aggressors' Perspective", *Jornal De Pediatria*, Vol. 92, 2016.

Pontzer, Daniel, "A Theoretical Test of Bullying Behavior: Parenting, Personality, and the Bully/Victim Relationship", *Journal of Family Violence*, Vol. 25, 2010.

Reason, J., "Human Error: Models and Management", *Bmj*, Vol. 320, 2000.

Smokowski, R. Paul, and K. H. Kopasz, "Bullying in School: An Overview of Types, Effects, Family Characteristics, and Intervention Strategies", *Children & Schools*, Vol. 27, 2005.

UN/ISDR, "Living with Risk: A Global Review of Disaster Reduction Initiatives", United Nations, 2004.

后　　记

　　学校是教书育人的场所，学校的稳定安全是师生开展各项教育教学活动的基础，然而，学校又处在社会环境之中，学校自身的办学条件和社会上的因素都会影响到校园内学生和教育工作者的安全。媒体上也时有关于校园安全事件的报道，学校发生的校车事故、食物中毒、欺凌等直接危害学生的事件，更是引起社会舆情和家长们的普遍担忧。学校相对生产单位来说，难以发生重大的安全事故，因此一般来说，学校对安全危机的管理重点多停留在如何应对安全事故，而对事故之前的隐患排查和安全风险防范不够重视。

　　人们从事任何活动都是有目标的，对学校来说，培养心智健全、身体健康的下一代和人才是学校的总目标，师生在教育教学活动中的安全是为这个总目标服务的，也是实现这个总目标的前提条件。然而，一旦安全事件发生，从事件的后果上来说，就已经偏离了学校的总目标，尽管学校及相关各方都会尽快努力解决危机事件，但损失已经造成，应急响应做得再好，也不可能达到百分之百的危机管理效果。

　　因此，危机管理的重心应当前移，也就是尽可能不让危害事件发生，或者尽可能减少灾害造成的损失，这种针对未来危机事件的预先防范就是风险管理。预防是最好的管理，如果能通过预防而最终避免了危机的发生，就是达到了危机管理百分之百的效果。本书作者作为公共管理的教学研究者，力图为校园安全的有效治理贡献一分力量。

　　本书是集体智慧的结晶，各章的主要分工如下：高山负责撰写第二章、第六章、第八章；冯周卓负责撰写第一章、第三章、第五章、第七章、第十章；张桂蓉负责撰写第四章和第九章。参与本书撰写的还有：

凌双（第二章、第六章），李维民（第八章），黄明勇（第三章），张叶、戴蕙菁（第五章），邹文慧（第七章、第十章），庞艺纯、杨雪莹（第四章），郑泽玮、平智林（第九章）。全书最后由高山和冯周卓负责统稿，刘文蕙和刘小舟协助统稿。

  学校安全的风险管理是一个相当复杂的概念，它是一个处理影响学校教育教学活动的不确定的过程，涉及内部和外部、物理环境和人，撰写这方面的著作，需要满足学理逻辑与实务需求的一致。这不是一件容易的工作，我们尽可能兼顾这两方面的要求，但肯定也难免有不足与纰漏之处，我们乐意接受批评，今后将予以修改。

本书作者
2019 年 2 月